Collection créée [...]

Série « Li[...]
dirigée par H[...]

Jacqueline Picoche

Agrégée de grammaire
Docteur ès lettres
Professeur émérite de l'université de Picardie

Précis de lexicologie française

L'étude et l'enseignement du vocabulaire

Nouvelle édition revue et mise à jour

NATHAN

signes conventionnels

L'index des termes linguistiques renvoie à la page où le mot cherché est défini ; il s'y trouve imprimé en caractères gras.

Le signe ▲ se trouve imprimé en tête des indications bibliographiques relatives aux divers développements.

Les *guillemets* signalent que c'est le *signifié* du mot qu'ils encadrent qui est pris en considération. Au contraire, lorsqu'on veut attirer l'attention du lecteur sur le *signifiant*, on utilise les *italiques*.

Les transcriptions phonétiques sont conformes à l'alphabet phonétique international, rappelé ci-dessous :

Voyelles

[i]		**il lit**
[e]	ou **é** fermé	**thé**
[ɛ]	ou **è** ouvert	**ai**le
[a]	ou **a** d'avant	**la**
[ɑ]	ou **a** d'arrière	**las**
[ɔ]	ou **o** ouvert	p**o**rt
[o]	ou **o** fermé	p**o**t
[u]	ou **ou** français	f**ou**
[y]	ou **u** français	f**û**t
[ø]	ou **eu** fermé	f**eu**
[œ]	ou **eu** ouvert	b**eu**rre
[ə]	ou **e** muet	l**e**, v**e**nir
[ɛ̃]		br**in**
[œ̃]		br**un**
[ɑ̃]		bl**anc**
[ɔ̃]		bl**ond**

Consonnes

[p]	**p**an
[b]	**b**anc
[t]	**t**emps
[d]	**d**ans
[k]	**c**ar
[g]	**g**are
[f]	**f**aux
[v]	**v**eau
[s]	cou**ss**in
[z]	cou**s**in
[ʃ]	**ch**ou
[ʒ]	**j**oue
[m]	**m**er
[n]	**n**erf
[ɲ]	a**gn**eau
[l]	**l**ire
[ʀ]	**r**ire
[j]	**y**eux
[ɥ]	**nu**it
[w]	oui

ISBN : 209 190 547X

Le signe linguistique est 1 entité psychique à 2 faces

signe → signifié (l'idée)
→ signifiant (série de son)

entité ou ens. psychique

table des matières

INTRODUCTION À L'ÉDITION DE 1992

Ce manuel a un but à la fois théorique et pédagogique. L'auteur a cherché à atteindre les objectifs suivants :

— faire le point sur les principaux problèmes posés par l'étude du lexique et présenter les différentes procédures de recherche mises en œuvre par les diverses écoles linguistiques.

— proposer, pour les divers concepts opératifs utilisables, la terminologie la plus généralement reçue, la plus simple possible et donner de chaque terme utilisé une définition claire intégrée au texte, facilement repérable grâce à un index qui renvoie à la page où le mot défini est imprimé en caractères gras.

— fournir ainsi la base d'un enseignement systématique du lexique et suggérer dans le chapitre terminal des types d'exercices dont les enseignants pourraient s'inspirer.

Déjà revue en 1986, la « bibliographie de base » a été étoffée et on y a introduit des nouveautés qui ont paru indispensables. Quant aux indications bibliographiques figurant dans le courant des chapitres, où beaucoup d'ouvrages et d'articles déjà anciens sont cités, elles n'ont été que partiellement modifiées. On a jugé que leur apport, malgré son caractère un peu historique, n'était pas périmé, et qu'elles étaient encore utilisables.

Depuis la première édition, qui remonte à 1977, la discipline a considérablement évolué. Beaucoup des nouvelles orientations sont dues à des chercheurs qui n'abordent pas le lexique pour lui-même, mais l'éclairent en cherchant la solution de problèmes différents : Robert Martin, confrontant logique et linguistique, préoccupé des « valeurs de vérité » attribuables aux propositions des langues naturelles, découvre la notion d' « univers de croyance » dont il démontre l'utilité pour l'étude des verbes *croire* et *savoir* et qui serait susceptible de bien d'autres applications ; Georges Kleiber, dont le problème central est celui de la référence, nous éclaire au passage sur la polysémie de mots qui, comme *livre*, associent des sèmes concrets (la matérialité de l'objet en papier) et des sèmes abstraits (le contenu conceptuel d'un ouvrage de l'esprit) ; Catherine Fuchs, travaillant sur la paraphrase, retrouve une conception unitaire de la polysémie, proche de celle de G. Guillaume et de J. Picoche. D'autres, comme Maurice Gross, Igor Melc'uk ou Eleanor Rosch, abordent de front les problèmes du lexique. Dans le but de signaler ces orientations nouvelles, certains chapitres ont donc été considérablement remaniés et augmentés.

Objet de la lexicologie

Elle peut être définie par rapport aux disciplines plus vastes dont elle n'est qu'une partie : la **sémantique** dont l'objet est l'étude des significations linguistiques, elle-même branche de la **sémiologie** qui traite des codes de signes en général : deux sciences récentes, la sémantique n'ayant guère que soixante-dix ans d'âge et la sémiologie étant plus jeune encore.

▲ P. GUIRAUD, *La sémiologie*, Paris, PUF, Que sais-je ?, 1971
▲ H.E. BREKLE, *Sémantique*, Paris, A. Colin, 1974, 110 p.

Elle peut l'être aussi par rapport aux autres disciplines ayant pour objet l'étude de la langue et dont certaines sont d'une vénérable antiquité :

— D'abord, par rapport à la **phonologie** dont l'objet est l'étude des **phonèmes** qui constituent le **signifiant** des mots. Ceux-ci sont des **unités distinctives** (puisque la différence d'un seul phonème permet de distinguer *baraque* de *baroque*, par ex.) mais **non signifiantes** (*/a/* ou */o/* n'ont aucune valeur sémantique par eux-mêmes). La lexicologie, au contraire, prend en considération la totalité du signe, forme et sens, autrement dit **signifiant** et **signifié**.

— Ensuite, par rapport à la **morphologie** dont l'objet est l'étude des unités grammaticales (par exemple, les divers ensembles de pronoms, les désinences verbales). Ces **unités** sont **signifiantes** (à la différence du phonème /ɛ/, la désinence verbale *-ais* « signifie » : 1re ou 2e personne du singulier, non-présent, inaccompli), s'opposant les unes aux autres à l'intérieur de **systèmes clos**, c'est-à-dire comportant un nombre limité d'éléments, ne laissant place à aucune création individuelle, et peu susceptibles de changement, si ce n'est à long terme, de façon inconsciente, et souvent à la suite de profonds remaniements du système mental des usagers de la langue (par ex. création de l'article dans des langues romanes). Ces unités signifiantes expriment des catégories très générales de la pensée telles que genre, nombre, personne, temps, relations spatiales et rendent possible la combinaison en un discours cohérent des unités dont s'occupe précisément la lexicologie, permettant à l'homme de structurer la totalité de son expérience, organisée en **systèmes ouverts**, c'est-à-dire comportant un nombre d'éléments en principe illimité, admettant la création individuelle de néologismes, tolérant, à côté de la stabilité relative de certains éléments, le renouvellement rapide de certains autres, avec ou sans modification profonde de la structure du système.

— Enfin, par rapport à la **syntaxe** dont l'objet est la combinatoire selon laquelle peuvent être mis en relations les divers types d'unités signifiantes.

Phonologie, morphologie, lexicologie, syntaxe tentent d'atteindre, au-delà des textes oraux ou écrits effectivement produits, appelés **discours**, ou **parole**, le système sous-jacent, profond et abstrait qui en permet la production : la **langue**.

Au contraire, la **stylistique**, utilisant les matériaux fournis par les disciplines ci-dessus, étudie la mise en œuvre individuelle qu'en fait, à des fins particulières, dans un genre littéraire donné, ou dans une forme de discours non littéraire, tel écrivain, scripteur ou locuteur ou tel autre. On quitte donc ici le plan de la langue pour une analyse du discours.

Néanmoins, il ne faut pas se dissimuler que si ces distinctions, indispensables méthodologiquement, mettent de l'ordre dans la réalité linguistique, elles créent des séparations là où il y a en fait unité. On verra que morphologie, syntaxe et lexicologie s'éclairent mutuellement et concourent à fournir à la stylistique les matériaux dont elle a besoin.

Principaux problèmes de la lexicologie

— Quelle est l'unité lexicale de base ? Peut-on conserver la notion de mot ?

— Est-il possible d'inventorier tous les mots d'une langue ? De quels instruments disposons-nous pour cela ? De quelle partie de cet ensemble un individu donné dispose-t-il ?

— Comment concevoir le rapport du lexique d'une langue et de l'univers ? Le passage d'une réalité infinie à un nombre limité de mots ? Le découpage de la réalité opéré par le lexique de diverses langues ? Les données universelles qui permettent la traduction de toute langue en n'importe quelle autre ?

— Comment définir l'aptitude des mots à s'associer entre eux sur le plan syntaxique ? Et sur le plan sémantique ? Que nous apprennent les contextes sur chaque mot ? Et réciproquement, quel est l'apport de chaque mot à ses divers contextes possibles ?

— Quels sont les rapports du signifiant et du signifié à l'intérieur d'un mot donné ? Y a-t-il une différence entre polysémie et homonymie ?

— Comment classer des ensembles de mots d'après les rapports entre signifiants (familles de mots) ou d'après les rapports entre signifiés ? Qu'est-ce que la synonymie et l'antonymie ?

— Comment définir un mot ? Avec d'autres mots ? Lesquels ? N'y a-t-il pas des mots rebelles à la définition ? Quels sont les différents types de définitions possibles et les voies pour y parvenir ?

La perspective de cet ouvrage est essentiellement **synchronique** (étude des mots dans un état de langue donné, à une certaine époque). Mais toutes les questions ci-dessus peuvent aussi être traitées dans une perspective **diachronique** (enrichissements et appauvrissements du lexique, évolution du sens des mots et de leurs relations, variations dans la façon dont le lexique structure l'univers). Plusieurs ouvrages historiques figurent en bibliographie.

Les réponses qu'on peut apporter à ces questions théoriques sont à la base d'un enseignement rationnel du vocabulaire. Nous tenterons de les ébaucher dans les chapitres qui suivent, sans oublier que la lexicologie est une science neuve, en pleine recherche, dont les méthodes sont l'objet de constantes discussions et les résultats encore extrêmement partiels.

Bibliographie de base

Une source d'information permanente est le *Bulletin Analytique de Linguistique Française* (BALF), CNRS, Paris, Klincksieck, qui signale tout ce qui paraît, en France dans ce domaine et dont une section est consacrée à la lexicologie. On exploitera en outre les bibliographies des ouvrages ci-dessous. De plus, une bibliographie très détaillée jusqu'à 1972 environ, figure dans :

PICOCHE (J.), 1976, *Le vocabulaire psychologique dans les chroniques de Froissart,* Paris, Klincksieck, vol. I, 238 p.

Toutes les **revues linguistiques** publient de temps à autre des articles ou des numéros thématiques de lexicologie : il conviendra de dépouiller notamment :

- ▲ *Cahiers de praxématique* (Université de Montpellier)
- ▲ *DRLAV* (Université de PARIS III-Censier)
- ▲ *Langages,* Paris, Larousse
- ▲ *Langue française,* Paris, Larousse
- ▲ *Le français dans le monde,* Paris, EDICEF
- ▲ *Le français moderne,* Paris, CILF
- ▲ *L'information grammaticale,* Paris
- ▲ *LINX* (Université de Paris X-Nanterre)
- ▲ *Travaux de linguistique et de philologie* de l'Université de Strasbourg (avant 1990 *Travaux de linguistique et de littérature* ou *Tralili*)

Certaines sont **entièrement consacrées au lexique :**

- ▲ *Cahiers de lexicologie* (depuis 1959), Paris, Didier, érudition
- ▲ *Lexique,* équipe SILEX (syntaxe, interprétation, lexique) du CNRS, Presses de l'Université de Lille (depuis 1982)
- ▲ *Mots* (mots, ordinateurs, textes, sociétés) travaux de lexicométrie et de lexicologie politique, École Normale Supérieure de Saint-Cloud [depuis 1980, succédé à *Travaux de lexicométrie et de lexicologie politique* (1976 — 1980). Dans le n° de 1987 : *bibliographie générale des travaux publiés depuis 1965 par l'URL 3, « lexicologie et textes politiques »*].

Ouvrages généraux traitant, entre autres sujets, du lexique :

- ▲ BRUNOT (F.), 1966 (1re édition 1906), *Histoire de la langue française des origines à nos jours,* Paris, A. Colin, 13 vol.
- ▲ DUBOIS (J.) et alii, 1972, *Dictionnaire de linguistique,* Paris, Larousse, 516 p.
- ▲ DUCROT (O.) et TODOROV (T.), 1972, *Dictionnaire encyclopédique des sciences du langage,* Paris, Seuil, 470 p.
- ▲ MARTINET (A.), 1968, *Le langage,* Encyclopédie de la Pléiade, Paris, Gallimard, 1544 p.
- ▲ NYROP (K.), 1967 (5e éd.), *Grammaire historique de la langue française,* Copenhague, Glydendal, 6 vol., T. III, *Formation des mots.*

▲ PICOCHE (J.) et MARCHELLO-NIZIA (C.), 1991 (1re éd. 1989), *Histoire de la langue française*, Paris, Nathan, 387 p., chapitre X : *le lexique*
▲ POTTIER (B), 1987, *Théorie et analyse en linguistique*, Paris, Hachette, 224 p.

Ouvrages spécialisés dans les questions de sémantique et de lexicologie :
▲ BOGACKI (K.) et alii, *Dictionnaire sémantique et syntaxique des verbes français*, Varsovie, 1983
▲ CHAURAND (J.), 1977, *Introduction à l'histoire du vocabulaire français*, Paris, Bordas, 208 p.
▲ CHOMSKY (N.), 1975, *Questions de sémantique*, traduction de Bernard Cerquiglini, Paris, Seuil, 231 p.
▲ DUCHACEK (O.), 1967, *Précis de sémantique française*, Brno, Opera Universitatis, 1967, 263 p.
▲ ECO (U.), 1988, *Le signe. Histoire et analyse d'un concept*, adapté de l'italien par Jean-Marie Klinkenberg, Bruxelles, Labor, 220 p.
▲ FUCHS (C.), *La paraphrase*, Paris, PUF, 1982, 184 p.
▲ FUCHS (C.), éditeur de *Modalité et interprétation : pouvoir*, n °84, déc. 1989 de *Langue française*
▲ GERMAIN (C.), 1981, *La sémantique fonctionnelle*, Paris, PUF, 222 p.
▲ IBRAHIM (A.) et ZALESSKY (M.), 1989, éditeurs de *Lexiques : recherches et applications*, numéro spécial du *Français dans le monde*
▲ LE NY (J.-F.), 1979, *La sémantique psychologique*, Paris, PUF, 257 p.
▲ LYONS (J.), *Éléments de sémantique*, Paris, Larousse, 1978, 296 p.
▲ MARTIN (R.), *Pour une logique du sens*, Paris, PUF, 1992 (1re éd. 1983), 319 p.
▲ MARTIN (R.), *Langage et croyance, les univers de croyance dans la théorie sémantique*, Bruxelles, Pierre de Mardaga, 1987, 189 p.
▲ NORMAND (C.), éd. 1990, *La quadrature du sens*, Paris, PUF, 352 p.
▲ PICOCHE (J.), 1986, *Structures sémantiques du lexique français*, Paris, Nathan, 154 p.
▲ PICOCHE (J.), 1993, *Didactique du vocabulaire français*, Paris, Nathan, 206 p.
▲ RASTIER (F.), 1987, *Sémantique interprétative*, Paris, PUF, 276 p.
▲ REY (A.), 1970, *La lexicologie*, Paris, Klincksieck, 323 p.
▲ REY (A.), 1973 et 1976, *Théories du signe et du sens*, Paris, Klincksieck, vol. I 299 p., vol. II 408 p.
▲ SAUVAGEOT (A.), 1964, *Portrait du vocabulaire français*, Paris, Larousse, 285 p.
▲ ULLMANN (S.), 1953, *Précis de sémantique française*, Berne, Francke, 334 p.
▲ WAGNER (R.-L), 1967 et 1970, *Les vocabulaires français*, Paris, Didier, vol. I 187 p., vol. II 180 p.

CHAPITRE I

le signe lexical

I. CRITÈRES DE DÉLIMITATION

Que signifie ce mot de *mot* qui a un équivalent au moins dans toutes les langues indo-européennes ? Les segments que l'écriture isole par des blancs correspondent-ils à une réalité linguistique bien déterminée ? Quels sont les critères permettant d'identifier et de délimiter les unités lexicales dans la suite de sons qui frappent notre oreille lorsqu'on nous parle, et qu'on appelle **chaîne parlée** ou **chaîne sonore** ? On peut tenter de répondre à ces questions en se plaçant d'abord sur le plan phonique, ensuite sur le plan du fonctionnement des unités dans la chaîne parlée et de leur sens.

- ▲ DUCROT et TODOROV, *Dictionnaire...*, pp. 257-262, *Unités significatives*.
- ▲ A. MARTINET, *Éléments de linguistique générale*, ch. IV, *Les unités significatives*, Paris, A. Colin, 1961.
- ▲ id. *Le mot*, in *Problèmes du langage*, collection « Diogène », Paris, NRF, Gallimard, 1966, pp. 39 à 53.

Point de vue phonique (v. exercice 1, page 161)

L'accent joue clairement le rôle d'élément démarcatif dans certaines langues comme le tchèque, le finnois, le hongrois, où il frappe toujours la syllabe initiale ; dans d'autres langues (anglais, italien, russe etc.), il peut occuper diverses places, mais toujours la même pour un mot donné, sa présence signale donc une unité lexicale pleine. En français par contre, l'accent, assez faible, frappe en principe la dernière voyelle du mot, à l'exception de *e* caduc ; mais la valeur démarcative que pourrait lui conférer cette particularité est annulée par les faits suivants : d'abord, à l'intérieur d'un groupe de mots étroitement liés du point de vue syntaxique, ou **syntagme**, l'accent disparaît ; il ne subsiste que sur le dernier mot du groupe, de sorte que l'unité d'accentuation du français est beaucoup moins le mot que le syntagme. De plus, l'accent peut être déplacé sous l'effet d'une volonté d'expressivité : l'accent de *Formidable !*, qui frappe normalement le *a* peut très bien passer sur le o initial. Le français est donc l'une des langues où le rôle démarcatif de l'accent est le plus faible.

Les contraintes phonologiques contribuent partiellement à aider l'auditeur à découper en mots la chaîne sonore qui frappe son oreille : lorsqu'un phonème, ou une combinaison de phonèmes, sont possibles à toutes les places du mot, même si c'est avec des probabilités diverses, les indications fournies sont nulles ou incertaines. Mais lorsqu'ils sont impossibles à telle ou telle place du mot, ils donnent de précieuses indications. Alors que la présence d'un /ø/, possible à toutes les places (ex. *heureux, heureusement*) n'enseigne rien, celle d'un /œ/, impossible à la finale absolue, enseigne qu'on n'est pas arrivé à la fin d'un mot. Les groupes *tl, dl* rares à l'intérieur (*att(e)ler, dod(e)liner*) et impossibles à l'initiale indiquent donc, avec une forte probabilité, la jointure de deux mots (*va t(e) laver... prends d(e) l'eau...*). Il ne s'agit là, cependant, que de cas relativement rares.

L'allemand connaît **le coup de glotte démarcatif**, normal dans les mots commençant par une voyelle, auquel ne peut se comparer en français que certains hiatus provenant du refus de l'élision (*le un, le onze*), en particulier dans le cas de l'*h* dit aspiré (*le harnais, un haricot*). Mais d'ordinaire, le français permet toutes sortes de liaisons et d'élisions qui contribuent à effacer la frontière des mots composant un syntagme, d'où de larges possibilités de calembours et de fausses coupes. On peut noter cependant, de nos jours, une tendance à l'élimination des liaisons, d'où apparition d'un grand nombre de hiatus à caractère démarcatif étant donné leur rareté dans le courant des mots.

▲ S. ULLMANN, *Précis...* pp. 76-83, *Le mot phonologique.*
▲ A. SAUVAGEOT, *Portrait...* pp. 36-46, *La matérialité du mot.*

D'une façon générale, on peut dire pourtant qu'en français moins qu'ailleurs la chaîne parlée ne connaît le mot comme unité phonétique. Malgré cela, son découpage de mots est chose acquise de bonne heure et ne présente pas, normalement, de difficulté majeure. La première dictée d'un très jeune enfant de notre connaissance, qui n'a pas tardé à montrer de bonnes dispositions grammaticales par la suite, s'est présentée sous la forme suivante : *Lapou lapon du incoco.* Des exercices de substitution terme à terme et des jeux de double interprétation d'énoncés ambigus devraient venir bien vite à bout de ces découpages fantaisistes. En effet, les traits démarcatifs phoniques ne jouent, dans le découpage en mots de la chaîne parlée, qu'un rôle d'adjuvants ; les critères principaux sont d'ordre syntaxique et sémantique. Selon la célèbre définition de Meillet, « *un mot résulte de l'association d'un sens donné à un ensemble de sons donnés susceptible d'un emploi grammatical donné* ».

Point de vue syntatico-sémantique

A. Les unités graphiquement complexes (v. exercice 3, p. 162).

Sur le plan syntaxique, on peut isoler des unités de fonctionnement en faisant jouer divers critères dont les principaux sont ceux d'**inséparabilité** et de **commutation**. Le critère d'**inséparabilité**, c'est-à-dire l'impossibilité d'intercaler un morphème quelconque, fonctionne bien évidemment pour les unités morphologiquement et graphiquement simples telles que *couteau, pendule, animal*, ainsi que pour les unités morphologiquement composées, mais graphiquement simples, telles que *anticonstitutionnellement* ; mais son rôle principal est de tester le caractère lexical d'unités graphiquement complexes telles que *pomme de terre* ou *assistante sociale*. Impossible de dire **pomme jaune de terre* ou **assistante très sociale*.

Le critère de **commutation**, autrement dit, de **substitution** d'un élément à un autre, vient d'ordinaire confirmer ce que révèle le critère d'inséparabilité. Il est fondé sur le fait que, lorsqu'une unité complexe est lexicalisée, c'est-à-dire sentie comme un mot et non comme un syntagme, elle entre dans un réseau d'oppositions avec des unités simples, et tire de là sa valeur : *Prenez la porte !* s'oppose à *Restez !* avec lequel il se trouve en rapport d'antonymie et peut-être remplacé par le synonyme *Sortez !* Il est normalement impossible, dans une unité lexicale graphiquement complexe, de procéder à une commutation terme à terme sans lui faire perdre son statut de **syntagme lexicalisé** (c'est-à-dire fonctionnant comme un mot unique), autrement dit de **mot composé**, et sans la transformer en **syntagme libre**, association temporaire de mots indépendants : il est facile de substituer à *pomme de terre* des mots simples tels que *navet* ou *carotte*. Par contre, dans un contexte tel que *L'enfant a modelé une pomme de terre glaise*, il est évident qu'on a affaire à trois mots distincts, la difficulté d'introduire un adjectif entre *de* et *terre* est fortuite (*épaisse, lourde* seraient à la rigueur possibles) et la substitution se ferait élément par élément (par ex. *une poire en plâtre*). On peut s'amuser à faire la même expérience avec *pied à terre* : un seul mot dans *il a un joli pied à terre à la campagne* qui exclut **un pied luxueux à terre*, et admet la substitution de *maison* ou *villa*, trois mots dans *Il franchit péniblement la passerelle et posa un pied (endolori) à terre.* Là encore, substitution élément par élément : *il leva une main en l'air.*

A cela s'ajoutent des critères secondaires comme l'impossibilité de coordonner ou de reprendre un seul des éléments du composé : **Un chemin de fer et de terre, ou *je préfère le chemin de fer à la route, le chemin est moins fatigant* sont impossibles. Il ne fait donc pas de doute que *pomme de terre, pied à terre, chemin de fer, assistante sociale* et *prendre la porte* doivent être, malgré les disjonctions graphiques, considérés comme des unités lexicales fonctionnant exactement comme des unités simples.

Cependant, ces critères constituent plutôt des indications que des preuves, le fait qu'un groupe de mots soit ou non lexicalisé n'est pas toujours incontestable, l'unité lexicale complexe n'a rien dans son aspect formel qui la distingue d'un syntagme libre, les critères ne sont pas toujours convergents et peuvent laisser place à diverses interprétations. *Faire peur* est commutable en bloc avec *effrayer*, mais le critère d'inséparabilité ne joue pas : *cela me fait très peur, affreusement peur, une peur affreuse*, et la coordination du second élément est possible : *cela me fait peur et plaisir à la fois.* Soit le groupe *chemise de nuit* : on ne dira pas **chemise rose de nuit* mais *chemise de nuit rose* et on peut procéder à une commutation globale avec *pyjama* : une seule unité lexicale ? Oui, mais la commutation terme à terme est possible : *robe de nuit, chemise de jour, robe du soir, tailleur du matin*... Le groupe *aiguille aimantée* qui est une locution pour le physicien, dénotant une classe d'instruments, association stable destinée à exprimer un concept complexe et tendant vers l'universalité, pourrait être considéré par le lexicologue comme un des syntagmes libres formés autour du nom *aiguille* (*à coudre, à injections*...). Enfin, *l'eau de Cologne* n'est pas de l'*eau* et n'a plus guère de rapport avec la ville de *Cologne*. Ces trois mots expriment un concept unique, preuve d'une totale lexicalisation. Le problème des groupes de mots plus ou moins lexicalisés est l'un de ceux que doivent résoudre ceux qui travaillent à la traduction automatique, ou plus modestement, à la traduction assistée par ordinateur : un ensemble sophistiqué et structuré de programmes et de dictionnaires qui réalise une série d'analyses jusqu'à définir l'ensemble des interrelations existant entre tous les mots de chaque phrase. Il se fonde sur une multitude de renseignements concernant les associations possibles des mots ou les caractéristiques grammaticales, syntaxiques, sémantiques et prépositionnelles de chaque mot qui lui sont données par les dictionnaires de base. Après l'analyse, un choix est réalisé entre les multiples sens possibles des expressions grâce à un dictionnaire spécial dit des « expressions à cadre sémantique limité ». Ainsi va-t-on décider du sens adéquat de chaque mot en fonction du contexte syntaxique et sémantique. En vue de l'étude des langues vivantes, le Centre International d'Études Pédagogiques de Sèvres (CIEP) a mis en train en 1995 un projet DEMOSTEN, coordonné par J.-C. Rolland, de dictionnaire multilingue des syntagmes figés les plus fréquents en français, anglais, allemand, danois, grec, italien, espagnol et portugais. D'autres langues sont déjà candidates, notamment le néerlandais, le suédois, l'islandais et le letton.

▲ On consultera dans les *Cahiers de Lexicologie* : 1964, I, pp. 45-50, H. PHAL, *Les groupes de mots* : 1973, II, pp. 3-34, P. CHARAUDEAU, *Procédure d'analyse lexico-sémantique sur un corpus donné : « œil »* ; 1978, pp. 53-70, J. CHETRIT, *Les composés nominaux à joncteur à*.

B. Les unités graphiquement simples mais morphologiquement complexes (v. aussi pp. 21, 114 et suiv. et exercices 2 et 4)

Si l'on considère qu'un mot comme *anticonstitutionnellement* est décomposable en quatre morphèmes (*anti-* « idée de négation ou d'opposition » ; *constitution* « ensemble des lois fondamentales d'un état » ; *-el-* « conforme à » ; *-ment* « de façon ») et équivaut à tout un syntagme ; « de façon non conforme aux lois fondamentales de l'État » ;

qu'une forme comme *donnerons* se décompose en *donn-*, lexème exprimant l'idée de « donner », *-er-*, morphème exprimant l'idée du futur, et *-ons*, morphème exprimant l'idée de première personne du pluriel, que le mot finlandais *talossani* se décompose en trois morphèmes et équivaut exactement à l'expression analytique française *dans ma maison*, on est en droit de se demander si l'objet de la lexicologie est le mot ou ce qu'il en reste, une fois dépouillé de ses affixes : le **lexème**. Il est, bien sûr, tentant de répondre : « le lexème », si l'on considère seulement le cas de formes **fléchies** (c'est-à-dire variables, appartenant à une conjugaison ou à une déclinaison, systèmes qu'on regroupe sous le nom de **flexions**), ou de familles de mots sans malice telles que *orgueil*, *orgueilleux*, *s'enorgueillir*, *orgueilleusement*, le contenu sémantique du lexème étant partout le même et le rôle des affixes parfaitement clair. Il n'en va pas de même dans bien des cas, qui sont peut-être la majorité.

Soit le mot *constitution* : faut-il y voir, globalement, un lexème, ou le décomposer en un lexème *constitu-* et un suffixe *-tion* ? Si, diachroniquement, *-tion* est de toute évidence un suffixe, synchroniquement, *constitution* fonctionne en lexème simple dans la *constitution de la V*[e] République, acception servant de base à *constitutionnel, anticonstitutionnel, anticonstitutionnellement* ; mais il fonctionne comme une unité complexe dans un contexte tel que *la constitution d'un nouveau gouvernement s'avère difficile*, où le rapport avec le verbe *constituer* est parfaitement net. Il faudra donc distinguer, selon les cas, un lexème *constitu-* et un lexème *constitution-*. Et pourquoi s'arrêter là ? Alignons à côté de *constituer, constitution* les mots *instituer, institution, destituer, destitution, restituer, restitution, substituer, substitution*. Le radical commun à toutes ces formes est évidemment *-stitu-* ; c'est incontestable historiquement, l'origine de tous ces mots savants étant parfaitement claire et l'identité formelle de leur radical nullement fortuite ; à la rigueur, on pourrait trouver un sème commun à toute la liste ; mais ce serait d'une très faible utilité pour enseigner le maniement de ces mots en français moderne, puisque les Français n'ont pas conscience de l'existence, dans leur langue, d'un signe **-stitu-* autonome qu'ils pourraient au besoin manipuler pour en faire le point de départ de néologismes. Il est donc plus que douteux que ce radical mérite le nom de lexème. Le lexème n'a d'existence réelle qu'à l'intérieur d'une famille de dérivés comportant une valeur sémantique commune, ou encore à l'intérieur de la déclinaison ou de la conjugaison d'un mot fléchi. Et qui dira le sens, en synchronie, du radical *anim-* qui apparaît à la fois dans *animal, animer*, et *animiste* ? Bien souvent, le lexème n'a pas de sens par lui-même, mais seulement dans un mot morphologiquement complexe, et sémantiquement simple, qui peut servir de base à d'autres (par ex. *animer* pour *animateur, animation*, ou *animal* pour *animalier*) bien souvent le sens d'un mot ne résulte pas de l'addition pure et simple du sens du lexème et du sens des affixes, mais constitue une synthèse originale, relevant d'une explication historique.

▲ J. REY-DEBOVE et alii, *Le Robert méthodique, dictionnaire méthodique du français usuel*, Paris, 1982, 1 vol., 1617 p., est essentiellement fondé sur la décomposition des mots construits en lexèmes et affixes.

Il est donc prudent de dire que l'objet de la lexicologie est le mot. Et, si cette solution est la plus prudente, elle est probablement aussi la plus conforme à la réalité profonde du langage, etc.

Si le français *dans ma maison* et le finlandais *talossani*, si l'anglais *we shall give*, le français *nous donnerons* et le latin *donabimus* produisent les mêmes effets de sens, ce n'est peut-être pas exactement au moyen des mêmes opérations mentales. On trouve chez le linguiste français Gustave Guillaume, mort en 1959, dont la pensée a longtemps nourri la réflexion de ses disciples de l'Ecole des Hautes Études, de ses correspondants, et connaît actuellement un rayonnement limité, mais durable, des vues fécondes sur la genèse et la nature du mot.

Il a fondé tous ses travaux sur l'hypothèse qu'un système de pensée inconscient est sous-jacent aux systèmes sémiologiques et à leur fonctionnement. Il a donné le nom de **psycho-systématique** à l'étude de ce système, parfaitement distinct à ses yeux des moyens sémiologiques qui l'expriment et qui peuvent prendre des formes extrêmement diverses sans que le système s'en trouve altéré — encore qu'une transformation du système psychique précède et engendre ordinairement certains remaniements sémiologiques. D'une façon générale, il considère que la pensée progresse par mouvements successifs allant de l'universel au particulier, du large à l'étroit, puis, de nouveau, mais sans retourner en arrière, et d'une manière différente, de l'étroit au large, du particulier à l'universel, selon une progression qu'il appelle **temps opératif** ; que cette pensée n'a d'autre moyen de prendre conscience de cette activité que d'opérer, à des places diversement situées sur la ligne du temps opératif, et par rapport au seuil inverseur séparant les deux mouvements de pensée ci-dessus, des coupes transversales, ou **saisies**, dont le bien-fondé sera prouvé par leur correspondance avec des faits de langue particulièrement significatifs, la réalité du système ne pouvant être établie que par la fécondité et la puissance démonstrative de l'hypothèse. En ce qui concerne la genèse du mot, un premier mouvement de particularisation consiste à passer de l'infinitude globale de l'univers au discernement d'objets de pensée particuliers ; un second mouvement, d'universalisation, consiste en l'élaboration du concept, chaque mot étant « universalisé du dedans autant que peut le supporter sans se rompre, sans s'évanouir, l'idée particulière qu'il exprime » (*Langage et science du langage*, p. 89), universalisation incomplète, donc, qui s'achève par l'association au concept de **formes vectrices** d'une grande généralité ; l'espace, le temps, le mode, le nombre, la personne et le type d'incidence ; genèse d'une matière sémantique combinée avec une genèse de formes. Ces formes vectrices, par leurs combinaisons, expliquent la répartition des mots en parties du discours et nous aurons à en reparler au début du chapitre sur les mots en contexte.

Elles peuvent d'ailleurs elles-mêmes être conceptualisées et donner naissance à des mots autonomes. Un linguiste de tradition guillaumienne, Gérard Moignet, a étudié le processus de « déflexivité » (ou perte de la flexion) par lequel le verbe latin, qui portait dans sa propre désinence l'indication suffisante de la personne, s'est vu adjoindre en français un pronom personnel conjoint. Il y voit une tendance à la distinction du notionnel (c'est-à-dire ce qui relève de l'expérience de l'univers) et du formel (c'est-à-dire ce qui relève de la pensée elle-même) et pense que la langue gagne ainsi en rigueur analytique et en souplesse. Contrairement à l'opinion de W. von Wartburg qui ne voyait dans ce phénomène qu'un passage de la suffixation à la préfixation, il fait remarquer que l'antéposition n'est pas constante et que certaines insertions sont possibles entre le pronom conjoint et le verbe. « Un pronom antéposé est tout autre chose qu'un préfixe, c'est un *mot* de langue. Il y a un seuil décisif, en linguistique, entre ce qui a le statut de mot et ce qui ne l'a point » (*Le pronom personnel français*, p. 162).

▲ G. GUILLAUME, *Psycho-systématique et psycho-sémiologie du langage* in *Langage et science du langage*, Paris, Nizet, 1964, pp. 241-249.

▲ M. WILMET, *Gustave Guillaume et son école linguistique*, Paris, Nathan, Bruxelles, Labor, 1972, 163 p.

Note terminologique

Les discussions suscitées entre grammairiens par le découpage de la chaîne parlée en unités significatives ne vont pas sans une grande variété dans la terminologie. Nous essaierons de définir clairement celle que nous emploierons, et, dans une perspective pédagogique, d'employer la plus simple possible.

Mots graphiquement simples et morphologiquement complexes

(v. p. 17 et pp. 114 et suiv., Les familles de mots).

Une terminologie assez courante et parfaitement admissible oppose au **mot simple** (types *couteau*, *pendule*, *animal*) le **mot construit** ou **dérivé** (type *anticonstitutionnellement*) et le **mot fléchi** (type *donnerons*). Quant aux unités significatives minimales qui composent ces deux derniers types, leurs dénominations les plus anciennes, remontant aux débuts de la linguistique historique et comparée, reposent sur l'idée que tout mot construit comporte un élément désignant des notions relatives à la réalité, le **sémantème** (*constitution-*, pour reprendre l'exemple ci-dessus), et un ou plusieurs éléments dénotant des catégories de pensée générales, les **morphèmes** (*anti-*, *el-*, *-ment* expriment l'opposition, la qualité, la manière).

Ces notions datent d'une époque dominée par la pensée de Kant qui distinguait, dans tout acte de connaissance, deux sortes d'éléments, les uns empiriques, provenant des sensations, les autres tirées par l'esprit de l'esprit lui-même pour coordonner ces sensations, pures **formes** de notre connaissance, qui ne sont rien d'autre que notre manière de nous représenter la réalité : le temps, l'espace, la quantité, la qualité, la relation. En somme, chez ces linguistes comparatistes, le mot était conçu comme reflétant dans un acte unique d'entendement l'union d'un contenu et d'une forme ; position voisine de celle de G. Guillaume, mais qui ne se confond pas avec elle, les **formes vectrices** dont il parle existant tout aussi bien dans le mot simple que dans le mot construit et n'ayant pas nécessairement besoin de morphèmes spéciaux pour s'exprimer.

Considéré au point de vue morphologique, le sémantème prend le nom de **radical**, et les morphèmes d'**affixes**, genre comprenant d'une part les **flexions** (classes fermées, très homogènes, se présentant surtout, dans les langues indo-européennes, sous la forme de **dési-**

nences verbales ou de **marques** nominales du genre et du nombre), d'autre part les **préfixes** et **suffixes** moins rigoureusement organisés.

Des linguistes contemporains, surtout américains, ont critiqué cette conception des choses en faisant valoir qu'elle n'était nullement universelle, qu'elle n'avait pas de sens dans la plupart des langues non indo-européennes, et que, même à l'intérieur de celles-ci, elle était plus valable pour les langues anciennes que pour les langues modernes. Dès lors, tous les éléments entrant dans la composition d'un mot étaient appelés indistinctement **morphèmes**, les discussions portant surtout sur la synonymie et la polysémie de ces morphèmes, d'où la création de la notion de **morphe** ; plusieurs segments phoniques, en distribution complémentaire et porteurs du même sens, sont les **morphes** d'un même **morphème** : *al-*, *v-*, *i-*sont les trois morphes du morphème « aller » ; *-ons*, *-ions*, *-mes*, les morphes du morphème « première personne du pluriel ». Réciproquement, une désinence de substantif fléchi indiquant à la fois le genre, le nombre et le cas, appartient à plusieurs morphèmes à la fois et a reçu le nom de **morphe porte-manteau**.

Quel que soit le bien-fondé de ces remarques sur un plan général, dans une langue comme le français, une terminologie qui ne prend pas en considération la hiérarchie des divers éléments du mot ne va pas sans de grands inconvénients. C'est pourquoi A. Martinet, qui donne à toute unité signifiante minimale le nom de **monème** est amené à distinguer des **monèmes grammaticaux** qu'il appelle **morphèmes**, et des **morphèmes lexicaux**, les **lexèmes**. D'où un retour à une terminologie voisine de la plus ancienne, mais dépouillée de ses perspectives philosophiques et liée à une perspective syntaxique où le choix du locuteur a la première place.

Quant à nous, à propos des mots fléchis ou construits, nous désignerons l'élément lexical par le nom de **lexème** lorsque nous nous placerons à un point de vue sémantique, **radical** ou **base** lorsque nous nous placerons à un point de vue morphologique. Nous nous interdirons, dans une perspective synchronique, d'utiliser le mot de **racine**, que nous réserverons à ces formes conjecturales et reconstituées dont les linguistes historiens et comparatistes supposent l'existence pour expliquer les rapports formels qui existent entre de nombreux mots de diverses langues indo-européennes. Nous adopterons, pour les autres éléments, la terminologie la plus usuelle, inspirée tantôt de l'un, tantôt de l'autre point de vue : **morphèmes grammaticaux** ou **affixes**, comprenant **flexions, marques, préfixes** et **suffixes**.

Les mots fléchis posent un problème particulier : un verbe français constitue-t-il un mot, ou autant de mots qu'il comporte de formes diverses ? Certains proposent d'appeler **vocable** le verbe global et abstrait, représenté dans les dictionnaires par son infinitif, et **mot** chaque forme individuelle. Nous refuserons cette terminologie, le mot **vocable** étant trop peu courant et ayant été employé, conventionnellement, de façons trop diverses. Nous croyons sans inconvénient de considérer le verbe, global et abstrait, comme un **mot**, et de parler, quand on veut mettre en valeur sa diversité morphologique, de **formes** de ce mot.

Unités lexicales graphiquement complexes (v. p. 15)

Certains linguistes, à juste titre, du point de vue théorique, proposent une distinction terminologique entre l'unité graphique qu'ils appellent **mot** (ex. : *pomme, de, terre*, trois mots) et l'unité de fonctionnement (ex. : *pomme de terre, navet, carotte*, trois unités), pour laquelle ils forgent un nom conventionnel : **lexie** (Pottier), **synapsie** (Benveniste), **synthème** (Martinet), **unité syntagmatique** (Guilbert), **unité phraséologique** (Dubois). Le plus courant, à l'heure actuelle, en France, est sans doute **lexie**. Nous ne l'adopterons pourtant pas, pour des raisons pédagogiques ; en effet, dans l'enseignement du vocabulaire, c'est plus souvent l'unité de fonctionnement que l'unité graphique autonome qui sera prise en considération. Par conséquent, on serait amené à reléguer dans un emploi rare et technique le mot courant, usuel, compris de tous, et à utiliser presque partout un mot forgé, non universellement admis. Là même — et c'est le cas le plus fréquent — où unité graphique et unité de fonctionnement coïncident, il faudrait, en bonne logique, selon le point de vue auquel on se place, employer le plus souvent le mot forgé. Nous ne voyons pas, au contraire, quel inconvénient il y aurait à appeler **mot**, dans tous les cas, l'unité de fonctionnement. Dans le cas où cette unité est graphiquement complexe et lorsqu'on veut attirer l'attention sur ce fait, on pourrait appeler ses éléments **mots graphiques**, et leur totalité, selon une terminologie très usuelle et bien connue de tous, **mot composé** ou **locution**. L'usage traditionnel semble réserver le terme de **mot composé** aux substantifs et adjectifs comportant un petit nombre d'éléments et celui de **locution** d'abord aux verbes (sans doute pour distinguer la **locution verbale** du type *faire peur* des **temps composés** du verbe, du type *j'ai fait*) ; ensuite aux adverbes, conjonctions et prépositions composés ; enfin, d'une façon très extensive, à ces innombrables syntagmes figés tels que *baisser pavillon* = « céder, se soumettre », ou *fier comme Artaban* = « extrêmement fier », qu'une étude lexicologique ne peut éviter de prendre en considération comme unité de fonctionnement.

▲ P. GUIRAUD, *Les locutions françaises*, Paris, PUF, Que sais-je ?, 1961, petit volume tout à fait instructif et intéressant.
▲ A. REY et S. CHANTREAU, *Dictionnaire des expressions et locutions figurées*, Paris, Les usuels du Robert, 1979.
▲ C. DUNETON, *La puce à l'oreille*, Paris, Stock, 1979.

Les fonctions lexicales

Tel est le nom donné par le linguiste russo-québecois Igor Melc'uk à des figements plus secrets, moins faciles à détecter, mais non moins essentiels pour un maniement convenable de la langue. Cette notion nouvelle et apparemment très féconde nous paraît être l'apport essentiel de son riche et complexe *Dictionnaire explicatif et combinatoire du français contemporain*, dictionnaire d'encodage dont l'objectif est de préciser les conditions nécessaires et suffisantes pour qu'un étranger emploie le mot étudié et lui seul dans tous les cas où il doit être employé, autrement dit de « prédire » tous les emplois d'un mot. C'est une extension de celle de locution figée, une théorie des combinaisons de mots non libres ou « co-occurrences lexicales restreintes ». D'une part, il dispose d'une cinquantaine de concepts très généraux, vraisemblablement universels, transcendant les langues particulières, dont on trouvera la liste, la formalisation et l'explication dans les introductions du premier et du second volume du *Dictionnaire*. D'autre part il les applique systématiquement aux différents items faisant l'objet d'articles, pour débusquer les manières obligatoires de les réaliser qui pourraient exister dans ce cas précis à l'intérieur de cette langue particulière qu'est le français. Exemple : Soit la fonction *réal* exprimant le concept de « réaliser ». Il s'exprimera de diverses façons selon l'objet de la réalisation : on dit obligatoirement *accomplir, tenir une promesse — résoudre un problème — succomber à la tentation — assouvir sa haine — exécuter un ordre — suivre un conseil* — et le *Dictionnaire* en question a pour objectif de mettre l'apprenant de français à l'abri du risque de se ridiculiser en disant

**accomplir un problème, *exécuter un conseil, ou *succomber à sa haine.* La fonction *culm,* « culmination », permettra d'opposer le *comble de la joie* au *paroxysme de la colère* et à *l'apogée de la gloire,* toute interversion des termes étant irrecevable pour un francophone. Les articles sont conçus de façon rigide, selon un plan préétabli, et les polysèmes sont dégroupés en « lexèmes » traités comme des homonymes même si parfois un « pont sémantique » vient rappeler qu'il s'agit de divers emplois du même vocable. Ainsi la locution à *la tête* est traitée pour elle-même et non dans l'article *tête.* I. Melc'uk attache peu d'importance à la cohérence sémantique des polysèmes, rejetant cette perspective dans le domaine de l'étymologie, dont on n'a que faire, pense-t-il, pour enseigner une langue étrangère.
Il ne s'agit pas encore d'une réalisation pratique, utilisable par les enseignants dans leurs classes, parce que d'une part les trois volumes parus regroupent moins de 300 articles (et encore on y trouve des articles distincts, par exemple, pour *barre — barre du gouvernail — barrer 1 — barrer 2 — barrer l'horizon — barrer la route — barrer la voie — barrer le chemin — barreur)* et que d'autre part la rigueur de la pensée a pour corollaire une formalisation complexe qui demande un véritable apprentissage avant d'être maîtrisée. A ce stade de son élaboration, c'est un ouvrage théorique extrêmement stimulant et qui pourrait certainement déboucher sur des applications pratiques en matière de pédagogie et même de traduction automatique.

▲ I. MELC'UK, *Dictionnaire explicatif et combinatoire du français contemporain, Recherches sémantiques,* vol. I., Les Presses de l'Université de Montréal, 1984, 172 p., vol. II. *ibid.,* 1988, 332 p., vol. III, *ibid.,* 1992, 323 p.

II. L'ARBITRAIRE DU SIGNE LEXICAL

Saussure a insisté sur l'idée aujourd'hui banale de l'arbitraire fondamental du signe linguistique, c'est-à-dire sur le fait qu'il n'existe aucune relation naturelle entre des suites de phonèmes telles que /*sœur*/ ou /*arbr*/ et les concepts de « sœur » et d'« arbre » qui leur sont associés. Toute fondamentale qu'elle est, cette notion peut être nuancée par des considérations de diverses sortes.

1/ Relatives à la psychologie de l'acte de la parole

On sait que pour le locuteur naïf, dont l'attention n'a jamais été attirée sur la nature du langage, la question ne se pose même pas. Le signifiant et le signifié, recto et verso indissociales de la même feuille de papier, ne sont jamais conçus comme distincts l'un de l'autre. Le « pain » est du *pain* et c'est avec une sorte de scandale qu'on découvre un jour que, par une erreur incompréhensible, les Allemands l'appellent *Brot*. Cet état d'innocence originelle est vraisemblablement de plus en plus rare de nos jours ; il ne saurait résister en tout cas à l'apprentissage des langues étrangères.

2/ Relatives à la structure du lexique (v. ch. IV, section IV)

Les mots s'organisent souvent en séries de dérivés tous motivés par rapport au mot de base. Motivation toute relative d'ailleurs puisque le mot de base et les affixes restent des signes arbitraires et que des faits d'homophonie peuvent troubler la netteté de cette motivation : *faire, défaire, refaire* constituent une série (relativement) motivée : *tache, tacher, détacher, attacher, attachement, détachement* ne constituent pas une série, mais deux ; enfin, un mot comme *déglinguer* ne s'oppose ni à **glinguer*, ni à **reglinguer*.

3/ Relatives à la valeur phonique des mots

C'est la question de l'expressivité des sons du langage, l'une des plus difficiles à cerner de celles qui se posent au linguiste. Toutes les langues connaissent des formations onomatopéiques, imitant un bruit donné, ou expressives, rendant une impression affective particulière. C'est toutefois un fait bien connu que les onomatopées propres à une langue ne sont pas comprises par des étrangers tant elles sont intégrées au système phonologique de cette langue et schématiques dans leurs structures. A. Sauvageot a fait là-dessus des enquêtes tout à fait convaincantes (*Portrait*... p. 175 : *Le vocabulaire expressif*, p. 189 : *Le symbolisme des sons*). D'autre part, l'expressivité phonique des signifiants ne se révèle que lorsque le signifié s'y prête : les /õ/ de *sombre, ombre* sont plus expressifs et expriment en tout cas autre chose que ceux de *concombre*.

▲ Outre S. ULLMANN *Précis*..., pp. 101-104, on consultera P. DELBOUILLE, *Poésie et sonorité*, Paris, Les Belles Lettres, 1961, 270 p. ; I. FONAGY, *Le langage poétique, forme et fonction* in *Diogène* n° 51, pp. 72-116, Paris, Gallimard, 1966, et G. GENETTE, *Mimologique*, Paris, Seuil, 1976, 430 p.

4/ Relatives à l'histoire du lexique

Il s'agit ici de l'**étymologie**, considérée dans son sens étroit de recherche de l'origine des signifiants et dans son sens large d'histoire des signifiants et des signifiés, considérés isolément ou en systèmes. Les préoccupations étymologiques sont fort anciennes. Les anciens Grecs étaient avides de retrouver dans le passé le sens « vrai » (*étymos*) des mots ; l'homme médiéval a nourri sa contemplation religieuse d'étymologies fantaisistes appliquées au vocabulaire des textes sacrés, et l'homme moderne y cherche encore, souvent passionnément, un aliment pour sa rêverie. Rêverie d'ailleurs appuyée de nos jours sur un solide fondement scientifique. L'histoire des signifiants, sans être achevée, est assez bien connue, parce qu'elle est le fruit de bientôt deux siècles de recherches érudites, fondées sur la comparaison systématique des langues et dialectes de même origine, l'inventaire des formes revêtues par un mot donné dans les divers points de l'espace et du temps où il apparaît, des régularités phonétiques, des faits d'analogie et de croisements, des emprunts directs à des langues anciennes ou étrangères. Tout cela permet, assez souvent, de remonter à l'ancêtre du mot français, mot qu'il continue sous une autre forme, et qu'on appelle **étymon** (ex. : le mot latin *pater* est l'étymon du mot français *père*). On propose aujourd'hui avec une probabilité touchant souvent à la certitude des étymons pour la plupart des mots français.

▲ P. GUIRAUD, sans nier l'acquis des méthodes étymologiques traditionnelles, développe l'idée que les mots tendent à se couler dans des sortes de matrices à la fois sémantiques et phoniques révélées par la convergence d'un grand nombre de formes françaises, dialectales et argotiques. V. *L'étymologie*, Paris, PUF, Que sais-je ?, 1964 ; *Structures étymologiques du lexique français*, Paris, Larousse, 1967, 211 p. et *Dictionnaire des étymologies obscures*, Paris, Payot, 1982, 523 p.

Il faut connaître au moins l'existence de deux ouvrages de base :

- ▲ W. MEYER-LÜBKE, *Romanisches Etymologisches Wörterbuch*, Heidelberg, 1re édition 1911-1920, refondue en 1968, 1204 p.
- ▲ W. von WARTBURG, *Französisches Etymologisches Wörterbuch*, 24 vol., Tübingen, Bâle, 1er volume 1921, en cours d'achèvement sous la direction de J.-P. CHAMBON, véritable somme de l'étymologie française.

Les trois dictionnaires étymologiques du français les plus usuels sont :

- ▲ O. BLOCH et W. von WARTBURG, *Dictionnaire étymologique de la langue française*, PUF, Paris, 1932, nombreuses rééd. (études fondées sur de solides matériaux historiques et géographiques).
- ▲ A. DAUZAT, J. DUBOIS et H. MITTERAND, *Nouveau dictionnaire étymologique et historique*, Paris, Larousse, 1964 (refonte de l'ancien Dauzat, mots nombreux, souvent rares, datations précises).
- ▲ J. PICOCHE, *Nouveau dictionnaire étymologique du français*, Paris, « Les usuels du Robert », 1992 (1re éd. 1971), regroupe les mots par grandes familles historiques en remontant à l'indo-européen ; oppose formes populaires et formes savantes.

L'histoire détaillée des signifiés, beaucoup plus complexe, est moins avancée que celle des signifiants, encore qu'elle ait été l'objet de nombreuses recherches. Il est certain qu'un pas considérable (avant l'achèvement du *Trésor de la Langue Française*) a été fait avec le travail de datation des diverses acceptions des mots effectué par A. Lerond pour le *Grand Larousse de la Langue Française* (v. p. 49). Aujourd'hui, ces deux ouvrages permettent de suivre avec plus de précision que par le passé le cheminement par lequel le — ou les — sens originels d'un mot se sont transformés, dispersés, ou au contraire restreints selon des procédures aujourd'hui bien cataloguées sinon bien expliquées, dont on trouvera des exposés très clairs dans les ouvrages de S. Ulmann et de O. Duchacek (voir bibliographie de base, p. 11).

Il est certain que la motivation qui résulte d'une explication génétique des mots est, elle aussi, partielle : si haut qu'on pousse la recherche, il y a toujours un point au-delà duquel il faudra bien faire un constat d'ignorance et où commencera l'arbitraire.

Il y a donc dans le lexique une part d'arbitraire fondamentale qu'il faut seulement faire constater, et une part de motivation qu'il y a tout avantage à faire découvrir, si l'on admet que l'enseignement a pour finalités, entre autres, d'éduquer l'esprit de synthèse, de permettre le passage de l'incohérent au cohérent et par là même de faciliter la mémorisation de faits nombreux et variés.

Des divers types de motivation linguistique que nous avons distingués, la question essentielle n'est pas de savoir lequel est le plus digne d'attention, mais de bien comprendre qu'ils ne se situent pas sur le même plan.

La motivation qui résulte de l'aspect phonique des mots a un caractère ludique : les enfants lui sont très accessibles, en usent eux-mêmes, trouvent dans leurs bandes dessinées une ample moisson de formations onomatopéiques et expressives, et leurs enseignants oublient rarement d'attirer leur attention sur cet aspect des textes poétiques.

La motivation dérivationnelle a un caractère pratique et fonctionnel ; elle est la prise de conscience de montages, de sortes de réflexes intellectuels que doit acquérir le locuteur pour manier convenablement sa langue. Il est donc évident que, dans la perspective utilitaire de l'entraînement à une expression souple et variée, c'est elle qui doit avoir la priorité (v. exercices 4, 10, 11, p. 163, p. 167). D'une façon habituelle, la connaissance de l'origine et de l'histoire d'un mot n'apprend pas à l'utiliser. Les recherches étymologiques ont un caractère largement gratuit, culturel et intellectuel, corrélatif à l'intérêt que l'homme porte naturellement à son devenir, au fait qu'il a une mémoire et une certaine aptitude à inventer son avenir à partir de son passé et de son présent. L'archéologie et l'histoire peuvent être pratiquées en matière lexicale autant qu'en manière d'art, d'économie, de politique : elles n'ouvrent pas au rêve et à la méditation des perspectives moins fascinantes.

Pourtant la motivation génétique, fondée sur l'histoire des mots, a un intérêt pratique en ce sens qu'elle permet de comprendre clairement la juxtaposition en français d'un lexique populaire marqué de profondes transformations phonétiques et d'un lexique savant claqué sur le latin et le grec, le lien qui existe entre un mot de base populaire et la multitude des dérivés savants qui foisonnent dans la langue moderne, de mémoriser et de manipuler ceux-ci plus aisément. Il est certain qu'en ce domaine l'étude des langues anciennes est utile, quoique non indispensable. On peut se promener à travers les parterres du vocabulaire latin et dans le jardin des racines grecques sans être un latiniste ni un helléniste chevronné (v. exercices 6, 7, 8, pp. 166, 167).

De plus, on ne saurait nier que le français soit une langue de tradition écrite ; les Français lisent parfois des œuvres littéraires, qui ne sont pas toutes issues de la plume de leurs contemporains, ils acquièrent eux-mêmes la possibilité de jouer de l'archaïsme, de se référer à des constructions conceptuelles particulières à un état de civilisation antérieure. Il y a une certaine manière de prononcer ou d'écrire *honnête homme* ou *divertissement* qui implique le souvenir de concepts de l'âge classique et même du sens des étymons latins correspondants. Plus d'un écrivain a aimé jouer de la re-motivation étymologique des mots en vue d'effets stylistiques. On ne voit pas le bénéfice qu'il y aurait à ne pas avoir accès à ces possibilités du langage ; il y a là un phénomène de culture qui est de l'ordre du fait et il faut savoir si l'on veut conserver la continuité ou au contraire rompre avec cet héritage (v. exercice 15).

Enfin, les grammairiens d'autrefois, ceux du XVIIe siècle surtout, ont fait la preuve qu'ils pouvaient être non seulement des témoins dressant le constat des évolutions linguistiques de leur temps, mais aussi des acteurs contribuant dans une certaine mesure à infléchir et à canaliser cette évolution. Ceux d'aujourd'hui sont appelés de façon urgente à la même tâche et il est probable que la connaissance des mécanismes et, dans la mesure du possible, des causes de l'évolution lexicale ne pourrait que les y aider (v. exercice 17).

Cette tâche est même d'autant plus urgente qu'à la fin du XXe siècle, on constate une accélération de l'histoire du lexique avec la prise de conscience du phénomène de la « francophonie » et de la singularité, à travers le monde, des usages lexicaux de peuples très divers. Ceux-ci revendiquent le droit au particularisme et au néologisme original — et leur reconnaissance par la France — et refusent de tenir le français standard de Paris comme norme unique, mais ont besoin cependant de ne pas s'enfermer dans des « ghettos linguistiques ». L'enjeu est de savoir à la fois reconnaître la légitimité et la dignité de certaines spécificités régionales, de faire le tri entre les monstres linguistiques et les créations valables, et de conserver au français son rôle de langue de communication internationale.

CHAPITRE II

le lexique

I. LE LEXIQUE ET L'UNIVERS

Les mots, véhicules nécessaires des concepts, sont les instruments qui permettent aux hommes de prendre une connaissance claire de l'univers (ce mot désignant tout ce qui existe et peut devenir objet de connaissance, y compris eux-mêmes et leur propre pensée), et par conséquent d'y vivre et d'agir sur lui. Cet aspect des choses, moins souvent mis en lumière que la fonction de communication, est cependant plus fondamental, la communication supposant connaissance et pensée. Or, l'expérience que nous avons de l'univers étant infinie, le problème central du lexique est donc celui-ci : comment décrire l'infini à l'aide du fini ? La réponse, impliquée dans la question, est que les mots, signes linguistiques, signifiant et signifié, fournissent à la fois des catégories de pensée intermédiaires entre l'unité globale et l'infinie diversité, et le moyen phonique de les identifier.

C'est dire que tout mot est une abstraction ; et cette abstraction essentielle du langage peut être rendue sensible, même à des enfants, en leur montrant des objets ou des images d'objets fort différents entre eux quoique portant le même nom : le sac à main de la maîtresse, un sac à pommes de terre, le sac en papier kraft où le fruitier met les légumes, le sac de plastique imprimé où la marchande de nouveautés emballe sa marchandise, ou une série de diapositives représentant les châteaux de la Loire, tous différents les uns des autres et présentant chacun des aspects divers selon l'éclairage et l'angle de prise de vue. Qu'est-ce donc qu'un sac ? Qu'est-ce qu'un château ? Au-delà de chacun de ces objets, c'est l'ensemble des caractères communs à toute la série, donc une abstraction. Comme l'écrit B. Malmberg, « la conquête de la langue s'opère chez l'homme parallèlement avec le pouvoir de catégorisation et d'abstraction. Les deux sont inséparables, et lorsqu'un aphasique perd la parole, il perd généralement aussi son pouvoir d'abstraction » (*Les nouvelles tendances de la linguistique*, p. 194).

Ce caractère fondamentalement abstrait du lexique fait le désespoir de certains écrivains : ils ont toujours plus de choses particulières à dire qu'ils n'ont de mots à leur disposition pour les dire, souffrent d'être obligés de couler dans ce moule commun à tant d'objets divers et à tous les usagers de la même langue des expériences uniques et infiniment variées, ont le « sentiment vertigineux d'une inexactitude du langage » (Brice Parain). Soit ! Mais sans ces abstractions, ils n'auraient pas de langage du tout ; ce ne serait plus une communication inexacte, mais une communication nulle. Il faut jouer avec les cartes qu'on a, et le mieux possible, et ces cartes, ce sont les mots.

Parler de **mots concrets** n'est légitime qu'à condition de prendre conscience qu'on considère alors non pas le statut linguistique du mot (nécessairement abstrait), mais l'objet auquel il réfère qui, lui, peut être objet de sensation, ou l'analyse de son signifié, qui peut comporter les traits sémantiques « sensible », « mesurable », toutes choses qu'on peut exprimer par le terme **concret**. Même le **nom propre** qui s'applique à un être unique n'échappe pas à cette abstraction fondamentale du langage, symbolisant l'unité des innombrables états et apparences par lesquels peut passer l'individu qu'il désigne.

▲ A. SAUVAGEOT, *Portrait...*, p. 123 : *Mots concrets et mots abstraits.*

Le lexique découpe donc l'univers en catégories. Depuis Saussure et depuis l'époque (1931) où le linguistique allemand Jost Trier étudiait le champ conceptuel de l'entendement à deux moments différents de l'ancien allemand, on se représente volontiers le lexique comme une mosaïque dont le dessin est plus ou moins fin selon qu'il est lui-même plus ou moins riche et précis, ou comme un filet aux mailles plus ou moins serrées. La conséquence de cette manière de voir est qu'on ne peut convenablement connaître un mot qu'en le situant, au moins implicitement et par l'intermédiaire de structures de relais, dans la totalité du lexique. « C'est une grande illusion, écrit Saussure, de considérer un terme simplement comme l'union d'un certain son avec un certain concept. Le définir ainsi, ce serait l'isoler du système dont il fait partie ; ce serait croire qu'on peut commencer par les termes et construire le système en en faisant la somme, alors qu'au contraire, c'est du tout solidaire qu'il faut partir pour obtenir par analyse les éléments qu'il renferme » (*Cours*, p. 157).

Certains se sont essayés à présenter un lexique de façon organique : on peut citer à une date déjà ancienne les grands dictionnaires analogiques de Boissière pour le français et de Roget pour l'anglais. A une date plus récente, R. Hallig et W. von Wartburg, forts de leur expérience de dialectologues, ont élaboré un « *système raisonné des concepts pour servir de base à la lexicographie* » (ou *Begriffsystem*), qui est nécessairement en même temps un système de mots usuels consistant en une sorte d'inventaire de l'univers vu par un locuteur moyen de civilisation européenne. Il a servi de base à bon nombre d'études de lexicologie dialectale et historique. Il ne semble toutefois pas applicable sans de profondes adaptations à des langues non indo-européennes reflétant des cultures profondément différentes de la nôtre. En fait, ces grandes constructions lexicales ne peuvent être que des hypothèses de travail, des ébauches, appelées à être confirmées ou remaniées à partir d'études de micro-structures encore trop peu nombreuses, les champs onomasiologiques (v. ch. IV et VI).

La conception du lexique comme totalité amène à considérer le signifié du signe lexical sous deux aspects, celui de la **valeur** et celui de la **signification**. L'opposition de ces deux notions est due à Saussure qui a d'ailleurs insisté surtout sur celle de **valeur**, beaucoup plus nouvelle à son époque : la **valeur** d'un mot se définit par rapport aux autres mots de sens voisin qui délimitent ses emplois. Sa **signification** par rapport à la catégorie d'objets qu'il peut dénoter. La **signification** a donc un contenu positif par rapport à l'univers alors que la **valeur** est une forme dans laquelle se coule ce contenu. Si je dis en anglais *I ate a mutton chop* (« j'ai mangé une côtelette de mouton »), la signification de *mutton* sera la même que celle de *mouton*, mais sa valeur sera différente, puisque les Anglais disposent d'un mot spécifique, *sheep*, pour la bête sur pied, alors que les Français se servent d'un mot unique. Les traducteurs font la constante expérience de découpages de la réalité différents selon les langues. Pour nous en tenir aux exemples les plus courants, nous signalerons la série des noms de couleurs étudiée par L. Hjelmslev en danois et en gallois. A une opposition à quatre termes en danois (qui en cela se comporte comme le français) : *grøn* (*vert*), *blaa* (*bleu*), *graa* (*gris*), *brun* (*brun*), le gallois oppose un système à trois termes : *gwyrdd*, *glas*, et *llwyd* dont la correspondance avec le précédent peut être schématisée dans le tableau ci-dessous.

vert	gwyrdd
	glass
bleu	
gris	
	llwyd
brun	

Et pourtant, la rétine d'un Danois, d'un Français et d'un Gallois est faite de la même façon et la lumière ne produit pas, dans leurs pays respectifs, d'effets différents. Les noms de parenté, maintes fois étudiés dans des langues fort diverses, révèlent des schémas variés : ici on ne peut exprimer l'idée de « frère » en général sans préciser s'il s'agit d'un frère aîné ou cadet, là on ne saurait parler de sa tante sans dire si c'est une tante du côté maternel ou paternel, deux mots différents existant pour cela. Les divisions de la journée peuvent elles aussi varier d'une langue à l'autre : ce que les Français appellent *matin* est exprimé par les Suédois par deux mots : *morgon* et *förmiddag* exprimant respectivement le début et la fin de la matinée. Certaines langues font preuve d'une extraordinaire richesse de dénominations dans certains domaines caractéristiques de la culture du pays (par ex. les dénominations de la neige en Eskimo).

▲ F. DE SAUSSURE, *Cours de linguistique générale*, Paris, Payot, 1915, nombreuses rééditions, 2e partie, ch. IV : *La valeur linguistique*.

▲ A.-M. KRISTOL, *Color, Les langues romanes devant le phénomène de la couleur*, Berne, Francke, 1978, 410 p.

▲ J. DERVILLEZ-BASTUJI, *Structures des relations spatiales dans quelques langues naturelles, Introduction à une théorie sémantique* Genève-Paris, Droz, 1982, 443 p.
▲ G. MOUNIN, *Les problèmes théoriques de la traduction*, Paris, Gallimard, 1963, 298 p.

Il en résulte, dans les diverses langues, certains types de contraintes ou de libertés. Ce que certains *peuvent* exprimer grâce à une périphrase, d'autres *doivent* l'exprimer par un mot. Pour s'adresser à un interlocuteur, les Anglais ne disposent que de *you*, les Français de *tu* et de *vous*, les Italiens de *tu*, *voi* et *lei*. Il serait excessif d'en déduire que les Anglais ont une vue des relations sociales moins nuancée que la nôtre et qu'ils ne peuvent pas, de diverses manières, exprimer la familiarité, la distance, le respect. Mais ils ont la possibilité de se cantonner dans une expression neutre, alors que les Français et plus encore les Italiens sont bien forcés d'opter. Certains linguistes se sont plu à remarquer que diverses langues exotiques avaient des noms pour toutes sortes d'arbres, mais pas un mot « arbre », des noms pour toutes sortes d'animaux, mais pas un mot « animal », qu'elles savaient dénommer les « pattes de devant » et les « pattes de derrière » mais pas les « pattes » en général, et en ont conclu que ces langues présentaient un plus faible degré d'abstraction que les langues européennes.

Conclusion hâtive sans doute, avant des études comparées et des dénombrements très soigneux. S'il est vrai que les Cherokee ont plusieurs mots pour exprimer les diverses manières de laver et aucun pour dire « laver » en général, s'il est vrai que, à côté de *chaise*, *fauteuil*, *tabouret*, *banc*, etc., le français possède un mot *siège* qui les résume tous, on pourrait remarquer qu'à côté de *bahut, armoire, buffet, commode*, le français n'a aucun mot pour dire « gros meuble lourd composé de diverses sortes de coffrages destinés à contenir des objets ».

Toutes les séries lexicales sont bien loin de posséder un archilexème (v. ch. IV), et cela dans toutes les langues. Partial en sens inverse, B. Lee Whorf, spécialiste des langues amérindiennes, s'extasie sur les ressources du Hopi et trouve par comparaison la systématisation formelle des idées dans son anglais natal et dans les autres langues européennes qu'il connaît « insuffisante et stérile ». « Pourquoi, par exemple, ne pouvons-nous pas exprimer de deux façons différentes la relation entre la perception et son résultat au niveau de la conscience, comme entre *I see that it is red* et *I see that it is new* (« je vois que c'est rouge » et « je vois que c'est neuf ») ? Nous réunissons les deux types de relations, parfaitement distincts l'un de l'autre, dans une sorte de vague rapport exprimé par *that* (« que »), tandis que le Hopi montre que, dans le premier cas la vision apporte la sensation de rouge et que dans le deuxième cas, elle enregistre une caractéristique non spécifiée dont il est déduit le concept de neuf ». (*Linguistique et anthropologie*, p. 55). Il est de plus arrivé à la conclusion qu'un Hopi qui ne connaîtrait que sa langue et la culture de son milieu ne pourrait pas avoir la même conception du temps et de l'espace que nous, malgré leur caractère prétendument universel. « En particulier, il n'a pas de notion ou d'intuition générale du temps, selon laquelle celui-ci apparaît comme un continu s'écoulant régulièrement et dans lequel toute chose de l'univers se meut à la même allure, hors d'un futur, à travers un présent, dans un passé » (*ibid*, p. 1).

▲ B. LEE WHORF, *Linguistique et anthropologie*, essai traduit de l'anglais par Claude Carme, Paris, Denoël, 1969, 329 p.

Les linguistes, ayant insisté dans leurs descriptions sur la spécificité des langues qu'ils étudiaient plutôt que sur leurs points de convergences avec d'autres langues, ont été amenés à considérer chaque langue comme une « vision du monde » particulière. A quoi M. Wandruska, dans un article intitulé *Esquisse d'une critique comparée de quelques langues européennes* (*Tra Li Li*, 1967, pp. 169-184), réplique avec un certain scepticisme que, pour distinguer le poisson vivant, *pez*, du poisson péché et comestible, *pescado*, les Espagnols n'entretiennent sans doute pas avec l'espèce « poisson » d'autres relations que les Français qui se contentent d'un mot unique. Il pense que la structure des micro-systèmes lexicologiques est bien souvent due à des causes fortuites et ne correspond pas nécessairement à des structures mentales différentes.

La distinction entre **valeur** et **signification** pose plusieurs problèmes relatifs à la notion d'**oppositivité** du signe linguistique, si vigoureusement énoncée par Saussure : un signe s'oppose à tous les autres signes d'un système ; sa **valeur** est d'être ce que les autres ne sont pas. Celle-ci est donc chose relative : le lexique d'une langue étant fini, mais illimité, l'opposition d'un signe à tout le reste est une possibilité plus théorique que pratique. D'autre part, selon la richesse et la précision du vocabulaire dont ils disposent, deux sujets n'accorderont pas à un terme la même **valeur**. L'apprenti francophone qui ne connaît encore que le premier degré du français fondamental

(v. ch. II, sous-tire II) possède peut-être les oppositions lexicales les plus importantes, mais sûrement pas les plus fines. Le maître qui aurait fait constater les caractères communs à toute une série d'objets dissemblables désignés du même mot aurait atteint la **signification** mais non la **valeur** de ce mot. Il lui resterait à opposer le *sac* à la *poche*, à la *serviette*, à la *valise*, et le *château* à la *maison*, à la *villa*, à l'*immeuble* et à toutes les autres dénominations de l'*habitation* collectionnées par G. Mounin. Un petit enfant appelle toute habitation *maison*, même un nid, un terrier ou une niche. Le même individu, dix ans plus tard, par une suite de différenciations lexicales et conceptuelles, saura utiliser judicieusement *immeuble, résidence, gratte-ciel, villa, château, manoir, cabane, cahute, baraque, bicoque, masure, chaumière, gourbi*, éventuellement *borde, cabanon, mas, bastidon*, voire même *case, bungalow, igloo, wigwam*. « L'introduction de chacun de ces termes ajoute une maille au filet linguistique qui recouvre toujours à peu près la même surface conceptuelle » (G. Mounin, *Les problèmes théoriques de la traduction*, p. 73).

On ne tardera d'ailleurs pas à s'apercevoir que l'image du filet et celle de la mosaïque ne sont acceptables que moyennant de sérieuses précisions : tout d'abord, les mots, à l'exception de ceux qui expriment des notions simples et rebelles à l'analyse, sont des constructions conceptuelles en quelque sorte préfabriquées permettant au locuteur de s'exprimer de façon économique. Il est évidemment impossible que toutes les constructions conceptuelles imaginables portent un nom. Le lexique d'une langue serait alors infini et par là même impossible à manier. Le fait que telle construction conceptuelle est résumée et en quelque sorte solidifiée, figée par un mot, prouve l'intérêt que lui porte la communauté linguistique qui use de ce mot, alors que telle autre, tenue pour moins importante, ne peut s'exprimer que de façon analytique et indirecte. Aucune des notions incluses dans le signifié du mot *preudome* si courant en ancien français : « courage », « piété », « sagesse », « droiture », « honorabilité », n'est inexprimable en français moderne ; mais nous ne possédons aucun mot qui les présente de façon synthétique comme un tout indissociable, de sorte que ce mot pourtant sans mystère est l'un des plus difficiles à traduire en français d'aujourd'hui.

D'autre part, certaines mailles du filet, certains morceaux de la mosaïque font double emploi alors que d'autres manquent : *cahute, baraque, bicoque* disent la même chose : « petite maison mal construite ». Mais quel est le nom d'une « grande maison mal construite ? » Un *mas* est une « maison rurale provençale » Mais comment s'appelle une « maison rurale picarde, ou angevine » ? A l'intérieur d'une langue et d'une culture, d'un individu à l'autre selon leurs spécialisations, les mailles du filet peuvent être très serrées sur certains points, et sur d'autres extrêmement lâches ; les systèmes lexicaux, plus encore que tout autre système linguistique, comportent des vides, des exceptions, des redondances et des incohérences. Est-ce à dire, comme certains le prétendent, que le lexique ne soit pas ou fort  peu structuré ? Certes non ! Les bizarreries du système ne choquent que par rapport à ses régularités qui permettent justement d'affirmer qu'il y a système. Peut-on penser que certaines parties du lexique seulement peuvent être structurées ? Ce serait admettre que certains mots n'ont pas de rapport avec d'autres mots de la langue et ne peuvent entrer dans aucun paradigme, chose contraire au fonctionnement de la langue. Ce qu'on peut remarquer en ce domaine, c'est qu'à l'intérieur d'un champ lexical sémantique, les oppositions pertinentes ne sont pas toutes du même ordre. Parmi les noms d'habitations, on constate que certains privilégient la dimension, d'autres la qualité de la construction, d'autres la localisation géographique, d'autres le prestige social, et que toutes les combinaisons ne sont pas réalisées, chose normale, à moins d'une lourdeur intolérable. Une langue réalise des systèmes incomplets et dissymétriques coïncidant avec les besoins majeurs de ses locuteurs dans un type de culture donné. Si, dans le langage scientifique, on assiste à l'élaboration de séries lexicales rigoureusement ordonnées d'après un point de vue unique, traduisant une connaissance intellectuelle de l'univers, la langue courante nous présente des séries adaptées à une connaissance pratique du même univers, les deux types de connaissance et de structures lexicales se superposant d'ailleurs tout naturellement chez un même locuteur.

Enfin, les divers termes d'un champ lexical sont hiérarchisés entre eux, ce qui n'est pas le cas pour les mailles d'un filet. *Maison* peut à la rigueur se substituer à tous les mots réunis par Mounin. Il n'en est pas de même pour *chaumière* ou pour *bastidon*. Cela exclut l'idée que le lexique puisse être une « nomenclature », une série de mots posés sur une série de choses, chaque chose portant un nom et un nom existant pour chaque chose. Le lexique est classificateur. Il n'est pas nomenclature, mais structure.

Ces notions seront développées dans le chapitre consacré aux champs lexicaux sémantiques. On verra qu'elles peuvent servir de base à des exercices d'une importance fondamentale (v. exercice 16, p. 173).

D'une façon générale, c'est devenu un lieu commun que d'écrire, comme le fait A. Martinet, que « les éléments du réel structurés par le lexique n'en prédéterminent pas la structuration », ou, comme B. Malmberg, qu'« il n'existe pas de concepts indépendamment de la langue et conditionnés par la réalité ».

Cette conception des choses néglige pourtant un aspect essentiel de la réalité linguistique ; à prendre au pied de la lettre les affirmations ci-dessus, on croirait que le lexique est une construction arbitraire de l'esprit humain, plaquée sur une réalité inconnaissable et effectivement inconnue, et on ne s'expliquerait pas comment le langage peut, aussi puissamment qu'il le fait, aider les hommes à diriger leur vie et leur action à travers un monde qu'il n'éclairerait pas. Nous sommes là en pleine perspective **idéaliste**, dans cette forme de pensée pour laquelle l'esprit humain ne peut connaître d'autre réalité que ses propres idées. Mais si l'on admet, de façon **réaliste**, que nos idées ne sont pas dans notre esprit comme un écran opaque, qu'elles sont un moyen de connaissance avant d'être choses connues, et compte tenu du fait que les dites idées n'auraient aucune existence claire sans mots pour les exprimer, on sera plus porté à admettre un second aspect de la réalité lexicale, contrepoids nécessaire du précédent, bien mis en lumière par G. Mounin dans ses *Problèmes théoriques de la traduction*, celui de son universalité, condition même de la possibilité de traduire.

Il existe des **universaux sémantiques**, c'est-à-dire que certains concepts trouvent une expression lexicale dans toutes les langues. Il en existe même, pense G. Mounin, d'« énormes quantités ». Il est des domaines où c'est la nature elle-même qui impose un certain découpage lexical : universaux cosmogoniques tenant au fait que tous les hommes habitent la même planète et se trouvent tous confrontés à la réalité de la terre et du ciel, du soleil et de la lune, du jour et de la nuit, du feu, de l'eau, du froid, du chaud, des animaux et des plantes, universaux biologiques qui tiennent au fait que les hommes ont un corps animé, qu'ils naissent, meurent, se nourrissent, respirent, et que leurs divers organes ont des fonctions bien spécifiques qui ne permettent pas de les confondre. Partout se constate une certaine organisation linguistique des notions d'espace et de temps (même si elle est différentes de la nôtre). Toutes les langues, semble-t-il, sont capables d'opposer les deux personnes de l'interlocution au reste de l'univers. Selon toute probabilité, il y a des universaux psychologiques. Si une langue au monde ignorait l'opposition entre le plaisir et la douleur, il est probable que quelque linguiste féru d'exotisme se serait empressé de nous le faire savoir. Il existe des universaux culturels ; le détenteur du pouvoir a un nom spécifique dans toutes les langues ; Michel Foucault pense que pas un groupe social n'ignore le concept de « sanction » et par conséquent ne manque de mots pour l'exprimer ; toute langue a des mots pour l'ineffable même : le sacré et le divin. Si l'on peut mettre en valeur tant de différences de micro-découpages entre les langues, c'est justement parce qu'il est possible de les concevoir à partir de ressemblances. On ne pourrait pas opposer l'organisation des termes de parenté en français, en latin et en hongrois, si Français, Latins et Hongrois n'avaient eu au moins en commun l'idée de privilégier, parmi toutes les autres relations humaines, la relation de filiation, et d'organiser autour d'elle un réseau de dénominations des individus du groupe familial. Sur ce point comme sur les autres, les oppositions entre cultures peuvent être plus ou moins profondes. les langues peuvent exprimer de façon plus ou moins accusée le particularisme de chacune d'elles ; elles n'en sont pas moins secondaires et ne sont pas de nature à empêcher la traduction de l'essentiel du message, une langue pouvant habituellement user d'une périphrase là où une autre use d'un mot unique ; décomposition d'un mot indigène en éléments de significations plus simples (ou « sèmes », v. ch. IV) et recomposition en mots anglais, voilà le procédé qu'emploie Nida, spécialiste des langues amérindiennes ; et après tout, l'anglais permet à B. Lee Whorf de nous expliquer à peu près ce qu'est le temps pour les Hopis. Sans doute y a-t-il dans toute traduction une certaine déperdition, d'autant plus considérable que les deux langues sont plus étrangères l'une à l'autre et que l'auteur du texte à traduire écrit d'une façon plus poétique et plus personnelle. *Traduttore, traditore*, l'adage reste toujours plus ou moins vrai ! Néanmoins, pour l'essentiel, on peut bien dire que « la totalité des langues est un vaste fait de synonymie laissant inchangé le sens sous la diversité fondamentale des formes » (Ch. Serrus, cité par G. Mounin).

Il y a donc, dans le découpage de la réalité par le lexique de chaque langue des faits de nature et des faits de culture. Ce double caractère est, sur le plan diachronique, un facteur évident d'évolution lexicale. Toute invention d'un objet nouveau, toute introduction dans l'usage d'un produit nouveau, toute élaboration d'un concept nouveau appelle un remaniement lexical : spécialisation ou extension d'un mot déjà existant, emprunt d'un mot étranger ou exotique, ou création d'un néologisme. Toute technique, toute théorie scientifique nouvelle aura besoin de se créer, souvent au prix de longs tâtonnements (les linguistes d'aujourd'hui en savent quelque chose !), ses systèmes lexicaux particuliers. Les travaux de P.J. Wexler sur le vocabulaire des chemins de fer, et de L. Guilbert sur celui de l'aéronautique et de l'astronautique, montrent bien ces procédés d'évolution et de création.

▲ P.-J. WEXLER, *La formation du vocabulaire des chemins de fer en France 1778-1842*, Genève, Droz, 1945, 160 p.

▲ L. GUILBERT, *La formation du vocabulaire de l'aviation*, Paris, Larousse, 1965, 712 p. et *Le vocabulaire de l'astronautique*, Publications de l'Université de Rouen, 1967, 363 p. ; v. aussi pp. 127-128 la bibliographie concernant la néologie.

D'autre part, il arrive que cultures et civilisations se trouvent en contact, et que le prestige, durable ou passager, de certaines, lié ou non à des circonstances politiques, favorise le phénomène de l'emprunt des mots étrangers. En ce qui concerne l'histoire du français, les apports majeurs sont ceux du grec et du latin, qui ont toujours vécu et vivent encore avec le français en une symbiose livresque et savante mais extrêmement productive, de l'italien, qui a eu une grosse influence surtout au XVIe siècle, et de l'anglais, dont l'influence ne cesse de se faire sentir, surtout depuis le XVIIIe siècle. Les autres langues vivantes (surtout l'arabe, l'espagnol, l'allemand et le néerlandais) ont eu une influence qui, sans être négligeable, est loin d'être aussi profonde. L'introduction de mots étrangers dans une langue ne va pas sans poser divers problèmes : il s'agit de mots normalement immotivés, parfois re-motivés par des phénomènes d'**étymologie populaire** (par ex. *country dance* devenu *contredanse*), qui ont besoin de subir une adaptation phonologique n'allant pas sans hésitations parfois longues. Étant donné qu'ils répondent à la fois à des besoins linguistiques et à des modes, ils peuvent être l'objet de phénomènes d'engouement ou de rejet. Le *franglais* d'Etiemble est un bon exemple de réaction contre l'invasion jugée abusive de termes étrangers qui ne sont pas tous nécessaires. A l'occasion, et en se gardant de toute approbation ou réprobation systématique, un enseignant pourrait instaurer une discussion sur l'utilité sémantique de tel ou tel emprunt récent (v. exercice 17, p. 183).

- ▲ L. DEROY, *L'emprunt linguistique*, Paris, Les Belles Lettres, 1956, 425 p.
- ▲ R. ARVEILLER, *Contribution à l'étude des termes de voyage en français (1505-1722)*, Paris, d'Artrey, 1963, 573 p.
- ▲ R. ETIEMBLE, *Parlez-vous franglais ?*, Paris, Gallimard, 1964, 576 p.
- ▲ W.-F. MACKEY, *Bilinguisme et contact des langues*, Paris, Klincksieck, 1976, 540 p.
- ▲ H. LE BOURDELLES et alii, *L'emprunt linguistique*, Cahiers de l'Institut de linguistique de Louvain, 1980
- ▲ J. REY-DEBOYE et G. GAGNON, *Dictionnaire des anglicismes*, Paris, Le Robert, 1980
- ▲ M. HOFLER, *Dictionnaire des anglicismes*, Paris, Larousse, 1982
- ▲ LENOBLE-PINSON (M.), 1991, *Anglicismes et substituts français*, Louvain la Neuve, Duculot
- ▲ H. et G. WALTER, *Dictionnaire des mots d'origine étrangère*, Paris, Larousse, 1991, 413 p.

Les lexiques représentent en somme l'univers tel que peuvent le connaître, de la planète Terre, des êtres humains intégrés dans des groupes culturels comparables sur certains points fondamentaux, non incapables d'intercompréhension et pourtant extrêmement divers à bien des égards. C'est pourquoi il faut, pour comprendre pleinement un mot, bien connaître la culture dans laquelle s'insère le concept auquel il sert de support. Les linguistes structuralistes, travaillant sur des langues européennes dont le substrat ethnographique n'est pas profondément diversifié, sont tentés de ne prendre en considération que la « valeur » des signes et de rejeter leur « signification » dans les ténèbres extra-linguistiques. Mais tous ceux qui se sont occupés de dialectologie, tous ceux qui ont étudié les langues amérindiennes, tous ceux qui ont traduit dans une langue moderne les textes bibliques ou antiques savent bien que le lexicologue n'est pas à la hauteur de sa tâche s'il n'est en même temps ethnographe. Ce n'est pas un hasard si le CNRS confie aux mêmes chercheurs le soin de réaliser l'*Atlas Linguistique et ethnographique* des diverses régions de la France, et il est certain que la lexicologie dialectale est le meilleur moyen possible pour pénétrer dans la culture paysanne d'autrefois. Il y a là une mine de centres d'intérêts que les enseignants ruraux ignorent trop souvent et qu'ils n'exploitent pas assez.

Comprendre le mot *consul* dans une version latine suppose qu'on connaît les institutions de Rome, et qui ne les connaîtrait pas ne pourrait prétendre savoir le latin. Réciproquement, dans le cas de certaines civilisations mortes, la langue peut être un instrument archéologique de premier ordre. E. Benveniste a montré que nous en savons plus par voie linguistique que par voie de fouilles — et les deux voies convergent — sur la civilisation des anciens Indo-Européens, ces ancêtres préhistoriques dont nous sommes les descendants linguistiques.

Tel linguiste idéaliste, à l'aise dans les dénominations des liens de parenté et voyant dans leur diversité un fait essentiellement « linguistique » se trouve déconcerté, devant le champ lexical des animaux domestiques étudié par G. Mounin (v. ch. IV), d'avoir à prendre en considération, en fait d'oppositions pertinentes, des faits biologiques nullement arbitraires mais imposés par la nature, tels que le cri, la parturition, le fait d'être châtré ou de ne pas l'être, chose pourtant parfaitement normale si l'on considère que le langage est au service de la pensée connaissante et non d'une pensée murée en elle-même et élaborant ses constructions dans le vide. Valeurs et significations, connaissances des formes et de la matière informée sont également nécessaires pour l'intelligence d'une langue.

> Les publications lexicologiques qui touchent à l'ethnologie sont surtout celles qui concernent les parlers régionaux, en France et dans les autres pays francophones, notamment l'Afrique. Voir à ce sujet :
> *Langue française* n° 18, mai 1973, *Les parlers régionaux* et la série des *Atlas Linguistiques et ethnographiques* par régions publiés par le CNRS.

▲ D. RACELLE-LATIN et W. BAL, *Inventaire des particularités du français en Afrique noire*, Paris, EDICEF et AUPELF, 1988, 442 p.

L'unité et la diversité des lexiques des langues du monde, c'est le professeur de langues étrangères qui peut le mieux aider ses élèves à en prendre conscience. Les exercices de thème et de version en sont le moyen privilégié, surtout lorsque des différences de culture considérables opposent les deux langues mises en rapport. C'est le cas entre le latin et le français, et même l'ancien français et le français moderne plus encore, peut-être, qu'entre le français et d'autres langues modernes européennes ; ce le serait bien sûr aussi pour une langue aussi éloignée de la nôtre que le chinois, encore bien peu enseigné. La civilisation moderne tend à une unification spatiale. Le temps est peut être le plus puissant facteur de disjonction. A ce point de vue, beaucoup de traductions de textes du Moyen Age, critiquables par les relents de « style troubadour » qu'elles conservent souvent, peuvent, justement à cause de cela, donner l'occasion d'expliquer pourquoi il était fort difficile sinon impossible de traduire des mots comme *preudome, courtois* et *franc*.

Reste que le meilleur exercice de vocabulaire et de style, c'est la version, la traduction soignée d'un texte dont on a préalablement bien compris le sens et les intentions stylistiques et dont on cherche l'équivalent le plus fidèle possible. Ici, le signifié est donné, fixé ; le problème est de trouver le meilleur signifiant possible. C'est un travail de pure onomasiologie (v. ch. IV), pour lequel il n'est pas nécessaire d'attendre d'être candidat à l'agrégation. Qu'il s'agisse d'une langue ancienne ou d'une langue vivante, dès les premiers exercices de traduction écrite, dès que le choix est possible entre deux ou trois mots, il faut s'habituer à chercher sur l'axe syntagmatique et sur l'axe paradigmatique, le plus exact et le plus naturel. En cela, le professeur de langue étrangère est aussi professeur de français. Lorsque les deux se confondent dans la même personne, c'est évidemment une circonstance favorable du point de vue de l'acquisition du vocabulaire français. Et comme la traduction est un exercice de précision lexicale extrêmement long, il y aurait tout avantage à la faire en deux temps : compréhension du texte de la langue-source pendant le cours de langue étrangère, recherche de la meilleure expression possible dans la langue-cible au cours de français.

D'autre part, la distinction entre « valeur » et « signification » permet de penser que, loin de s'exclure, le point de vue du dictionnaire de langue et celui de l'encyclopédie se complètent, et qu'il est tout naturel de rattacher des remarques, leçons et exercices de vocabulaire aux leçons les plus diverses de toutes disciplines, à condition de ne pas perdre de vue quelques grands principes de méthode, en particulier le traitement des mots par champs. Le vocabulaire des sciences naturelles ne relève pas moins des méthodes de la lexicologie que celui du livre de morceaux choisis ; le vocabulaire des institutions politiques s'apprendra, de toute évidence, plutôt au cours d'histoire qu'au cours de français. Rien ne serait plus creux qu'une leçon de vocabulaire faite pour elle-même et sans qu'on ait préalablement intéressé l'élève aux réalités auxquelles elle permet de référer. Là encore, la polyvalence de l'enseignant est, au moins au niveau d'élèves jeunes, une chose positive pour un enseignement du vocabulaire méthodologiquement systématique et cohérent, et l'instituteur se trouve par rapport au professeur du secondaire dans une position privilégiée pour faire du bon travail. Tout enseignant devrait être lexicologue, la lexicologie étant essentiellement interdisciplinaire.

Beaucoup de mots de la vie courante, de néologismes, ne seront jamais appris qu'en dehors de l'école. Mais ils le seront d'autant mieux et d'autant plus précisément qu'à l'école l'enfant aura pris conscience de l'existence de certains types de formation lexicale, et qu'il aura pris l'habitude de comparer les mots entre eux et de les organiser en séries. Là comme ailleurs, il s'agit d'enseigner des connaissances et par là même d'éduquer à en acquérir de nouvelles. Quant aux leçons de vocabulaire que pourra faire le professeur de français, elles pourront être plus ou moins développées, mais il semble souhaitable qu'elles soient en général la suite ou le préalable d'une analyse de texte, une préparation ou une conclusion, en tous cas dans le droit fil de l'intérêt de l'exercice ; cela vaut mieux que dans le courant de l'analyse ou de la discussion, où il n'est pas indiqué de disperser l'intérêt par de trop copieuses remarques de vocabulaire.

La littérature française étant ce qu'elle est, il s'agira souvent de vocabulaire psychologique et moral, c'est-à-dire de mots qui structurent toute une expérience de l'homme, tout le contenu d'une civilisation déjà longue, une et diverse, ramifiée en plusieurs traditions de pensée et d'expression. Ainsi rattachée à cette face intérieure de notre expérience, qui n'est pas moins réelle que la face extérieure, menée avec le maximum de rigueur linguistique possible en la circonstance, une leçon de vocabulaire peut fournir aux élèves le moyen de s'exprimer eux-mêmes et de comprendre les autres. Elle ne devrait pas être un simple jeu de formes vides, mais une lumière projetée sur cette substance intérieure complexe qui est le tissu même de notre vie.

II. LEXIQUE ET VOCABULAIRE

On conviendra d'appeler **lexique** l'ensemble des mots qu'une langue met à la disposition des locuteurs, et **vocabulaire** l'ensemble des mots utilisés par un locuteur donné dans des circonstances données.

Le **lexique** est une réalité de langue à laquelle on ne peut accéder que par la connaissance des **vocabulaires** particuliers qui sont une réalité de discours. Le **lexique** transcende les vocabulaires mais n'est accessible que par eux : un **vocabulaire** suppose l'existence du **lexique** dont il est un échantillon. Il est extrêmement difficile, voire impossible de dénombrer les mots qui composent le **lexique** d'une langue, pour la raison que le nombre de ces mots, tout en étant fini, ce qui est la condition même de son utilisation, est sujet à des enrichissements et à des appauvrissements, donc illimité.

Il est difficile d'arrêter un état de synchronie stricte, à moins de se cantonner dans le dépouillement d'œuvres contemporaines à une ou deux années près. Mais alors, les chances sont grandes de rester très en deçà du lexique. Significativement, c'est le mot de *vocabulaire* qu'emploie J. Dubois dans le titre de sa thèse sur *Le vocabulaire politique et social en France de 1869 à 1872 à travers les œuvres des écrivains, les revues, les journaux* (v. ch. IV). Le dépouillement de plusieurs éditions successives du *Petit Larousse*, entre 1949 et 1960, a bien montré à quelle vitesse se renouvelle le lexique d'une langue : appauvrissement dû à la désuétude de certains mots, enrichissement dû à l'emprunt et à la création de néologismes dont une partie seulement répondent à la nécessité de dénommer des réalités nouvelles. Néanmoins, ce mouvement perpétuel ne touche pas à la fois ni également toutes les parties du lexique. Les systèmes et micro-systèmes lexicaux ne sont pas de durée égale ; certains peuvent se maintenir fort longtemps, d'autres être beaucoup plus éphémères. De plus, les usagers d'une langue ont une culture et une mémoire qui donnent à des mots sortis de l'usage courant des possibilités parfois longues de survie occasionnelle ou littéraire.

▲ J. DUBOIS, L. GUILBERT, H. MITTERAND et J. PIGNON, *Le mouvement général du vocabulaire français de 1944 à 1960 d'après un dictionnaire d'usage* in *Français moderne*, avril et juillet 1960.

Certains sous-ensembles du grand ensemble que constitue le lexique d'une langue, sujets à des phénomènes de prolifération particulièrement intenses, compliquent tout spécialement la tâche du **lexicographe** (ou « auteur de dictionnaires ») : d'abord, les parlers populaires, marginaux par rapport au français standard mais qui le pénètrent de toutes parts, les dialectes, le français régional, l'argot, ensuite les vocabulaires spécialisés des métiers, des techniques et des sciences. Dans ces conditions, les dictionnaires les plus ambitieux ne peuvent donner qu'une image approchée mais toujours incomplète de cette réalité immense et mouvante qu'est le lexique.

Il n'est guère plus facile de dénombrer les mots dont dispose un individu particulier : rien ne prouve que les textes qu'il produit, écrits ou oraux et susceptibles d'enregistrement, mettent effectivement en jeu leur totalité. Et quand bien même il essaierait lui-même, procédant par élimination à partir d'un dictionnaire, de faire le départ entre la partie du lexique français qu'il possède et celle qui lui est étrangère, il aurait sans doute de grandes occasions de perplexité. En effet, certains mots appelés **mots actifs** sont assez bien connus de lui pour que non seulement il les comprenne, mais encore qu'il les utilise spontanément pour s'exprimer ; d'autres, appelés **mots passifs**, ne sont pas utilisés par lui mais seulement compris de façon plus ou moins précise lorsqu'il les rencontre au cours d'une lecture ou d'une conversation. Entre la partie du lexique que le locuteur ignore tout à fait et celle qu'il manipule habituellement avec aisance, existe donc toute une zone intermédiaire extrêmement graduée, qui va du mot littéraire ou argotique qu'il comprend bien mais n'utilise pas pour son compte, au mot technique, dialectal ou désuet qu'il a parfois rencontré ici ou là, dont il devine vaguement le sens, mais que, prudemment, il fera mieux de ne pas employer sous peine de lourdes bévues.

La compréhension entre un locuteur X et un locuteur Y, qu'il s'agisse d'un véritable dialogue ou du décodage par X d'un monologue oral ou écrit de Y, exige donc que les mots — forcément actifs — utilisés par Y fassent partie du vocabulaire au moins passif de X, et, en cas de dialogue, vice versa, l'intercompréhension sera d'autant meilleure que les mots utilisés par X et Y seront des mots actifs pour chacun d'eux ; d'autant plus médiocre que les mots actifs de l'un seront des mots passifs pour l'autre ; d'autant plus mauvaise qu'un plus grand nombre des mots actifs de l'un seront des mots inconnus pour l'autre. L'enseignant rendra donc l'élève d'autant plus capable de communiquer qu'il fera un travail plus efficace sur la zone des mots passifs et sur celle des mots inconnus, domaine théoriquement obscur, mais accessible par la statistique et, plus simplement, par l'introspection, l'interrogation et la conversation. Les mots passifs les plus vaguement connus sont appelés à passer soit dans la catégorie de mots passifs clairs, soit dans celle des mots actifs. Il y a certes intérêt, pour un lecteur de tragédies classiques, à connaître le sens du mot *hymen*, mais aucun à l'employer. Il en va de même de bon nombre de mots inconnus avec lesquels on jugera utile que l'élève fasse connaissance. L'idéal n'est pas de faire basculer dans la catégorie active la totalité des mots passifs (on estime à 7 ou 8 000 mots en moyenne le vocabulaire courant d'un individu), mais d'être suffisamment familiarisé avec eux pour les situer dans leur niveau de langage et ne pas commettre de contresens à leur sujet. Quant au nombre et à la nature des mots actifs dont il est souhaitable que dispose un locuteur donné, cela dépend bien entendu de son milieu de vie. Le langage est chose sociale ; aux diversités de la société correspondent nécessairement des diversités lexicales, et l'évolution lexicale, individuelle ou générale, s'adapte insensiblement aux changements sociaux.

Dans ces conditions, l'étude du lexique d'une langue comporte deux pôles : la recherche du plus grand nombre possible de mots utilisables par un locuteur français d'une part : c'est la perspective du *Trésor de la Langue Française* : d'autre part, la recherche du petit nombre de mots très usuels, indispensables à la communication et communs à tous les locuteurs de langue française : c'est la perspective du *Français Fondamental*.

Le point de vue du *Trésor* est ancien et les dictionnaires l'ont rendu familier à tous. Depuis le XVIe siècle, les lexicographes rivalisent de richesse tant pour le nombre que pour le contenu des articles, comme le montre l'histoire que B. Quémada a faite des dictionnaires français de 1539 à 1863, c'est-à-dire jusqu'au Littré exclusivement. On y trouvera, en bibliographie, une énumération des grandes « sommes » du français moderne avec leurs principales caractéristiques.

- ▲ B. QUEMADA, *Les dictionnaires du français moderne, 1539-1863*, Paris, Didier, 1968, 693 p.
- ▲ G. MATORE, *Histoire des dictionnaires français*, Paris, Larousse, 1968, 279 p.
- ▲ F.-J. HAUSMANN et alii, *Dictionnaires..., encyclopédie internationale de lexicographie*, Berlin-New York, De Gruyter, 1990, 3 vol.

Aujourd'hui, on distingue très clairement le **dictionnaire de langue**, qui traite des mots en tant que signes linguistiques, du **dictionnaire encyclopédique** ou **encyclopédie**, qui étudie les choses dénotées par les mots. Les deux points de vue, nullement incompatibles, sont plutôt complémentaires. Néanmoins, il est méthodologiquement légitime et pratiquement indispensable, pour des raisons de maniabilité.

Jusqu'à aujourd'hui, les lourds et nombreux volumes des grands dictionnaires de langue ont fourni pour les études sémantiques une considérable richesse d'exemples. Ils tendent désormais à être relayés par des versions électroniques sur CDrom, dont le modèle est le dictionnaire d'Oxford, informatisé dès 1988, et par des banques de données du genre de FRANTEXT (v. p. 53) indéfiniment enrichissables. Le *Grand Robert* est désormais sur CDrom. Plusieurs dictionnaires anciens sont informatisés ou en cours d'informatisation (Nicot Académie I et Féraud). Les lexicographes devraient, à l'avenir, prendre soin de construire des dictionnaires réalisables aussi bien en version électronique qu'en version papier. Les avantages de l'électronique sont le faible encombrement, la rapidité des réponses à divers types d'interrogations, et la possibilité de se connecter à divers réseaux.

Dictionnaires de langue :

▲ K. BALDINGER, *Introduction aux dictionnaires les plus importants pour l'histoire du français, recueil d'études publiées sous la direction de...*, Paris, Klincksieck, 1974, 184 p.

▲ E. LITTRE, *Dictionnaire de la langue française*, 4 vol., Paris, Hachette, 1873-1877, Rééditions : 4 vol. Ed. du Cap, Monte Carlo, 1968, et 7 vol. Gallimard Hachette, Paris 1963 (vaste relevé d'exemples empruntés surtout aux textes littéraires des XVIIe et XVIIIe siècles, et dans une certaine mesure du XIXe siècle. Très riche : env. 75 000 entrées).

▲ P. ROBERT, *Dictionnaire alphabétique et analogique de la langue française*, Paris, Société du nouveau Littré, 1953-1964, 6 vol., 2e éd. entièrement revue et enrichie par A. Rey, 9 vol., Paris, 1985. Abrégé en 1 vol. en 1968 sous le nom de *Petit Robert* (réduit le nombre et l'ampleur des exemples mais améliore souvent le *Grand Robert* au point de vue des définitions et classements de sens et ajoute les étymologies.

▲ L. GUILBERT, R. LAGANE, G. NIOBEY, *Grand Larousse de la Langue française*, Paris, Larousse, 1971-1978, 7 vol. (dictionnaire de la Langue du XIXe et du XXe siècle, ex. plus courts que dans les précédents ; effort de datation des sens ; articles rigoureusement construits).

▲ *Lexis, dictionnaire de la langue française*, publié sous la direction de Jean DUBOIS, Paris, Larousse, 1975, LXXVI p. de grammaire, 1950 p., 1 vol. (rivalise avec le Petit Robert : plus riche en mots techniques ; fondé sur des principes de classement différents).

▲ P. IMBS et alii, *Trésor de la Langue Française*, Paris, CNRS et Gallimard, 1971-1994, 16 vol. : réunit un maximum de mots du XIXe et du XXe s. d'après un corpus surtout littéraire, dépouillé informatiquement de 90 millions d'occurrences, avec exemples abondants, indications de fréquences, étymologie, histoire des mots, synonymes et antonymes. Des dictionnaires analogues sont prévus pour les autres époques. Actuellement en chantier, un *Dictionnaire du moyen français* (XIVe et XVe s.).

Encyclopédies :

▲ D. DIDEROT, *Encyclopédie ou dictionnaire raisonné des sciences, des arts et des métiers*, Paris, Briasson, 1751-80, 35 vol.

▲ P. LAROUSSE, *Grand Dictionnaire Universel*, 17 vol., Paris, 1865-1890, point de départ d'un grand nombre de dictionnaires encyclopédiques en particulier : le *Grand Dictionnaire Encyclopédique Larousse* (GDEL), 10 vol. reliés en couleurs, 3 en 1982, 2 en 1983, 3 en 1984, 2 en 1985, et le *Petit Larousse illustré, Nouveau dictionnaire encyclopédique* publié sous la direction de P. Augé, Paris, 1905, constamment réédité.

▲ *Dictionnaire encyclopédique Quillet*, sous la direction de R. MORTIER, Paris, 1934, rééd. 1968-75, Paris, A. Quillet, 10 vol.

▲ *Encyclopaedia Universalis*, Paris, 20 volumes et plusieurs suppléments ; mise à jour chaque année par *Universalia*, version française de la célèbre *Encyclopaedia Britannica*, constamment rééditée et remise à jour depuis 1768.

Le point de vue du **français fondamental** qui, sous le nom de *français élémentaire* remonte à 1954 et répondait à des exigences de rationalisation de l'enseignement du français langue étrangère, est donc beaucoup plus nouveau et s'est vite révélé extrêmement fécond. A partir d'un corpus de textes oraux enregistrés, souvent à l'insu des locuteurs, les auteurs ont dénombré 312 135 mots, dont 7 995 différents. Parmi ces 7 995 mots, 2 700 n'apparaissent qu'une fois, 1170 deux fois, 694 trois fois, 1 063 vingt fois et plus. On a retenu, en les élaguant de quelques unités, les mots apparaissant au moins 29 fois et dans cinq textes différents, soit 805. Parmi eux, 253 sont des mots grammaticaux qui reviennent avec une grande fréquence dans tous les textes français quels qu'ils soient. On a constaté que les 38 premiers mots du classement par fréquences décroissantes couvrent 50% des textes utilisés, et les 278 premiers 80% : ce sont les **mots fréquents**. Mais ce sont justement les 20% restants qui véhiculent le plus d'information et les auteurs de l'ouvrage ont été amenés à constater qu'il y avait parmi eux toute une catégorie de mots pourtant extrêmement usuels pour lesquels le critère de fréquence était dénué de signification : ceux dont l'emploi est lié à une situation particulière. C'est le cas en particulier des mots dénotant des choses concrètes : chacun sait ce qu'est une *jupe* ou un *autobus*, mais on peut rester des jours entiers sans avoir l'occasion d'en parler. Ces mots qui se dérobent à la statistique ont reçu la dénomination de **mots disponibles**. Pour déterminer leur degré de disponibilité, les auteurs ont eu recours à la méthode des centres d'intérêt, demandant à des écoliers, et, pour quelques enquêtes restreintes, à des adultes, les vingt noms qui leur paraissaient le plus utiles à savoir à propos de sujets tels que « les animaux », « les métiers », « les moyens de transports », etc. Les réponses ayant été classées et comparées (ce qui a pu faire ressortir certaines différences selon l'origine géographique, le milieu social, et le sexe) et enrichies de quelques éléments qui ont paru indispensables à la commission, on est passé de 805 à 1 475 mots différents. La lecture de *L'élaboration du français fondamental* reste encore aujourd'hui passionnante ; les listes mises au point sont d'un intérêt évident pour le professeur appelé à enseigner le français en tant que langue étrangère. C'était leur destination première et elles ont servi de base aux méthodes audio-visuelles du *Centre de Recherche et d'Études pour la Diffusion du Français* (CREDIF). En est-il de même pour l'enseignement du français langue maternelle ? En principe, tous les mots du français fondamental, surtout du premier degré, sont connus d'élèves francophones. « D'une façon générale, la commission a voulu que toute notion essentielle pût être exprimée à l'aide du premier degré du *Français fondamental*. Mais en même temps, elle a voulu le réaliser avec le minimum de mots » (p. 204). Ce minimum de mots bien connus peut néanmoins servir de point de départ à des accroissements auxquels il y a tout avantage à donner des fondements sûrs. Les auteurs suggèrent eux-mêmes les possibilités suivantes (p. 204) :

	Mots figurant dans la liste	*Possibilité d'accroissement*
Aspects du terrain	bois, campagne, forêt,	brousse, etc.
Plantes vivrières	blé, pomme de terre, riz, vigne	haricots, igname, maniac etc.
Fruits		banane, poire, pomme etc.
Animaux de basse-cour	coq, poulet, poule.	canard, lapin, oie, etc.
Métaux	argent, fer	acier, aluminium, cuivre, or, etc.
Outils	aiguille, ciseaux, clé, clou épingle, marteau, pelle, pioche, scie	bêche, lime, pince, pointe, tenailles, tournevis, vis, etc.
Matériaux de construction	bois, brique, pierre	ciment, tôle, tuile, etc.

L'instituteur aura donc avantage à connaître l'inventaire du français fondamental, à le pondérer par d'autres listes et à s'en servir comme d'une base solide pour des explorations complémentaires.

▲ G. GOUGENHEIM, R. MICHEA, P. RIVENC et A. SAUVAGEOT, *L'élaboration du français fondamental* (1er degré), Paris, Didier 1964.

▲ G.GOUGENHEIM, *Dictionnaire fondamental de la langue française*, Paris, Didier, 1958, 255 p. ; *Étude...*, p. 248, *Recherches sur la fré-*

quence et la disponibilité ; p. 258, *Statistique linguistique et histoire du vocabulaire.*

▲ B. QUÉMADA, « Remarques de méthode sur une recherche d'indices d'utilité du vocabulaire », *Le Français dans le monde*, 1974, n° 103, pp. 18 à 24.

D'autres listes de fréquence que celle du *Français fondamental* existaient déjà à l'époque, mais fondées sur des corpus uniquement écrits et de dimensions restreintes. Par la suite, d'autres recherches menées dans une perspective moins pratique ont révélé l'importance du facteur numérique en linguistique. Pionnier en ce domaine, Ch. Muller, dès 1967, exploitant dans sa thèse le dépouillement complet du théâtre de Corneille déjà réalisé par B. Quémada, a montré le parti qu'on pouvait tirer des méthodes statistiques, à condition de bien vouloir s'y initier, la spécificité des techniques mathématiques étant un obstacle à leur utilisation par la plupart des littéraires et à leurs applications pédagogiques. On pourra consulter la collection des *Travaux de linguistique quantitative* (Genève-Paris, Slatkine-Champion) dont il est le fondateur.

Le propre de la statistique est d'être un instrument de comparaison ; la fréquence d'un **vocable** dans un corpus donné (les statisticiens réservant *mot* à chaque occurrence du *vocable*) demande à être interprétée par rapport à sa fréquence dans un autre corpus si le calcul révèle que la différence est significative, ne pouvant être due au hasard, et non simplement aléatoire. Entre les tragédies et les comédies de Corneille existent de nombreuses différences significatives dont certaines (notamment dans l'emploi des pronoms) ont évidemment échappé à la conscience de l'auteur et posent des questions non encore résolues. La plupart des travaux de statistique lexicale consacrés au vocabulaire de tel ou tel auteur débouchent sur des conclusions stylistiques ou thématiques. Il faut toutefois faire une place à part au *Dictionnaire des fréquences* élaboré par l'équipe du *T.L.F.* où l'on trouve les 70 000 vocables d'un corpus de base de 70 millions d'occurrences, sans commune mesure avec ceux qui ont été exploités par d'autres auteurs, classés d'une part par fréquences décroissantes, d'autre part par ordre alphabétique, avec leurs fréquences précisées par tranches de 25 ans et par genre littéraire : œuvres écrites à la 3e personne (histoire, la plupart des romans), à la 1re personne (mémoires), ou aux deux personnes de l'interlocution (théâtre). Cet énorme ensemble de données a été exploité par Étienne Brunet qui en a tiré des conclusions lexicologiques de deux ordres : en ce qui concerne l'évolution du lexique, il précise la tendance croissante ou décroissante de tel ou tel vocable et ses graphiques, à côté d'évolutions prévisibles réservent bien des surprises. En ce qui concerne la structure du lexique il a cru pouvoir affirmer son caractère pyramidal : les 907 premiers vocables de la liste de fréquences décroissantes, comprenant tous les mots grammaticaux et des mots lexicaux faiblement connotés et généralement très polysémiques, couvriraient près de 90 % de tous les textes dépouillés, alors que les 5 800 suivants en couvriraient 8 % et les 64 000 derniers (dont une vingtaine de milliers d'hapax ou mots apparaissant une seule fois), mots souvent monosémiques, très spécifiques, techniques, chargés de beaucoup d'informations précises, 2 % seulement.

Les listes de fréquence, pondérées les unes par les autres, montrent aux pédagogues qu'un enseignement systématique du lexique doit logiquement commencer par assurer un maniement correct et aisé des mots les plus fréquents, et remonter, par le jeu des synonymies, des antonymies et des dérivations vers des mots moins fréquents.

Indépendamment de ce que peut apporter le calcul statistique, il est possible de tirer parti des dépouillements exhaustifs qui en sont le matériau : relever dans une œuvre littéraire donnée toutes les occurrences de mots choisis pour leur importance dans l'œuvre et étudier leur sens au moyen des diverses techniques de la lexicologie. Jusqu'à une date récente, on ne disposait pour cela que de lourds et trop rares index et concordances sur papier. Le support est désormais de plus en plus souvent informatique et le TLF (INALF, 44 avenue de la Libération, 54000 Nancy) met désormais à la disposition de tous les chercheurs, au moyen de la base de données FRANTEXT, ses ressources sans cesse accrues, littéraires à 80 % (en 1992, 180 millions d'occurrences — 2 800 textes, 900 écrivains de Rabelais à René Char). La rapidité et la convivialité de la version de 1991, la grande liberté de choix des critères offerts à l'utilisateur ouvrent une ère nouvelle de l'étude du lexique.

▲ C. MULLER, *Étude de statistique lexicale : Le vocabulaire du théâtre de Pierre Corneille*, Paris, Larousse, 1967. *Initiation aux méthodes de la statistique linguistique*, Paris, Hachette, 1973, 187 p. *Principes et méthodes de statistique lexicale*, Paris, Hachette, 1977, 205 p. *Langue française et linguistique quantitative, recueil d'articles*, Genève, Slatkine, 1979.

▲ TRÉSOR DE LA LANGUE FRANÇAISE, *Dictionnaire des fréquences*, Paris, Didier, 1971, 6 vol.

- ▲ S. FAÏK, *Rêve dans la langue littéraire contemporaine, approche quantitative liminaire à une étude de l'onirisme bernanosien*, Duculot, Gembloux, 1974, 273, p. (La justification mathématique du choix d'un thème littéraire y est exposée avec une grande clarté.)
- ▲ E. BRUNET, *Le vocabulaire français de 1789 à nos jours d'après les données du Trésor de la Langue Française*, Genève, Slatkine et Paris, Champion 1981, 3 vol., 852, 518 et 454 p.
- ▲ N. CATACH, *Les listes orthographiques de base du français*, Paris, Nathan, 1984, 156 p. (cet ouvrage regroupe 1 620 mots, sans compter les formes fléchies, représentant plus de 90 % d'un corpus de 500 000 mots).

CHAPITRE III

les mots et leur contexte

Reprenons la liste des mots exprimant la notion d'« habitation », déjà vue p. 37. Normalement, en un point donné d'une phrase quelconque effectivement réalisée selon les règles syntaxiques, autrement dit, sur ce qu'on appelle l'**axe syntagmatique**, horizontal, progressant de la gauche vers la droite, un seul des éléments de cette liste se trouve utilisé ; ex : *Au bout de notre rue, se trouve la maison de M. Dupont*, ou *la résidence*, ou la *bicoque*, ou la *villa* de M. Dupont, mais pas* *Au bout de notre rue se trouve la maison, la résidence, la bicoque, la villa de M. Dupont*. Le locuteur a opéré un choix parmi de multiples possibilités. Au-dessous ou au-dessus du mot *maison*, on peut décider d'écrire tous les éléments de ce choix (*résidence*, *villa*, *bicoque*, etc...) selon une ligne verticale appelée **axe paradigmatique**, l'ensemble des éléments formant ce qu'on appelle un **paradigme**.

Pour présenter le lexique comme un tout structuré et montrer que, pour l'expression d'une notion donnée, il offre au locuteur de multiples possibilités de choix, il faut se placer sur le plan de la langue. En fait, les éléments de ce choix n'apparaissent réunis sous forme de **paradigmes** plus ou moins complexes, plus ou moins rigoureusement établis que dans des études spécialisées, des dictionnaires analogiques ou des dictionnaires de synonymes ; ils n'apparaissent qu'à l'état isolé dans les dictionnaires ordinaires. Le discours, lui, ne nous présente que des **syntagmes** où, consciemment ou inconsciemment de la part du locuteur, les paradigmes ont déjà joué leur rôle de structures mentales sous-jacentes, où les choix ont été déjà réalisés, et où les divers mots s'associent les uns aux autres pour former des énoncés. Il est essentiel toutefois de remarquer qu'au niveau même de la langue et au moins dans les langues indo-européennes, les mots sont prédisposés au rôle qu'ils jouent dans les énoncés par le simple fait qu'ils se répartissent en catégories grammaticales traditionnellement appelées **parties du discours**, dont les plus importantes pour le lexicologue sont le substantif, l'adjectif, le verbe et l'adverbe.

I. LES PARTIES DU DISCOURS

Il est fort difficile de les définir de façon cohérente à la fois sur le plan morphologique (étude des marques constituées par les variations de forme), syntaxique (étude du rôle joué dans la phrase et des mots auxquels elles s'associent à droite et à gauche sur l'axe syntagmatique, ou **distributions**), et logique (manière d'appréhender la réalité propre à chacune). Néanmoins, depuis l'Antiquité, les grammairiens s'accordent à reconnaître leur existence. La question du caractère universel ou non des parties du discours dépend évidemment de la définition qu'on en donne. Selon le linguiste danois V. Brøndal, qui a consacré une étude à cette question et vérifié ses hypothèses sur grand nombre de langues très diverses, s'il est vrai que leur nature et les oppositions qu'elles entretiennent entre elles varient selon les langues et qu'aucune n'est universelle, du moins la distinction de diverses « parties du discours » l'est-elle, et constitue-t-elle un des caractères fondamentaux de tout langage humain. Guillaume, au contraire, oppose vigoureusement les « langues à parties du discours » (ex. : le français) où certaines orientations fonctionnelles font partie de la réalité même du mot en langue, aux « langues à caractères » (ex. : le chinois) où cette orientation ne se détermine que dans le discours par des moyens syntaxiques.

▲ V. BRØNDAL, *Les parties du discours, étude sur les catégories linguistiques,* trad. P. Naert, Copenhague, Munksgard, 1948.

▲ P. SWIGGERS et W. VAN HOECKE, *Mots et parties du discours*, ouvrage collectif sous la direction de..., Leuven, Peeters 1988.

V. Brøndal repousse tout principe de classement autre que logique ; au contraire, l'école distributionnaliste ne connaît que des critères morphosyntaxiques, qui n'ont pas été remis en cause par la grammaire générative, celle-ci considérant les parties du discours comme un donné et ne s'intéressant qu'à la genèse de la phrase. Quant à G. Guillaume, interprétant ces critères morphosyntaxiques, il définit les parties du discours par des **formes vectrices**, réalités psychiques distinctes des signes qui les expriment, simples manières de penser la matière notionnelle (v. ch. I).

Les plus importantes de ces **formes vectrices** sont :

1) la **personne** : le **verbe** (en dehors de l'infinitif et du participe) exprime obligatoirement les deux personnes de l'interlocution et une troisième personne propre à ce dont parlent les interlocuteurs. Le **substantif** ne connaît que la troisième personne. **L'adjectif** est indéterminé sur le plan de la personne et adopte celle de son support, puisqu'on peut dire aussi bien *je suis pauvre, tu es pauvre, il est pauvre* ;

2) le **nombre**, étroitement lié à la personne et que le substantif impose à l'adjectif ;

3) le **genre**, ignoré du verbe et propre au substantif qui l'impose à l'adjectif ;

4) le **temps** : nécessairement, le **verbe** exprime son contenu sémantique au moins sous l'aspect de l'accompli ou du non accompli et, dans sa forme la plus élaborée, l'indicatif, en le situant par rapport au moment où parle le locuteur. Au contraire, le **substantif** est normalement incapable de situer, par lui-même, le moment de la parole, mais il se prête tout naturellement à la dénotation de classes d'êtres concrets, localisés dans l'espace et dont se compose l'univers visible, sensible, mesurable. Il serait naturellement faux de dire qu'il ne peut dénoter des états, des comportements, des actions. La catégorie substantif peut, en fait, dénoter tout ce que l'esprit humain peut se proposer comme objet de pensée, considérer comme « ce dont on peut dire quelque chose ». Mais ce faisant, le langage présente l'état ou le comportement en question comme une chose ; il l'arrache au domaine du temps, de l'aspect, et des deux personnes de l'interlocution ; il l'attache indissolublement à la troisième personne ; il les met sur le même plan que les mots dénotant les réalités concrètes dont le

domaine est l'espace ; il les spatialise en quelque sorte. Selon l'expression de G. Moignet, « le **verbe** est une invention linguistique par laquelle on peut dire des choses temporelles sur les choses spatiales que le langage sait dire, sur les notions que le langage sait nommer » (*Tra li li*, 1973, p. 363).

5) Cela nous amène à la notion d'**incidence**, clef de tout le reste, que G. Guillaume a eu le mérite de mettre le premier en valeur.

Tout mot est un apport de signification qui, pour fonctionner, a besoin d'un support. Le cas le plus clair est celui de l'adjectif : *Pierre est beau* autrement dit *A est B*. L'adjectif *beau* parle, bien sûr, de la « beauté » (**incidence interne**) mais uniquement pour la mettre en relation avec *Pierre* (**incidence externe**) ; *beau* dit quelque chose de *Pierre*, l'**adjectif** parle du substantif, il lui est **incident**, l'**incidence** pouvant être définie comme la relation de l'apport au support. Mais de quoi parle *Pierre* ? De rien d'autre que du concept « Pierre ». Il ne connaît que l'**incidence interne**, celle du signifiant au signifié ; il ne parle que de lui-même. L'énonciation de tout substantif suppose le principe d'identité *A est A*.

Le **verbe**, lui, parle de moi, qui suis en train de parler, de toi, à qui je m'adresse, ou du reste, qui ne participe pas à la conversation ; c'est dire qu'il est incident à la personne que, d'une part, il incorpore en lui, et qui, d'autre part, en français, est exprimée de façon autonome par un pronom conjoint, ou, quand il s'agit de la troisième personne, par un substantif. C'est en somme l'équation qui existe entre la troisième personne du verbe et celle du substantif qui permet au verbe de dire quelque chose du substantif sujet et, quand il est transitif, du substantif objet.

Quant à l'**adverbe**, G. Guillaume ne considère pas qu'il possède une incidence externe simple comparable à celle de l'adjectif, à cela près que le support serait un adjectif, un verbe ou un autre adverbe. Dans *Pierre arrive enfin*, ou *Enfin, Pierre arrive, enfin* parle moins de *arrive* que de la relation de ce verbe à son sujet, *Pierre arrive*. Il est incident à un mécanisme d'incidence déjà en fonctionnement. De même *Pierre est fort beau.* Alors que l'**incidence** de l'adjectif était **simple**, celle-ci est **au second degré**, et dans une phrase à deux adverses comme *Pierre roule extrêmement vite*, il y a incidence aux second et troisième degrés.

En résumé, donc, supposant une matière notionnelle fixe (comme dans la série *finir*, *fin*, *final*, *finalement*), nous pouvons définir ainsi les diverses parties du discours :

substantif = matière notionnelle + formes vectrices : incidence interne + genre + nombre + 3e personne.

adjectif = matière notionnelle + formes vectrices : incidence externe, au premier degré, au substantif ou au pronom + genre + nombre + personne du support.

verbe = matière notionnelle + formes vectrices : incidence à la personne + personne + nombre + aspect + temps.

adverbe = matière notionnelle + forme vectrice : incidence externe, au second ou troisième degré, à un autre mécanisme d'incidence.

▲ G. GUILLAUME, *Discernement et entendement dans les langues ; mot et partie du discours*, article de 1939, in *Langage et science du langage*, Paris, Nizet, 1964, p. 87-98. *Leçons de linguistique 1948-49 I, série B : psychosystématique du langage, principes, méthodes et applications*, Paris, Klincksieck 1971, 215 p. ; v. surtout pp. 137-139, 152-154.

▲ G. MOIGNET, Articles parus dans les *Travaux de linguistique* de Strasbourg, en particulier : *Sur le système de la personne en français*, 1972, pp. 71-81, et *Incidence verbale et transitivité*, 1973.

On voit que les diverses parties du discours ne sont pas séparées par des cloisons étanches ; le verbe et l'adjectif se rapprochent par le fait qu'ils possèdent en commun l'incidence externe au premier degré ; le substantif et l'adjectif, opposés par leur incidence, se rejoignent par leur aptitude commune à exprimer le genre et le nombre ; l'adverbe s'oppose à eux par son incidence externe au second degré. De sorte qu'il suffit d'une modification du régime d'incidence pour que certains mots se réalisent en discours, soit comme adjectifs, soit comme substantifs, soit même comme adverbes : *un fort, un homme fort, un homme fort beau*, phénomène connu sous le nom usuel de **dérivation impropre**. La parenté du substantif et de l'adjectif avait déjà frappé les grammairiens de l'Antiquité, qui les réunissaient dans la catégorie générale du **nom**, ce qui ne signifie pas que tout adjectif soit apte à devenir substantif, ni vice versa. La partie du discours appartient à la plupart des mots dès le niveau de la langue, mais il en est certains pour qui elle ne se détermine qu'au niveau de l'énoncé réalisé.

▲ G. SOKOLOVA, *La conversion en français*, *Cahiers de Lexicologie*, 1965 II, pp. 51-54.

▲ D. BECHEREL, *La substantivation de l'adjectif*, Revue des langues romanes, 1979, T. 83, n° 1, pp. 73-85.

Il y a donc une syntaxe implicite dans la répartition des mots en parties du discours. C'est ce qui leur permet de s'organiser en syntagmes et par là même de se servir les uns aux autres de contexte et c'est le point de départ de toute une combinatoire sémantique.

II. LA COMBINATOIRE SÉMANTIQUE

Outre la compatibilité syntaxique des parties du discours entre elles, une certaine compatibilité sémantique des mots entre eux est nécessaire pour qu'un énoncé soit intelligible et propre à la communication. S'appuyant sur les types de distributions propres à chaque mot, la grammaire générative prend en charge ce problème en distinguant dans la définition des entrées lexicales, deux types de **traits pertinents** ou caractères distinctifs : les **traits inhérents**, de nature uniquement sémantique, et les **traits de sélection**, de nature à la fois sémantique et syntaxique. Ainsi, *cheval* aurait parmi ses traits inhérents « animé » « non humain » « quadrupède », et *courir* « mouvement » « rapide » ; *courir* aurait, de plus, le trait de sélection « exige un sujet animé, pourvu de pattes ».

Ces traits de sélection sont aussi, assez souvent, appelés « traits contextuels » ; mais pour éviter la confusion avec ce que A.-J. Greimas appelle « sèmes contextuels » (v. ch. IV), nous éviterons cette expression. Une hypothèse de Chomsky est que les **substantifs** ne comportent que des traits inhérents et que seuls, **verbes** et **adjectifs** comportent à la fois des traits inhérents et des traits de sélection ; l'attribution de ces traits aux divers **items lexicaux** (ou **mots** tels qu'ils se présentent dans un dictionnaire, sous forme d'**entrées** sucessives) préalablement répartis en **catégories grammaticales** (ou **parties du discours**) est couramment appelée **sous-catégorisation.**

▲ On suppose connues les bases de la **grammaire générative**, qu'il serait trop long de réexposer ici. En cas de nécessité, on consultera, pour une initiation rapide, l'ouvrage à la fois court et clair de C. NIQUE, *Initiation méthodique à la grammaire générative*, Paris, Colin, 1974, ou celui de Jos NIVETTE, *Principes de grammaire générative*, Paris, Nathan-Labor, 1972.

Soit l'exemple suivant, emprunté à un célèbre article J.-J. KATZ et J.-A. FODOR (*Structure d'une théorie sémantique, Cahiers de Lexicologie*, 1966, II, pp. 39-72 et 1967, I, pp. 47-66 : *La fillette a jeté la petite glace*). Chaque mot de cette phrase présente plusieurs acceptions : *Fillette* 1. enfant de sexe féminin ; 2. petite bouteille. — *Jeter* 1. lancer ; 2. se débarrasser de, mettre au rebut. — *Petite* 1. de peu de volume ou de surface ; 2. très jeune ; 3. de peu d'importance ; 4. aimé du locuteur (valeur hypocoristique). — *Glace* 1. eau congelée ; 2. rafraîchissement fait de crème parfumée et congelée ; 3. miroir ; 4. vitre à châssis mobile ; 5. tache d'une pierre précieuse.

Le verbe *jeter* opère une **sélection** du côté de son sujet et du côté de son objet : exigeant un sujet animé, il exclut *fillette 2* et impose *fillette 1*. Exigeant un objet matériel et nombrable, il exclut *glace 1* qui dénote une substance continue non dénombrable (un morceau de cette substance s'appelant en français un *glaçon*) et *glace 5* qui dénote une « qualité » ou, si l'on préfère, un défaut de la pierre précieuse et ne peut être jeté indépendamment d'elle. Troisième sélection : le mot *glace* ayant, du moins dans les définitions ci-dessus, le trait inhérent « matériel », « non animé », les sens 2 et 4 de *petite* sont exclus et le sens 3 peu probable.

Toutefois, ces premières sélections effectuées, la phrase, citée telle qu'elle est et sans autre contexte, reste ambiguë de six manières, deux sens restant possibles pour *jeter* (« lancer » et « mettre au rebut ») et trois pour *glace* (« miroir », « crème glacée » et « vitre à châssis mobile »). Le choix ne sera possible que si l'on dispose de contextes plus larges tels que, pour *jeter 1*, « *par terre* », « *dans l'eau* », « *sur son lit* », « *violemment* », « *par jeu* » et pour *jeter 2* : « *aux ordures* », « *à la poubelle* » ; pour *glace 3* : « *de son sac à main* », « *dont sa mère se servait pour se maquiller* », « *fêlée* » ; pour *glace 4* : « *cassée* », ou « *que son père avait achetée pour réparer la portière de la voiture* ».

Cependant, l'apport de ces contextes élargis ne semble pas pouvoir entrer dans une formalisation des restrictions sélectives propres à chaque mot. Dira-t-on que le complément de *jeter 2* « mettre au rebut » (par opposition celui de *jeter 1*) doit présenter un trait inhérent « mauvais » ? Mais on peut très bien jeter du pain encore excellent. Ou encore un trait inhérent « inutile » ou « embarrassant » ? Mais ce sont là des appréciations purement subjectives et circonstancielles du locuteur ; personne ne fera jamais entrer dans la définition du mot *pain* ou du mot *glace* les traits « inutile » ou « embarrassant ». Remarquons de plus que notre présentation des choses a été, pour faire court, excessivement simplificatrice en ce qui concerne *jeter*. Car enfin, un tableau complet des traits de sélection de *jeter* devrait prendre en considération ses distributions dans les phrases suivantes :

Jean (humain) *a jeté le ballon* (matériel) *à Marie* (humain).

Jean (humain) *a jeté un coup d'œil, un mot* (abstrait) *à Marie* (humain).

Jean (humain) *a jeté à la tête de Marie* (matériel) *une assiette* (matériel).

Jean (humain) *a jeté à la tête* (abstrait) *de Marie* (humain) *sa conduite passée* (abstrait).

Jean (humain) *a jeté le désarroi* (abstrait) *dans le cœur* (abstrait) *de Marie* (humain).

Sa maison en ruines (matériel) *ou la destruction de sa maison* (abstrait) ou *cet événement*, ou *cette idée* (abstrait) *a jeté Marie* (humain) *dans le désarroi* (abstrait).

Il faudrait donc présenter les traits de sélection de ce verbe de façon coordonnée, un vers la gauche, deux ou trois vers la droite, et considérer qu'on a affaire à autant d'homonymes qu'on trouve de distributions. L'inventaire des catégories sémantiques qui pourraient ou devraient apparaître dans les définitions à titre de traits inhérents ou de traits de sélection, à peine commencé, risque d'être plein d'embûches. Faut-il assortir le verbe *manger* de deux restrictions sélectives : 1) « exige un sujet animé », formalisé par le symbole [animé + — — —] placé à gauche du verbe, et 2) à droite du verbe [— — — + comestible] c'est-à-dire « exige un objet comestible », ou seulement [— — — + matériel], c'est-à-dire « exige un objet matériel » ? Fera-t-on entrer le trait inhérent « comestible » dans la définition de tout ce qui peut se manger ? Mais ce qui est comestible ici peut ne pas l'être là ! Les sauterelles le sont-elles ? Oui et non ! Et la laine ? Non, sans doute ; et pourtant les mites la mangent ; elles mangent même les pull-over, les robes, les complets ; les termites mangent le bois ; la rouille (non animé) mange le fer, et ce travail (abstrait) mange tout mon temps (abstrait). Y a-t-il une seule catégorie sémantique exclue de la place de sujet ou d'objet du verbe *manger* ? Va-t-on créer des catégories « perçable », « déchirable », « sécable » pour caractériser les compléments possibles des verbes *percer, déchirer, couper* ? Quel alourdissement insupportable des définitions ! D'autre part, quel besoin aurait-on d'exprimer en termes de catégories sémantiques les traits de sélection de l'adjectif *bée* qui ne s'applique qu'à *bouche*, de *saur* qui ne convient qu'au *hareng*, ou de *perpétrer* qui n'admet guère pour objet que *crime* ou *forfait* ?

▲ A. SAUVEGEOT, *Portrait...*, p. 68, *L'autonomie des mots.*

Ajoutons que les contextes désambiguisants que nous avons imaginés pour *jeter la petite glace* ne sont tels que parce que notre expérience nous apprend qu'on ne se maquille pas avec une glace au chocolat et qu'il est imprudent d'enfermer une crème glacée dans un sac à main. Il n'y a rien là qui relève spécifiquement des rapports de la sémantique et de la syntaxe. Il n'y a pas de parfaite symétrie entre les traits de sélection de certains mots et les traits inhérents de ceux qui s'associent avec lui. Les premiers ne concernent que le sujet du verbe et un ou deux objets, ou le support d'un adjectif, alors que les seconds peuvent être beaucoup plus nombreux. De plus, leur repérage exige, outre la connaissance du contexte syntaxique immédiat, déjà difficilement formalisable, celle d'un contexte large, pas toujours linguistique qui, semble-t-il, n'est plus formalisable du tout.

C'est sur ce point du repérage des traits inhérents et de l'utilisation de contextes larges que les critères syntaxiques d'analyse des sens se révèlent radicalement insuffisants. Qui voudrait analyser ce que les journalistes des années 60-80 entendaient par *libérer* devrait connaître, outre les traits de sélection concernant les sujets et objets possibles de ce verbe, la situation politique mondiale d'alors de façon globale. Qui voudrait, après beaucoup d'autres, analyser ce que Racine entend par *aimer* ne sera pas très avancé quand il aura constaté que ce verbe admet un sujet et un objet « humain ». Il devrait replacer chaque occurrence dans la scène, l'acte, la pièce, le théâtre de Racine tout entier. A plus forte raison dans le langage parlé, nous interprétons les mots occurrents en tenant compte non seulement de la phrase où ils se trouvent, non seulement de tous les énoncés qui ont précédé dans la conversation, mais encore de tout ce que nous savons de la personne qui parle et de la situation. Lorsque quelqu'un s'écrie : *Un demi !* l'interprétation diffère totalement selon qu'on est au café ou qu'on participe à une délibération d'examen. Katz et Fodor font remarquer que dans les deux phrases *Tu as mis ta culotte de cheval ?* et *Tu as mis ta culotte de daim ?* rien de linguistique ne permet de décider que dans le second cas il faut comprendre « culotte faite de peau de daim », mais seulement la connaissance qu'on a du fait que la peau de cheval n'est pas ordinairement utilisée pour faire des vêtements et que les daims ne se laissent pas chevaucher. Seule notre expérience du monde nous permet d'affirmer que *daim* pourrait entrer dans un paradigme de mots dénotant des matériaux employés par les fabricants de vêtements (*velours, tweed, tergal, cuir,* etc.) et *cheval* dans un paradigme de noms de bêtes de somme (*âne, mulet, dromadaire*) ou plutôt, en l'occurrence, de noms de sports (*ski, tennis, moto,* etc.).

Tout mot occurrent dans un discours donné s'insère donc dans deux types de contextes : un contexte linguistique proche, dont la structure syntactico-sémantique permet un certain nombre de sélections, et un contexte de situation, souvent implicite dans les énoncés de la vie courante, ou se présentant sous forme de contexte linguistique étendu, comme c'est nécessairement le cas des œuvres littéraires. Ces deux types de contextes jouent un rôle essentiel du point de vue du locuteur en orientant le choix de ses mots, et du point de vue du destinataire auquel ils permettent la compréhension du message, en opérant les sélections nécessaires parmi les sens virtuellement possibles.

- ▲ S. ULLMANN, *Précis...*, p. 94 : *Le mot sémantique et le rôle du contexte.*
- ▲ T. SLAMA-CAZACU, *Langage et contexte*, trad. française, La Haye-Paris, Mouton, 1962, 251 p.
- ▲ O. DUCROT et T. TODOROV, *Dictionnaire...*, p. 338 : *Combinatoire sémantique.*
- ▲ T. TODOROV, « Les anomalies sémantiques », *Langages*, n° 1, mars 1966, pp. 100 à 123.

Malgré tant de difficultés, les progrès de la traduction assistée par ordinateur sont réels, grâce au travail de fourmi, à la fois scientifique et artisanal, d'équipes dont la plus connue est le LADL (Laboratoire d'Automatique et de Documentation Linguistique) dirigé par Maurice Gross. Celui-ci étudie les rapports de la syntaxe et du lexique en vue d'élaborer un dictionnaire électronique et de le doter d'un « analyseur morpho-syntaxique » qui classe les mots par catégories et d'un « analyseur sémantique » capable de déterminer quel est le sens d'un polysème dans tel contexte. Ce dictionnaire doit être capable de reconnaître et de produire des phrases, et par conséquent, enregistrer toutes les oppositions formellement repérables, c'est-à-dire beaucoup plus d'informations qu'un dictionnaire-papier. Chaque sens est corrélé à une information de surface, sauf dans les cas de figements qui sont beaucoup plus nombreux qu'on ne le croit et doivent être catégorisés à part. Ainsi, un nom comme *but* doit apparaître avec la totalité de ses constructions (*dans le but de* à démultiplier en *dans un but de... dans un tel but... dans quel but ?*). En ce qui concerne le verbe *regarder*, on constate que *le clocher regarde la falaise* est possible, mais pas **le clocher a regardé la falaise*. Donc, l'emploi du passé élimine d'office ce type de sens. Il faut environ 300 informations convergentes pour rendre l'ordinateur capable de sélectionner sans erreur un emploi, dans la polysémie de *regarder*. On a besoin, pour la traduction automatique, de listes de mots homogènes, dans notre terminologie « champs génériques » (v. pp. 98-113), éventuellement très longues. Les noms doivent être catégorisés et sous-catégorisés de façon utile, bien plus précise que concret/abstrait - humain/animé : au minimum ; humain, animal, végétal, concret, événement, lieu, temps. Des verbes comme *titrer, affiner* nécessitent, pour être correctement interprétés, des listes d'alcools et d'acides, des listes de fromages. La traduction automatique exige des listes de mots homogènes (ce qui nous ramène aux champs génériques). À côté de *ressemeler* on doit avoir une liste de *chaussures*. L'interprétation d'une tournure comme *Untel est passé X* suppose qu'on a préalablement constitué une classe de « grades ». Le LADL distingue une cinquantaine de classes d'humains avec diverses sous-classes. Ses listes ont été partiellement éditées sur papier. À Munich, sur la langue allemande, l'équipe du professeur Güthner fait exactement le même travail, avec les mêmes méthodes.

▲ M. GROSS, 1986 (1re éd. 1968), *Grammaire transformationnelle du français : syntaxe du verbe*, Paris, Cantilène, 183 p.
▲ M. GROSS, 1989, *Grammaire transformationnelle du français : syntaxe du nom*, Paris, Cantilène.
▲ M. GROSS, 1986 (1re éd. 1968), *Grammaire transformationnelle du français : syntaxe de l'adverbe*, Paris, Cantilène.

III. ACTUALISATION ET RÉFÉRENCE

Non moins essentiel est le rôle du contexte pour conférer au mot un certain degré d'**actualisation** et lui permettre de **référer** à un ou plusieurs objets extra-linguistiques particuliers. **Actualiser** un mot, c'est faire coïncider l'extension de son signifié avec la représentation que se fait le locuteur d'une certaine réalité, c'est « accommoder » son extension en langue au moyen du discours et pour le discours. Quant à la **référence**, c'est la relation, toujours indirecte, qui se trouve créée entre son signifiant et l'objet réel ou imaginaire, extra-linguistique, dont parle le locuteur et qu'on appelle le **référent**.

Les deux notions de **référence** et **d'actualisation** sont donc étroitement liées : c'est par le fait qu'il se trouve actualisé dans un discours qui le localise dans le temps et l'espace, le quantifie et détermine son degré de généralité qu'un mot peut non seulement assurer la liaison entre un concept et une image acoustique (ce qui est son rôle en langue), mais encore renvoyer à des objets extra-linguistiques, autrement dit, à **référer**.

Un adjectif s'actualise par le fait qu'il a pour support un certain substantif ; un verbe par le fait qu'il dit quelque chose d'un sujet donné. Le fait central est donc celui de l'actualisation du substantif, du mot à incidence interne, qui donne aux concepts qu'il exprime l'aspect de choses. Alors qu'en langue il n'est que virtuel, et orienté vers l'université de la catégorie qu'il exprime, en discours, il va pouvoir limiter son extension du plus général au moins général et au tout à fait particulier, grâce à divers moyens, extra-linguistiques (contexte de situation), ou linguistiques (contexte syntaxique proche). Dans ce dernier cas, on parle plutôt de **détermination** du substantif : les articles, démonstratifs, possessifs, etc. placés à sa gauche le **pré-déterminent**, et, à sa droite, les compléments de noms, les relatives, certains adjectifs le **déterminent**.

Le chien noir de nos voisins reconnaît son maître limite l'extension du mot *chien*, l'actualise plus précisément que l'axiome général : *le chien reconnaît son maître*. Toutefois, comme le fait remarquer C. Blanche-Benveniste, dans le courant d'une traduction du chant XVII de *L'Odyssée*, et dans le contexte situationnel du retour d'Ulysse, la seconde formule pourrait s'appliquer tout naturellement au chien Argos, bête tout à fait particulière, et n'avoir aucune valeur généralisante. Dans les trois cas, le mot *chien* a bien le même signifié, mais pas le même référent. Dans le premier et le troisième, il s'agit de bêtes particulières et distinctes ; dans le second, il s'agit de l'espèce canine toute entière. On remarquera de plus que le chien réel et bien vivant de nos voisins et le chien Argos, qui n'a peut-être jamais eu d'autre existence que mythique, ne jouissent pas d'un statut linguistique différent. L'actualisation d'un substantif par son contexte permet la référence à l'imaginaire aussi bien qu'au réel ; *licorne, centaure, fée, lutin, Martien* sont des substantifs ni plus ni moins actualisables que *cheval, hippocampe, marquise, page, Chinois.* « *Je prépare le dîner* » peut être aussi bien une phrase de roman qu'une phrase orale s'inscrivant dans une situation réelle. Pour reprendre l'expression de Ducrot et Todorov, « L'île au Trésor est objet de référence possible aussi bien que la gare de Lyon » (*Dictionnaire*... p. 317). On emploie pour mentir les mêmes mots et les mêmes règles grammaticales que pour dire la vérité. La langue ne porte pas en elle-même le critère de la vérité des énoncés qu'elle permet de former.

▲ C. BLANCHE-BENVENISTE et A. CHERVEL, *Recherches sur le syntagme substantif, Cahiers de Lexicologie,* 1966, II, pp. 3-57.
▲ C. DUCROT et T. TODOROV, *Dictionnaire*..., p. 317 : *Référence.*
▲ G. KLEIBER, *Problèmes de référence,* descriptions définies et noms propres, Paris, Klincksieck, 1981, 540 p.

CHAPITRE IV

les champs lexicaux sémantiques

La notion d'« ensemble structuré d'éléments linguistiques » est essentielle en lexicologie. Depuis l'informatisation de la lexicologie on tend à substituer au terme de **champ** celui de **réseau**. L'un et l'autre sont métaphoriques : un champ est un espace sur lequel on cultive toute une végétation d'espèce homogène ; de façon figurée, on pourrait y voir un ensemble d'objets linguistiques de même espèce. Un réseau est une structure de fils reliés ensemble par des nœuds, jeté sur un espace occupé par divers objets et destiné à attraper tout ce qui ne s'échappera pas entre les mailles ; de façon figurée, un ensemble d'oppositions pertinentes permettant au langage d'appréhender le réel extra-linguistique. Quoique la seconde métaphore soit peut-être plus riche et plus exacte, nous nous en tiendrons à la dénomination plus traditionnelle et plus usuelle de *champ*. Il est toutefois nécessaire de préciser de quel type de champ on entend s'occuper. En ce domaine, la terminologie est si flottante qu'il nous paraît nécessaire de partir de définitions regroupées dans un tableau, de les commenter, et de proposer enfin un adjectif qui puisse commodément qualifier chacun des champs envisagés. Chaque case comporte un renvoi à une section du chapitre où des exemples et des explications plus détaillées seront fournis en abondance.

CHAMPS LEXICAUX SÉMANTIQUES (1)

Abréviations : Sa = « signifiant » — Sé = « signifié »

<table>
<tr><td rowspan="4">Du Sa au Sé (2)</td><td rowspan="2">Un mot (4)</td><td>1 seul Sa, 1 seul Sé (7), voir section II, page 71</td></tr>
<tr><td>1 seul Sa, plusieurs Sé (8), voir section, II, pages 73-91</td></tr>
<tr><td rowspan="2">Plusieurs mots (5)</td><td>Esemble de Sa remontant historiquement à un même étymon. Recherche des filières sémantiques
(9) voir section IV, pages 114-128</td></tr>
<tr><td>Ensemble de Sa formés par l'adjonction d'affixes à un même lexème ou aux diverses formes de celui-ci. Recherche des relations sémantiques.
(10) voir section IV, pages 114-128</td></tr>
<tr><td rowspan="4">Du Sé au Sa (3)</td><td rowspan="4">Plusieurs mots (6)</td><td>Ensemble de mots fréquemment associés dans des contextes traitant d'un même sujet
(11) voir section III A, pages 91-98</td></tr>
<tr><td>Ensemble de mots dont le Sé a en commun un même "genre prochain"
(12) voir section III B, pages 98-113</td></tr>
<tr><td>Ensemble de mots lexicalisant des constructions conceptuelles dont les éléments sont portés sur un diagramme en abscisse et en ordonnée
(13) voir section V, pages 128-134</td></tr>
<tr><td>Emsemble de mots regroupés selon des critères distributionnels : champs syntaxiques et actanciels
(14) voir section VI, pages 135-137</td></tr>
</table>

▲ E. COSERIU, *Vers une typologie des champs lexicaux*, *Cahiers de lexicologie*, n° 27, 1975, pp. 30-51.

▲ G. DRETTAS, *Les théoriciens allemands du champ : éléments pour une évaluation critique de leur apport*, dans la revue *Linguistique*, Paris, 1981, T. 17, n° 2, pp. 3-22.

I. NOTE TERMINOLOGIQUE

Commentaire du tableau de la page précédente :

(1) : Tous les **champs** ici définis sont **lexicaux** puisque nous décidons de n'y faire entrer que des mots faisant partie de séries ouvertes. Ils sont **sémantiques** en ce que, d'une manière ou d'une autre, on y envisage toujours le rapport signifiant (abrégé en Sa)/signifié (abrégé en Sé). Il semble donc abusif de réserver les expressions de « champ lexical » ou de « champ sémantique » à l'une ou l'autre des sous-catégories. Il existe des champs lexicaux non sémantiques, par exemple les articles d'un dictionnaire de rimes ; il existe des champs sémantiques non lexicaux, par exemple un paradigme flexionnel, comme une conjugaison qui ne montre le rapport Sa/Sé qu'à l'intérieur d'un système clos formé par des morphèmes grammaticaux, le sens du lexème n'étant pas pris en considération.

(2) et (3) représentent des mouvements de penséee fondamentaux et opposés, (2) consistant à partir du Sa pour aller à la recherche du ou des Sé, (3) consistant à partir du Sé pour aller à la recherche du ou des Sa. Les linguistes allemands K. Heger et K. Baldinger (v. p. 133 et 134), suivis par beaucoup d'autres, donnent à (2) le nom de **sémasiologie**, à (3) celui d'**onomasiologie**. A vrai dire, leurs articles semblent restreindre l'emploi de « sémasiologie » à (4) et celui d'« onomasiologie » à (13). Mais il nous semble commode et sans inconvénient majeur d'étendre le terme de « sémasiologie », d'où **champs sémasiologiques**, à toute la catégorie (2) et le terme d'« onomasiologie », d'où **champs onomasiologiques**, à toute la catégorie (3). Ces termes n'ont d'ailleurs qu'une valeur classificatrice ; les dénominations des sous-catégories devraient être plus usuelles. On remarquera que (3) et (6) se recouvrant exactement n'ont pas besoin de dénominations différentes. L'opposition entre (4) et (5) n'ayant été, semble-t-il, lexicalisée dans aucune terminologie, nous ne le ferons pas non plus. Nous nous contenterons de dire, en cas de besoin, **champ sémasiologique à un Sa** ou **à plusieurs Sa**.

(7), « un seul Sa pour un seul Sé », définit le phénomène appelé **monosémie**, alors que (8), « plusieurs Sé pour un seul Sa », s'applique à la **polysémie**, quand il existe un principe d'unité sémantique quelconque entre les divers Sé de l'unique Sa, à l'**homonymie** lorsqu'il n'en existe aucun. (9) et (10) peuvent tous deux recevoir le nom de **familles de mots**, mais il faudrait préciser **famille historique** dans le cas de (9) et **famille synchronique** dans le cas de (10). Selon l'usage de G. Mounin, on peut préférer le terme de **famille** pour (9) et de **champ dérivationnel** pour (10). D'ailleurs, mis à part le cas de supplétisme, (10) est en fait, un sous-ensemble de (9).

On a parlé, pour (11) comme pour (12), de « champs notionnels ». Nous éviterons donc ce terme ambigu. L'unité de (12) étant assurée par la communauté de l'archisémème (si l'on adopte une terminologie d'origine phonologique) ou du genre prochain (si l'on adopte une terminologie d'origine logique — v. ci-dessous, sous-titre II), nous proposerons le terme de **champ générique**. Les deux cas particuliers extrêmes du **champ générique** sont la **synonymie** et **l'antonymie**. (11) pourrait être appelé **champ associatif** ou « champ contextuel » ; nous choisirons la première de ces deux dénominations. Alors que (12) est de l'ordre du paradigme, (11) est de l'ordre du syntagme.

Tout diagramme par abcisse et ordonnée servant à présenter un ensemble de faits lexicaux coordonnés recevra le nom de **grille**. Le diagramme (13) pourrait recevoir le nom de **grille onomasiologique**, en entendant ce mot au sens étroit où l'entendent K. Heger et K. Baldinger.

II. UN SIGNIFIANT... COMBIEN DE SIGNIFIÉS ?
ou les champs sémasiologiques à un signifiant (v. exercices 13 et 14 pp. 169-170).

Conformément à la note terminologique précédente, nous appellerons « champ sémasiologique » un ensemble de signifiants identiques, présentés dans leur contexte et dont les signifiés sont soumis au travail d'abstraction et de classement du lexicologue. Un article de dictionnaire, ou une série d'articles de dictionnaires consacrés à une série de mots **homographes** (c'est-à-dire écrits de la même façon) ou simplement **homophones** (prononcés de la même façon), considérés comme des unités lexicales sémantiquement distinctes constituent donc des champs sémasiologiques.

La question fondamentale dont il s'agira ici sera donc celle des rapports d'un signifiant et de son — ou ses — signifié(s).

La **monosémie** peut être définie comme un rapport univoque existant entre un signifiant et un signifié. Ce rapport est loin d'être général dans les langues naturelles ; il n'est pas non plus exceptionnel, comme on le constate en feuilletant les dictionnaires : de la p. 131

à la p. 138 du *Petit Robert*, nous relevons un nombre non négligeable d'articles non subdivisés : par ex. *avoine*, *avoisinant*, *avorteur*, *avouable*, *avril*, *avulsion*, *avunculaire*, *axial*, *axile*, *axis*, *axolotl*, *axone*, *axonge*, *azalée*, *azote*, *azyme*, *bachoter*, *bachotage*, *bacillaire*, *bactérie*, *badaud*, *baderne*, *badiane*, *badigeon*, *badin*, *bafouer*, *bafouiller*, *bagout*, *bailli*, *etc*. On constate qu'il s'agit toujours de mots disponibles, souvent de mots franchement rares ou savants, parfois de dérivés qui ne se rattachent qu'à une seule des acceptions possibles du mot de base ; ils représentent des constructions conceptuelles complexes et apportent par conséquent au contexte dans lequel ils se trouvent insérés une dose massive d'information, très propre à désambiguiser les énoncés. Par contre, le contexte ne sert pas à l'interprétation de ces mots qui, n'étant pas ambigus, n'ont nul besoin d'être désambiguisés. Il leur permet de fonctionner en discours et c'est tout. Si vous demandez à brûle-pourpoint à un locuteur français ce que c'est qu'un *azalée*, il vous répondra au moins que c'est un petit arbuste à fleurs décoratives, cultivé en pots et vendus chez les fleuristes, et s'il est botaniste, pourra s'engager dans des distinctions plus fines. Si au contraire vous lui demandez ce que veut dire le mot *baie*, il ne pourra exactement rien vous répondre, si ce n'est « à propos de quoi me demandes-tu ça ? », étant donné que *baie*, substantif féminin, peut être un fruit, une fenêtre, un golfe, et, employé comme adjectif féminin, la couleur de la robe d'une jument. Ici, le signifié n'est révélé que par la distribution et le contexte de situation et la désambiguisation du mot doit tout au contexte. Nous avons affaire ici au phénomène de **l'homonymie**, qui se limite souvent à une simple **homophonie** (ex : *sot*, *seau*, *sceau*) mais peut aller, comme dans le cas de *baie*, jusqu'à l'**homographie**. Impossible de trouver le moindre élément sémique commun aux signifiés correspondant à ce signifiant unique, qui se trouvent en état de parfaite disjonction. La langue tolère les **homonymes** — particulièrement fréquents dans les langues riches en monosyllabes comme le français — dans la mesure où les types de contextes où on les trouve sont extrêmement différents les uns des autres, et les différences de graphie contribuent dans une certaine mesure à rendre la situation supportable.

▲ A. SAUVAGEOT, *Portrait...*, p. 47 : *Les vocables de même prononciation.*

Si nous décidons d'appeler **sèmes nucléaires** les éléments de signification qu'un mot apporte à tout contexte, quel qu'il soit, et **sèmes**

contextuels ceux qui, parmi toutes les possibilités d'un mot donné, sont révélés par le contexte, nous pourrons dire que les mots monosémiques n'ont que des sèmes nucléaires et que les homonymes n'ont que des sèmes contextuels.

A mi-chemin entre ces deux cas extrêmes de rapport du signifiant et du signifié, se situe le phénomène de la **polysémie**, qui consiste en ce que les emplois d'un signifiant donné, tout en reposant sur un certain contenu sémique commun, se ramifient, par le jeu des contextes, en un certain nombre d'**acceptions** parfois si diverses que le rapport de base peut devenir pratiquement imperceptible à l'usager dans l'exercice normal de son langage, c'est-à-dire quand il ne porte pas une attention particulière aux mots qu'il emploie. Ainsi, l'adjectif *cher* exprime toujours la notion de « valeur », mais, selon les cas, sous les deux angles fort différents du prix d'une marchandise ou du sentiment qu'on éprouve pour un être aimé. Dès lors, se trouvent posés au lexicologue quelques problèmes des plus épineux. Peut-on mettre au point des procédures rigoureuses pour dénombrer les signifiés d'un même signifiant ?

Essaiera-t-on de regrouper ces signifiés par affinités sémantiques et jusqu'où poussera-t-on le regroupement ? A partir de quel degré de disjonction sémantique décidera-t-on qu'on a affaire à un ensemble d'homonymes et non à un mot polysémique ou **polysème** ? Deux tendances s'opposent à ce sujet :

1) Tendance à la multiplication des homonymes : La grammaire distributionnelle considère que toute variation régulière dans la distribution définit une unité lexicale distincte de toutes les autres ou **discrète**. Conformément à ce principe, J. Dubois et l'équipe qui a travaillé à l'élaboration du *Dictionnaire du Français Contemporain* (ou *DFC*) a proposé dans son ouvrage, résolument synchronique, des disjonctions de polysèmes en plusieurs unités lexicales plus audacieuses que celles de la plupart des dictionnaires. Il n'a toutefois pas totalement éliminé de son dictionnaire la polysémie, un grand nombre de ses articles comportant des subdivisions. Les critères sur lesquels il fonde ces disjonctions sont essentiellement :

— les distributions différentes correspondant à des valeurs sémantiques différentes d'un même signifiant : par ex : *cher* « aimé » admet un complément introduit par *à* alors que *cher* « coûteux » ne l'admet pas ;

— le contenu sémantique associé au signifiant considéré est tel que le mot qu'ils constituent peut entrer dans plusieurs paradigmes ; la recherche des synonymes et des antonymes est particulièrement significative : *cher* a pour synonymes *aimé*, *chéri*, *bien-aimé*, ou bien *coûteux*, *dispendieux* ; il a pour antonymes *odieux*, *détesté*, ou bien *bon marché*. En somme, l'intersection du champ sémasiologique et du champ onomasiologique est un bon critère de disjonction des signifiés ;

— les dérivés formés sur la base du signifiant considéré ne correspondent habituellement qu'à l'une des acceptions du mot : la *cherté* de la vie n'exprime que la notion de prix, nullement celle d'amour.

Logiquement, donc, le *DFC* nous offre deux entrées distinctes pour les deux homonymes *cher*, exactement comme il présente trois entrées pour les trois substantifs homonymes *baie*. Et l'on ne peut que reconnaître la grande clarté apportée par l'application systématique des trois principes ci-dessus à la structuration des articles de dictionnaires et, au moins, à un niveau relativement superficiel, à l'étude du fonctionnement de la langue.

▲ J. et C. DUBOIS, *Introduction à la lexicographie*, Paris, Larousse, 1971, chapitre VIII : *Homonymie et polysémie*.
Théorie illustrée par :

▲ J. DUBOIS, R. LAGANE, G. NIOBEY, D et J. CASALIS, H. MESCHONNIC : *Dictionnaire du français contemporain*, Paris, Larousse, 1967, 1224 p. (abréviation *DFC*) et *DFC* illustré, 1980, plus encyclopédique ; se signale par son orientation rigoureusement synchronique, la multiplication des entrées homonymiques, le refus des exemples littéraires, le regroupement des dérivés autour du mot de base. Les enseignants auront avantage à se procurer auprès de la librairie Larousse un mince fascicule qui leur facilitera l'utilisation du *DFC*, et leur donnera des exemples d'exercices utiles, qui ne font pas double emploi avec les nôtres. Il s'agit de : *DFC, Livret méthodologique du Dictionnaire du Français Contemporain, spécial enseignement*, établi sous la direction de René LAGANE, Paris, Larousse, 1971.

▲ J. DUBOIS, *Grammaire structurale : Le nom et le pronom*, Paris, Larousse, 1965, p. 14 (analyse du terme polysémique *cher*).

▲ H. HUOT, *Le verbe devoir, étude synchronique et diachronique*, Paris, Klincksieck, 1974, 194 p.

La grammaire générative, qui met tout particulièrement l'accent sur la combinatoire, tend naturellement aussi à la multiplication des homonymes. On trouve, dans l'article de Katz et Fodor déjà cité au chapitre précédent, l'étude du mot *canard*, présentée sous forme de deux « arbres » différents. Le premier reproduit la succession des sens du mot dans un dictionnaire :

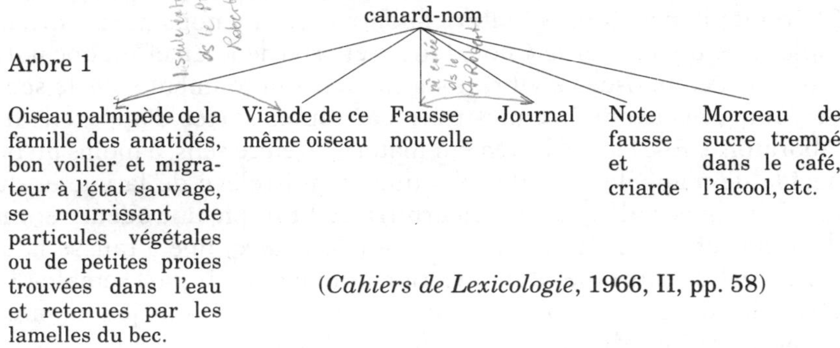

(*Cahiers de Lexicologie*, 1966, II, pp. 58)

Le second se présente ainsi :

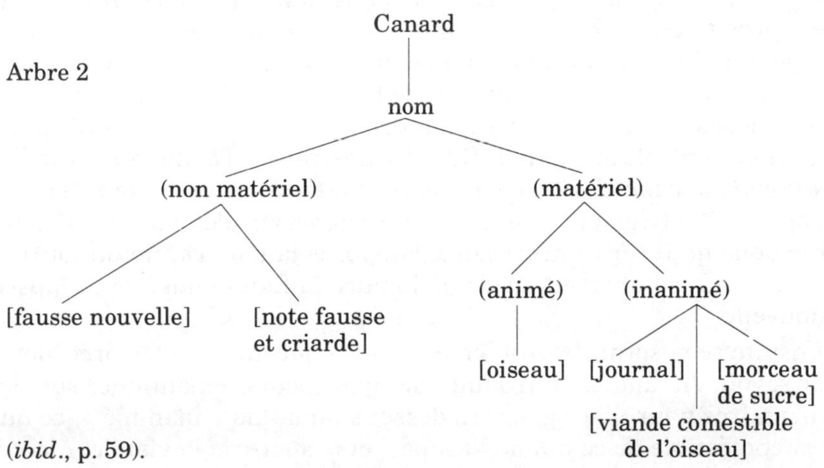

(*ibid.*, p. 59).

Il est perfectionné par une hiérarchisation des sens et l'introduction de ce que les auteurs appellent des **marqueurs sémantiques** (*semantic markers*), c'est-à-dire les **traits sémantiques inhérents** (*non matériel / matériel, animé / inanimé*) destinés à permettre l'insertion du mot dans une suite de transformations (v. ch. III, section III). On peut, nous semble-t-il, formuler à son sujet les remarques suivantes :

1er nœud : « substantif » serait préférable à « nom » (du moins dans la terminologie traditionnelle), puisqu'on ne connaît pas d'emploi adjectival du mot *canard*.

2e nœud : l'opposition « matériel-non matériel » nous paraît discutable en ce qui concerne « note fausse et criarde ». En effet, une note fausse est composée de vibrations sonores qui tombent sous le sens de l'ouïe et peuvent être mesurées par toutes sortes d'appareils de laboratoire. Elle est parfaitement matérielle en ce sens, à moins qu'on décide de n'appeler « matériel » que ce qui relève de la vue et du toucher, mais voilà qui est bien arbitraire ! Un son, une odeur seront donc des choses non matérielles ? Au contraire, une « fausse nouvelle » est un pur objet d'intellection qui ne devrait pas, semble-t-il, être mis sur le même plan qu'une « fausse » note, tout jeu de mots devant être interdit en matière de définition.

3e nœud : l'opposition « animé-inanimé » ne nous semble pas totalement satisfaisante, du moins en ce qui concerne le journal. En effet, si je dis « *ce canard me dégoûte chaque jour un peu davantage* », il est probable que je ne parlerai pas de la qualité du papier ni de la typographie, mais du contenu du journal, de sa partialité, de ses mensonges ou de ses dissimulations, de la vulgarité de la rédaction, toutes choses qui n'ont rien de matériel, ni d'ailleurs d'animé, mais mériteraient plutôt le qualificatif « abstrait ». Tandis que si je dis « *Prends le canard d'hier pour empaqueter les livres* », je réfère au papier, effectivement matériel, qui peut servir d'emballage. Il semble donc qu'il serait nécessaire d'opposer la matérialité du journal à son contenu abstrait, et de disjoindre la fausse note de la fausse nouvelle.

Ensuite se poserait le problème, déjà évoqué au chapitre précédent, de savoir s'il faudrait introduire des marqueurs sémantiques supplémentaires pour distinguer, au-dessous du nœud « inanimé », ce qui est comestible de ce qui ne l'est pas, et le sucre de la viande. A nous en tenir à la perspective des auteurs de l'article, et après cette discussion de détail, nous proposerions plutôt l'arbre 3, ci-contre en haut, et nous présenterions de façon analogue les acceptions de *baie* (arbre 3 bis).

Tous les signifiés correspondant à ce signifiant se trouvent sur le même plan, aucun ne justifiant une priorité dans la présentation, et rien ne vient corriger l'impression d'incohérence sémantique qui se dégage de ce tableau.

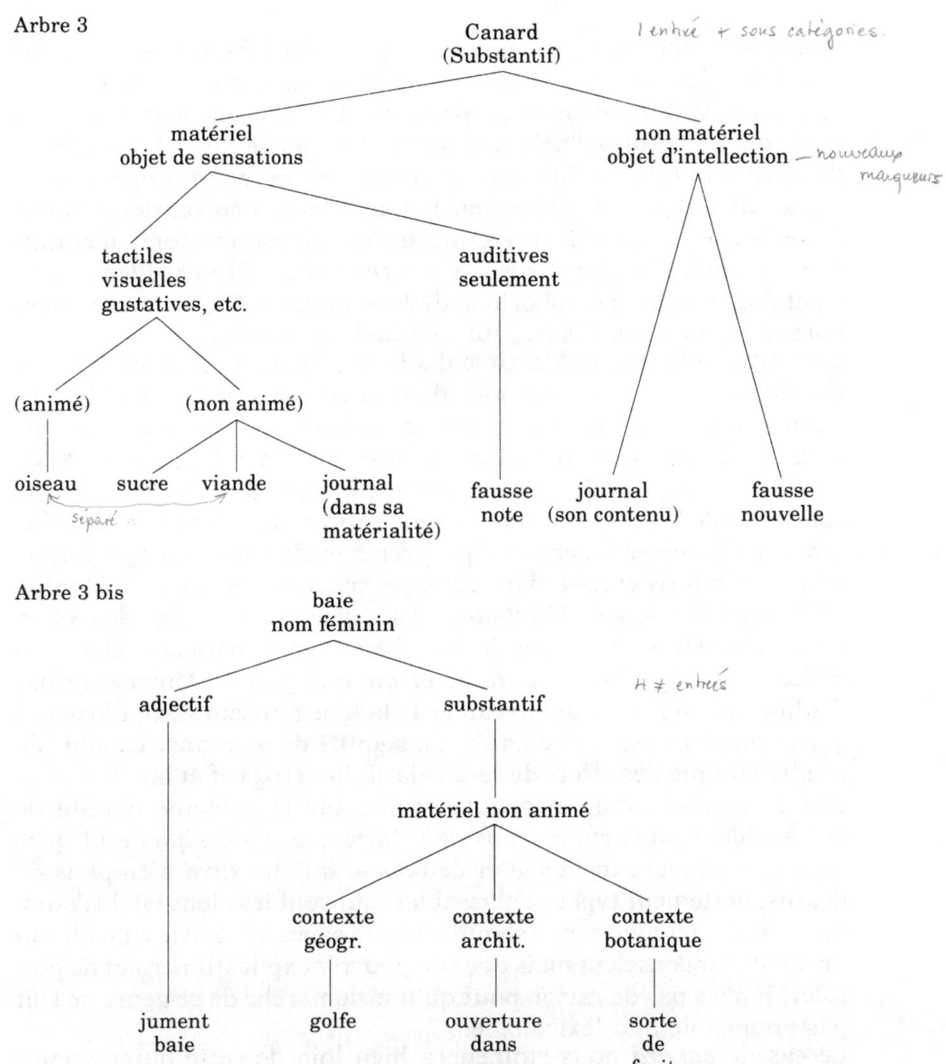

2) Tendance au regroupement polysémique : Elle est beaucoup moins courante aujourd'hui que la précédente. R. Martin dans l'article ci-après, étudie les divers types possibles de relations entre les diverses acceptions d'un polysème, en termes de restriction ou d'extension de sens, de métaphore et de métonymie, d'addition ou d'effacement de sèmes, et n'admet l'homonymie qu'en cas d'inexistence de tout sème commun. Cette manière de procéder n'exclut pas certaines vues historiques (v. pp. 86-89) : sur le plan synchronique du locuteur naïf, on ne voit pas bien ce qui permet d'affirmer que *femme* au sens d'« épouse » résulte d'une restriction du sens de *femme* « personne du sexe féminin » plutôt que le contraire : qu'une *minute* « court espace de temps » est une extension de *minute* « soixantième partie d'une heure » et non l'inverse, que le *blaireau* est plus fondamentalement un animal qu'une brosse. On jurerait que *fin* « excellent » provient d'un emploi métaphorique de *fin* « mince ». Or, historiquement l'ordre est inverse, il s'en faut de plusieurs siècles.

Une autre voie, que R. Martin a d'ailleurs également explorée à propos du mot *rien*, s'ouvre à nous dans la notion, due à G. Guillaume, de **signifié de puissance** (où le mot **puissance** doit être entendu comme dans la phrase : « le chêne est en puissance dans le gland »). Nous appellerons **signifié de puissance** tout concept ou toute construction conceptuelle permettant un classement logique, révélant une cohérence des diverses acceptions que prend, en discours, un mot polysémique, et qui recevront, dans cette perspective, les noms de **signifié d'effet** ou **effet de sens**. Guillaume et ses disciples n'ont fait de recherches en ce sens qu'à propos de morphèmes grammaticaux. Dans son article sur le *Système du paradigme qui-que-quoi*, G. Moignet refuse d'admettre qu'il y ait, au niveau de la langue plusieurs *qui*, plusieurs *que* et plusieurs *quoi* et cherche un **signifié de puissance** capable de rendre compte des **effets de sens** relatif, interrogatif et indéfini, chacun de ceux-ci étant incapable de fournir le principe d'unité de l'ensemble. Tout l'article repose sur l'idée que *qui-que-quoi* est le pronom virtuel par excellence et démontre que les divers emplois ci-dessus, nettement typés et classables, qui sont les siens en discours, peuvent s'expliquer par ce **signifié de puissance** qui existe à un niveau profond et inconscient mais que son pouvoir explicatif permet de postuler. Il n'y a pas de raison pour qu'une démarche de ce genre ne soit pas applicable à la lexicologie.

Le cas de *canard* nous emmènera bien loin de cette quintessence d'abstraction. Nous chercherons pourtant s'il serait possible de trouver une présentation des choses moins purement fonctionnelle que celle de Katz et Fodor, et postulant une unité sous-jacente à tant d'emplois hétéroclites, c'est-à-dire un **signifié de puissance**. On doit pouvoir dire qu'il existe dans la langue française un signifié archétypique du *canard* conçu comme un oiseau aquatique élevé pour sa chair savoureuse, apte à de rapides plongeons dans l'élément liquide, protégé par un plumage brillant, bleuâtre et imperméable, mais maladroit et gauche dans sa démarche terrestre, émettant un cri répété et malsonnant comparable à un bavardage inconsidéré, beaucoup moins prestigieux que son congénère le *cygne* qui se distingue par son élégance et son chant. A partir de cet ensemble de **sèmes** (ou « traits sémantiques inhérents »), le contexte opère une sélection telle que dans certains cas sera retenu seulement celui de « bavardage inconsidéré », dans d'autres celui de « chant désagréable », dans d'autres celui de « plongeon rapide dans un liquide », dans d'autres celui de « viande comestible », et dans certains seulement celui, pourtant premier, d'« oiseau aquatique ». Mais cette sélection ne se produit que dans des contextes extrêmement typés et stables : le cri discordant ne sera jamais rien d'autre qu'une note ratée par un instrument à vent ou la voix humaine (le hautbois peut faire un canard, mais pas le piano), le plongeon rapide, celui d'un morceau de sucre dans du café ou de l'alcool (mais pas d'un morceau de pain dans du lait, ni de viande dans la sauce) ; le bavardage inconsidéré ne sera jamais rien d'autre que celui qui consiste dans la diffusion de fausses nouvelles, éventuellement par voie de presse.

Cet archétype du *canard* qu'est le signifié de puissance permet, de plus, de rendre compte de locutions plus ou moins lexicalisées telles que « *un vilain petit canard* » (« le moins beau de la famille ou du groupe »), *un canard boiteux* (« une personne handicapée »), *marcher comme un canard* (« boiter »), *bleu canard*, et *les reproches glissent sur lui comme l'eau sur les plumes d'un canard* (« ne lui font rien »). Dans le cas d'un mot originellement concret, comme celui-ci, le signifié de puissance se présente donc comme une description empirique sémantiquement très chargée, un ensemble compact de sèmes qui n'apparaissent presque jamais tous à la fois en discours parce que le contexte en filtre un, ou quelques-uns seulement, et crée autour d'eux ces associations stables que sont les acceptions cataloguées dans les dictionnaires. S'il fallait absolument visualiser ces remarques, nous les présenterions sous la forme très hétérodoxe d'un arbre à double embranchement (v. arbre 4, p. 81) où l'embranchement du haut représente le rapport de chaque emploi du mot à un sème du signifié de puissance, et celui du bas, un classement fonctionnel de ces emplois à la manière générativiste (v. ch. III, section II), l'un n'excluant pas l'autre. De même, pour le mot *glace* envisagé au chapitre précédent, on pourrait proposer une définition potentielle « chose rendue solide par le froid, lisse, brillante, polie, transparente, cassante lorsqu'elle est dure, liquéfiée par la chaleur », à partir de laquelle, moyennant les sélections et combinaisons contextuelles, on pourrait arriver aux acceptions ci-dessus cataloguées.

▲ A. J. GREIMAS, dans sa *Sémantique structurale*, Paris, Larousse, 1966 (en particulier le chapitre intitulé *La signification manifestée* pp. 42-54) propose du mot *tête* une analyse comparable à celle-ci, mais qui, semble-t-il aurait pu ne pas être réduite aux deux seules notions de « sphéroïdité » et d'« extrémité », si l'on considère la fécondité linguistique de cet archétype.

Les choses se présentent de façon assez différente pour les mots abstraits. Soit le corpus ci-dessous d'emplois du verbe *poser : 1. La ménagère pose les assiettes sur la table. 2. Le tapissier pose les double-rideaux. 3. Ce chanteur pose mal sa voix. 4. Je pose le principe que la loi doit être respectée. 5. Votre cas particulier pose un problème. 6. L'oiseau se pose sur la branche. 7. Cet homme politique se pose en défenseur des libertés. 8. Le modèle pose devant le peintre pour un portrait. 9. Quand il est en société, il ne cesse de poser. 10. Je pose ma candidature à un poste de maître-auxiliaire. 11. Je vous pose ma question. 12. La parution de son dernier livre l'a posé dans le monde littéraire. 13. La poutre pose sur une traverse. 14. Le problème, la question se posent. 15. Le photographe pose quand il n'y a pas assez de lumière. 16. Ça (il, elle) se pose là !*

Deux solutions s'offrent à nous : la première, visualisée par l'arbre I (v. p. 83) consiste à répartir d'abord les emplois de *poser* d'après des critères syntaxiques (construction transitive, intransitive et pronominale), puis à introduire des traits de sélection relatifs au sujet, puis, dans le cas de la construction transitive, à l'objet. D'où la constitution de trois grands groupes d'emplois comportant des subdivisions. Le résultat est que, par la force des choses, tous les types d'objets, si disparates soient-ils, sont regroupés dans la même section, et que chaque type de sujet apparaît dans chaque section. Cette procédure dont l'intérêt est d'être facile et parfaitement mécanique aboutit à une dispersion sémantique très peu satisfaisante ; ce n'est d'ailleurs pas une objection aux yeux des générativistes pour qui il suffit que l'arbre présentant l'ensemble des traits de sélection soit utilisable dans une suite de transformations, et qui ne se soucient pas de l'unité du signe linguistique, comme on l'a vu au chapitre III, section II.

La seconde, visualisée par l'arbre II (v. p. 83) consiste à regrouper d'abord les exemples qui paraissent avoir entre eux le plus d'affinités sémantiques. Dans les exemples 1., 2., et 6., il s'agit d'un mouvement

Arbre 4

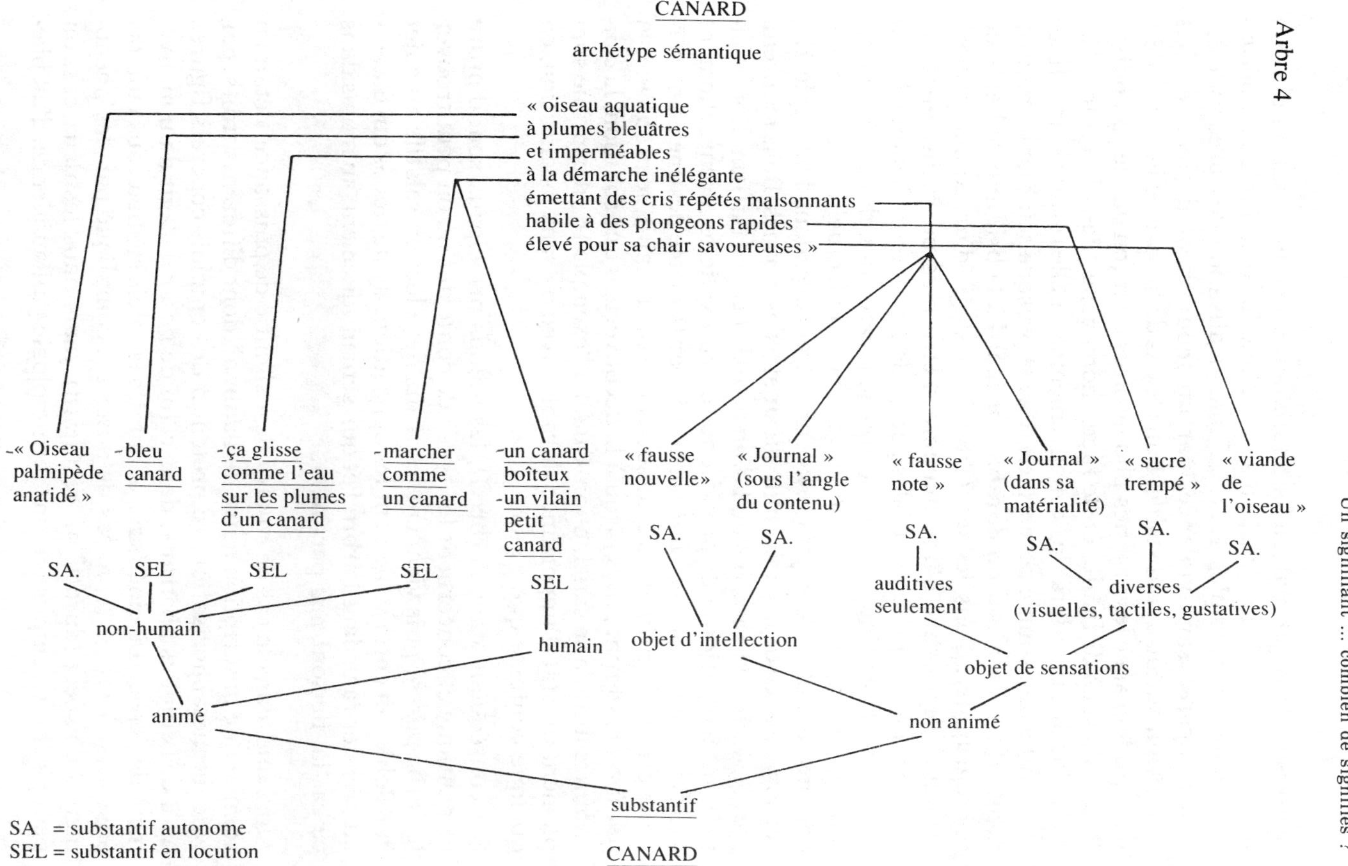
CANARD
archétype sémantique
« oiseau aquatique
à plumes bleuâtres
et imperméables
à la démarche inélégante
émettant des cris répétés malsonnants
habile à des plongeons rapides
élevé pour sa chair savoureuses »
-« Oiseau palmipède anatidé »
-bleu canard
-ça glisse comme l'eau sur les plumes d'un canard
-marcher comme un canard
-un canard boîteux
-un vilain petit canard
« fausse nouvelle»
« Journal » (sous l'angle du contenu)
« fausse note »
« Journal » (dans sa matérialité)
« sucre trempé »
« viande de l'oiseau »
SA.
SEL
SEL
SEL
SEL
SA.
SA.
SA.
SA.
SA.
SA.
non-humain
humain
objet d'intellection
auditives seulement
diverses (visuelles, tactiles, gustatives)
objet de sensations
animé
non animé
substantif
CANARD
SA = substantif autonome
SEL = substantif en locution

opéré sur un objet matériel, aboutissant à une localisation plus ou moins durable. Dans l'ex. 2, il s'agit d'une localisation quasi définitive ; dans les exemples 1. et 6. d'une localisation de durée indéterminée, opérée sans violence, par un mouvement de haut en bas s'achevant sur un appui stable. Dans le cas de la pose de la voix (ex 3.), il s'agit de placer les organes phonatoires de façon que le son puisse être émis sans difficulté et de façon homogène ; dans l'exemple 13., d'une localisation durable, le mouvement dont elle résulte étant effacé et réduit à une simple pesée. L'ex. 15. est presque semblable, mouvement effacé, localisation durable, eu égard à la brièveté de l'acte de photographier. Dans les ex. 7., 8., 9., il s'agit d'un comportement humain, c'est-à-dire d'une manière d'être plus ou moins durable, adopté pour des raisons sociales : attitude physique esthétique devant un peintre (combinée avec la notion de localisation durable), conformité extérieure à une norme morale ou intellectuelle, à une mode, destinée à mettre le sujet en valeur, ou encore, dans l'exemple 12., reconnaissance de la conformité du sujet à des normes. Dans les exemples 5., 4., 10., 11., 15., il s'agit d'un acte de l'esprit (affirmation, volition, interrogation) qui prend une forme explicite, éventuellement codifiée, (dans *poser sa candidature*) et par là même destiné à une certaine durée : le *principe* a quelque chose de définitif, le *problème*, la *question* resteront *posés* jusqu'à la découverte d'une solution, la *candidature* jusqu'à sa satisfaction. Quant à l'exemple 16., il exprime simplement un état d'importance durable, avec ou sans localisation, en quelque contexte que ce soit.

Par conséquent, dans l'arbre II, les nœuds principaux sont d'ordre sémantique et concernent les types de contextes où on peut trouver le verbe *poser* ; puis viennent les traits de sélection relatifs au sujet et à l'objet, et enfin seulement les oppositions syntaxiques qui étaient au premier rang dans l'arbre I et qui, sémantiquement, au moins dans ce cas-là, ne sont pas pertinents.

Alors que, dans le cas de *canard*, le « signifié de puissance » était en somme une description naïve de l'animal, dont différents traits, par voie de métaphorisation, se prêtent à des emplois concrets figurés ou à des emplois abstraits, dans celui de *poser* il s'agit d'un mouvement de pensée, ou **cinétisme**, allant des emplois spatiaux aux emplois abstraits. À vrai dire, le cas de *poser* est compliqué par des phénomènes d'aspect (duratif ou résultatif), mais dans les deux cas, on peut parler, en employant une terminologie guillaumienne, d'un phé-

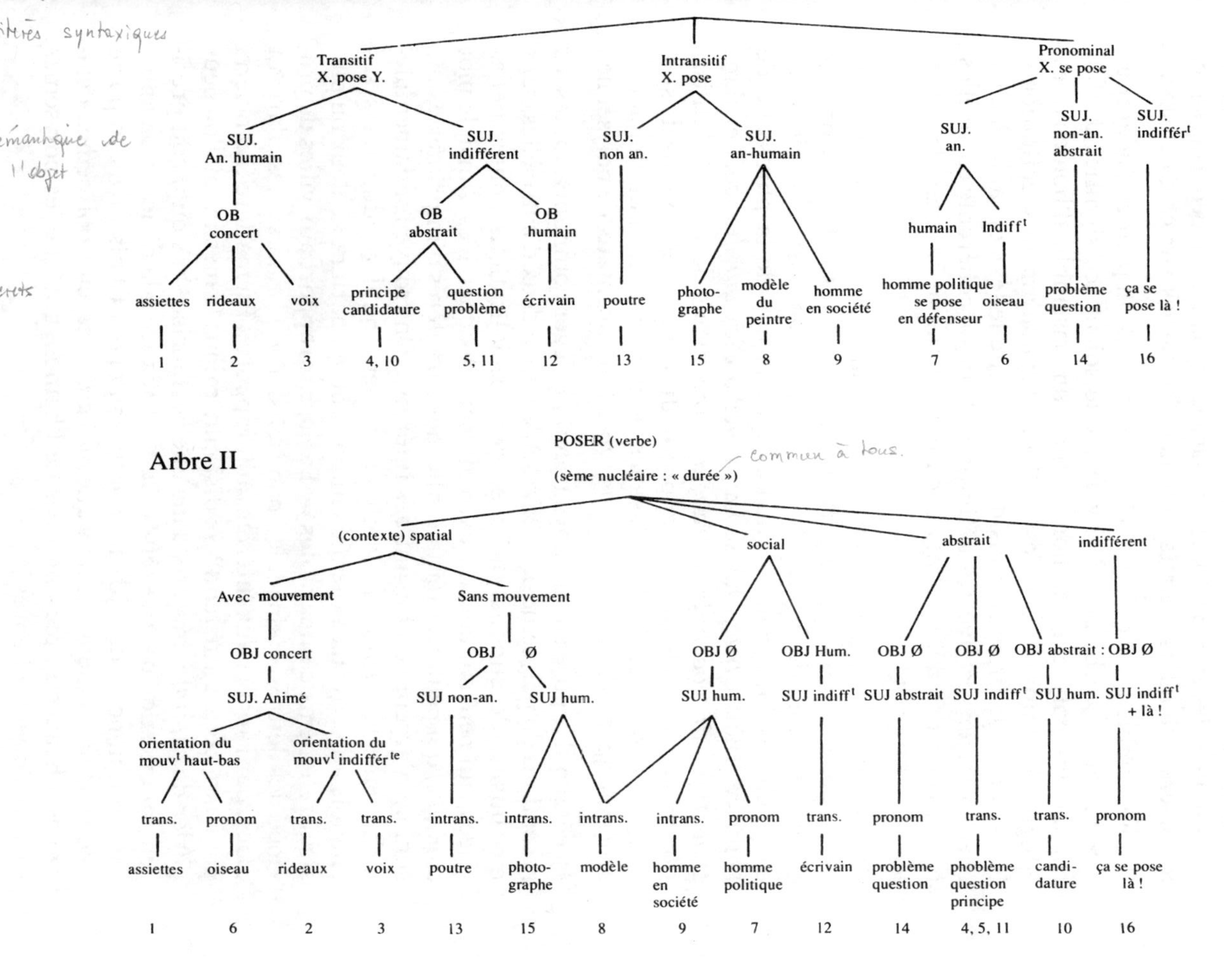
Transitif X. pose Y.
Intransitif X. pose
Pronominal X. se pose
SUJ. An. humain
SUJ. indifférent
SUJ. non an.
SUJ. an-humain
SUJ. an.
SUJ. non-an. abstrait
SUJ. indifférᵗ
OB concert
OB abstrait
OB humain
humain
Indiffᵗ
assiettes
rideaux
voix
principe candidature
question problème
écrivain
poutre
photo-graphe
modèle du peintre
homme en société
homme politique se pose en défenseur
oiseau
problème question
ça se pose là !
1
2
3
4, 10
5, 11
12
13
15
8
9
7
6
14
16
POSER (verbe)
(sème nucléaire : « durée »)
(contexte) spatial
social
abstrait
indifférent
Avec mouvement
Sans mouvement
OBJ concert
OBJ
Ø
OBJ Ø
OBJ Hum.
OBJ Ø
OBJ Ø
OBJ abstrait : OBJ Ø
SUJ. Animé
SUJ non-an.
SUJ hum.
SUJ hum.
SUJ indiffᵗ
SUJ abstrait
SUJ indiffᵗ
SUJ hum.
SUJ indiffᵗ + là !
orientation du mouvᵗ haut-bas
orientation du mouvᵗ indifférᵗᵉ
trans.
pronom
trans.
trans.
intrans.
intrans.
intrans.
intrans.
pronom
trans.
pronom
trans.
trans.
pronom
assiettes
oiseau
rideaux
voix
poutre
photo-graphe
modèle
homme en société
homme politique
écrivain
problème question
phoblème question principe
candi-dature
ça se pose là !
1
6
2
3
13
15
8
9
7
12
14
4, 5, 11
10
16

Arbre II

nomène de **subduction**, consistant en un appauvrissement en traits sémantiques, les emplois figurés ou abstraits étant une sorte de décalque schématique des emplois concrets. Dans les deux cas, on peut considérer les divers « signifiés d'effets » comme des saisies sur ce cinétisme.

Il nous semble donc qu'aussi bien que *canard*, on peut considérer en synchronie le verbe *poser*, si variés que soient ses signifiés d'effet, comme un polysème et non comme un ensemble d'homonymes. « Signifié de puissance » n'est nullement synonyme de « définition ». Néanmoins, sa prise en considération incite le lexicographe à chercher à rédiger ses diverses définitions de façon cohérente entre elles, en utilisant des définissants communs, notamment, dans le cas de *poser*, celui de « durée ».

Parmi toutes les linguistiques et les sémantiques d'aujourd'hui, la psychomécanique se prête particulièrement à résoudre le problème de la polysémie de façon à la fois linguistique et synchronique, en ce qu'elle est une sémantique du signe et non de la phrase ou de l'énoncé. Dans *Structures sémantiques du lexique français* et dans *Didactique du vocabulaire français*, nous avons développé l'utilisation, ébauchée ci-dessus, et l'approfondissement des notions de subduction et de signifié de puissance nous a amenés à distinguer — schématiquement parlant — trois types fondamentaux de polysémie :

1) celui qui repose sur un noyau sémique léger commun à toutes les acceptions du polysème ou même seulement à deux d'entre elles, sans mécanisme de subduction, avec des spécialisations contextuelles figées, qui peuvent devenir extrêmement disjonctrices. Ainsi, le mot *capital(e)* qui peut dénoter une ville, des caractères d'imprimerie, une somme d'argent produisant des intérêts... On trouve fondamentalement dans ces emplois nominaux le sens qu'il produit dans ses emplois adjectivaux : « le plus important, en parlant de deux ou plusieurs éléments comparables » : Paris, par rapport aux villes de province, les lettres majuscules par rapport aux minuscules, l'argent placé, par rapport aux intérêts qu'il rapporte. En matière financière, pourtant, cette unité tend à se disjoindre dans la mesure où l'on peut parler de *capitaux* investis dans une entreprise sans qu'il soit précisément question d'« intérêts ». Cette tendance à la disjonction apparaît, notamment, dans de nombreux mots dont l'histoire comporte une série de métonymies, tels que *bureau, carte*, etc., polysèmes « statiques » beaucoup plus proches de l'homonymie que les polysèmes « dynamiques » ci-après ;

2) celui qui repose sur un cinétisme ou un petit nombre de cinétismes longs, courant entre emplois concrets sémantiquement riches et emplois abstraits sémantiquement pauvres, ou entre la moindre et la plus grande abstraction, sur lesquels se réalise un échelonnement de très nombreuses saisies. Un tel cas est caractéristique, notamment, des verbes de haute fréquence (*être, avoir, faire, prendre,* etc.) dont certains emplois se situent à la limite du signe lexical et du morphème grammatical, ou sont totalement « grammaticalisés » ;

3) celui des **archétypes sémantiques**, comme les noms des éléments naturels, des parties du corps, de divers animaux, dont une constellation d'associations figées et de locutions figurées, pour la plupart métaphoriques, termes de cinétismes courts, révèlent l'aptitude à la subduction, l'extrême richesse sémique et la valeur symbolique.

A l'intérieur d'une même langue, la comparaison des structures polysémiques et des signifiés de puissance de parasynonymes (*savoir* et *connaître, mot* et *parole,* etc.), et d'une langue à une autre, celles de certains vocables qui se correspondent partiellement (*savoir* et *connaître* et *to know*), ouvrent des perspectives très nouvelles sur des structures mentales qui, pour être au moins en partie inconscientes, n'en sont pas moins réelles. C'est par là sans doute que les différentes langues se révèlent comme différentes « visions du monde ».

▲ G. MOIGNET, *Le système du paradigme qui-que-quoi* in *Travaux de linguistique et de littérature,* 1967, pp. 75-95.

▲ R. MARTIN, *Le mot « rien » et ses concurrents en français* (du XIVe s. à l'époque contemporaine), Paris, Klincksieck, 1966, 325 p.

▲ M. LE GUERN, *Sémantique de la métaphore et de la métonymie,* Paris, Larousse, 1971, 126 p.

▲ R. MARTIN, *Esquisse d'une théorie formelle de la polysémie* in *Travaux de linguistique et de littérature,* 1972.

▲ J. PICOCHE, *Structures sémantiques du lexique français,* Paris, Nathan, 1986, 154 p.

▲ M. BONHOMME, *Linguistique de la métonymie,* préfacé par M. Le Guern, Berne, Peter Langue, 1987, 324 p.

▲ C. DUMARSAIS, *Des tropes, ou des différents sens,* présentation, notes et traduction de F. Douay-Soublin, Paris, Flammarion, 1990, 442 p.

De plus, du point de vue historique, l'hypothèse psycho-mécanique semble fructueuse pour rendre compte, là encore, d'une certaine cohérence dans l'évolution créatrice des signes lexicaux. Nous avons pu montrer (*Actes du Congrès de la Société de Linguistique Romane,*

Naples, 1974, La Haye, Mouton, 1975), que les trois principales acceptions du verbe *douter* au cours de l'histoire de la langue française, si faciles à présenter comme trois homonymes : *douter 1.* : anc. fr. « avoir peur » ; *douter 2.* : moyen fr. et fr. mod. « être incertain » et *3. se douter* : fr. mod. « être presque sûr », pouvaient s'expliquer à partir d'un même ensemble de sèmes nucléaires organisés dans un ordre différent et comportant des possibilités de variation d'intensité.

Les trois acceptions peuvent être présentées dans le tableau ci-dessous, moyennant une formalisation simple dont voici les éléments : leurs sèmes communs sont écrits en italiques et les éléments de liaison écrits entre parenthèses ; 0 signifie la négation complète de la notion dont il est question, et 1 son degré le plus élevé : *croyance* >0, *<1* signifie donc « n'atteignant ni la négation, ni la certitude » ; en ce qui concerne les *chances, >0, < 1=* « n'atteignant ni à l'impossibilité (aucune chance) ni à la nécessité (toutes les chances) », 1/2 indique « qui a 50 % de chances de se réaliser ». Enfin, *sentiment ⩾0* signifie que le sème « sentiment » peut être annulé.

Douter 1.

(avoir)	(que)
un *sentiment* ± pénible (>0)	*un fait virtuel*
(causé par)	mauvais
la croyance ± *ferme* (*>0, <1*)	a ± *de chances* (*>0, <1*) *de s'actualiser*

Douter 2.	**3. se douter**
(avoir)	id.
la croyance ± *ferme* (>0, <1)	id.
(accompagnée de)	id. (>1/2, <1)
un sentiment	id.
± intense (⩾0)	id.
(que)	id.
un fait virtuel	id.
quelconque	id.
a ± *de chances de s'actualiser* (>0, <1).	id. (<1/2, <1)

D'une acception à l'autre, l'intensité du sentiment diminue, et les probabilités augmentent ; mais toutes trois ont en commun le fait de n'atteindre ni à la négation, ni à la certitude, ni à l'impossibilité, ni à la nécessité.

Des tentatives de ce genre pourraient être utiles pour montrer comment, soumis à la créativité de la langue, le signe lexical se développe et renouvelle ses effets de sens dans une certaine continuité. L'exploitation des emplois plus ou moins désuets de mots encore vivants, qui peut être ébauchée grâce à de petits dictionnaires du français classique comme ceux de Cayrou ou de Dubois, Lagane et Lerond, est aujourd'hui possible en beaucoup plus grand et de façon systématique grâce à la banque de données FRANTEXT.

Il n'y a certes là qu'une voie à peine frayée dont les méthodes et les modes de formulation auraient besoin d'être mis au point ; il est vraisemblable qu'une part de subjectivité est difficile à éviter dans la formulation de cette hypothèse qu'est le signifié de puissance, et que le contrôle de son efficacité est délicat. Cela ne signifie pas que la tâche ne puisse être entreprise ni qu'elle soit sans avenir.

Il ne faudrait pas, d'autre part, s'acharner à déceler des signifiés de puissance imaginaires là où une évolution galopante et due, parfois, à des causes totalement extra-linguistiques, a réussi à faire d'un mot monosémique à l'origine deux mots rigoureusement homonymiques. Il n'y a qu'une relation anecdotique, accidentelle, aujourd'hui oubliée de tous sauf des étymologistes, entre la *grève* qui borde l'eau d'un fleuve ou de la mer, l'antique *Place de Grève* à Paris, que personne, sauf les historiens, ne connaît plus que sous le nom de *Place de l'Hôtel de Ville*, le fait que les ouvriers sans travail s'y réunissaient jadis, et la notion « d'arrêt concerté du travail ». Le mot *plume* s'est vraisemblablement scindé en deux homonymes depuis que personne ne songe plus à utiliser une plume d'oie pour écrire ; et depuis qu'on a oublié les techniques de la fauconnerie, il ne peut plus y avoir de lien entre *voler 1.* « se mouvoir dans l'air » et *voler 2.* « dérober ».

Si un jour l'évolution des techniques avicoles est telle que — sauf de rares spécialistes — nul n'entende plus jamais le cri du canard ni ne soit témoin de ses dandinements et de ses plongeons, l'archétype du canard disparaîtra peut-être et avec lui le signifié de puissance que nous avons cru pouvoir y discerner. Il est vrai que le loup n'est plus un animal bien courant en France ; et pourtant, sa créativité archétypique semble rester intacte, comme en témoigne la locution *un jeune loup*, « jeune homme ambitieux », dont les premières attestations remontent aux environs de 1967.

Si nous abordons en termes diachroniques le problème des champs sémasiologiques, nous constatons que leurs remaniements s'inscrivent dans le mouvement général de la création lexicale. Les mots ont une date de première apparition ; ils connaissent des périodes d'emploi plus ou moins généralisé ; leur sens évolue, se diversifie ou au contraire se simplifie ; certains tombent en désuétude et finissent par disparaître, remplacés ou non par d'autres, avec ou sans remaniements des micro-systèmes lexicaux auxquels ils appartiennent. Des générations de philologues ayant travaillé à l'établissement de cette chronologie ont accumulé, avec des moyens artisanaux, une documentation déjà importante. Nul doute que les techniques de l'informatique ne permettent de l'étendre encore considérablement. Les transformations ainsi inventoriées ont été dûment classées, de sorte que leur « comment » est assez bien connu. On trouvera chez S. Ullmann et O. Duchacek d'excellents exposés de la question auxquels nous nous contenterons de renvoyer. M. Le Guern, dans sa *Sémantique de la métaphore et de la métonymie* (voir p. 85), expose très clairement le rôle que peuvent jouer ces deux figures dans l'évolution du sens des mots. La **métonymie** consiste à désigner un objet par le nom d'un autre objet uni au premier par une relation qui peut être celle du contenant au contenu (ex. *boire un verre*), du tout à la partie (une *voile* pour un *bateau*), de l'objet matériel à la matière dont il est fait (un *fer* pour une *épée*) etc. Cette figure s'explique par une ellipse, et par un déplacement de la référence d'un objet à l'autre. La **métaphore** consiste à donner à un mot un sens qui ne lui convient qu'en vertu d'une comparaison sous-entendue, par ex. *un mur aveugle, une pluie de balles* et s'explique par la suppression, la mise entre parenthèses d'une partie des sèmes du mot qu'elle concerne. L'incompatibilité sémantique à laquelle se heurte le destinataire du message joue pour lui le rôle d'un signal qui l'invite à sélectionner et à ne retenir que ceux qui peuvent s'accorder avec le contexte. On peut donc parler de « sens figuré », sur le plan diachronique, lorsqu'on a la preuve chronologique qu'une de ces deux figures de style est à l'origine d'un nouveau sens du mot. Mais sur le plan synchronique, il n'est légitime d'employer cette locution que dans le cas d'une création vivante, individuelle, non encore lexicalisée. A partir du moment où la lexicalisation d'une figure est chose communément admise, toutes les acceptions du mot se trouvent sur le même plan.

- ▲ J. GILLIERON, *Généalogie des mots qui désignent l'abeille d'après l'A.L.F.*, Paris, Champion, 1918, 360 p. [cet ouvrage, aujourd'hui dépassé sur bien des points, a renouvelé les méthodes de l'histoire lexicale]
- ▲ E. HUGUET, *L'évolution du sens des mots depuis le XVIe s., Paris-Genève, Droz, 1934, 347 p.*
- ▲ B. QUÉMADA publie régulièrement depuis 1959 ses *Matériaux pour l'histoire du vocabulaire français : datations et documents lexicographiques*, Besançon, puis Paris, Didier, puis Klincksieck
- ▲ GOUGENHEIM (G.), 1963-1975, *Les mots français dans l'histoire et dans la vie*, Paris, Picard, 3 vol.
- ▲ A. REY et alii, *Dictionnaire historique de la langue française*, Paris, Le Robert, 1 vol., 1992

A titre d'exemple d'étude lexicales portant sur une synchronies du passé on peut citer :

- ▲ L. UNDHAGEN, « *Morale* » *et les autres lexèmes formés sur le radical « moral-* », Lund, Gleerup, 1975, 204p. (concerne surtout le XVIIIe s.)
- ▲ G. KLEIBER, *Le mot « ire » en ancien français (XIe – XIIIe s.), essai d'analyse sémantique*, Paris, Klincksieck, 1978, 488 p.

Dictionnaires historiques :

- ▲ F. GODEFROY, *Dictionnaire de l'ancienne langue française et de tous ses dialectes du IXe au XVe siècle*, 10 vol., Paris, 1880-1902, réédité en 1961, Kraus Reprint Corporation, New-York.
- ▲ E. HUGUET, *Dictionnaire de la langue française du XVIe siècle*, 7 vol., Paris, Champion, Didier, 1925-1967

Beaucoup plus maniables :

- ▲ A. J. GREIMAS, *Dictionnaire de l'ancien français jusqu'au milieu du XIVe siècle*, Paris, Larousse, 1968, 676 p.
- ▲ G. CAYROU, *Le français classique, lexique de la langue du XVIIe siècle* (expliquant d'après les dictionnaires du temps et les remarques des grammairiens le sens et l'usage des mots aujourd'hui vieillis ou différemment employés), Paris, Didier 1924, souvent réédité, 884 p.
- ▲ J. DUBOIS, R. LAGANE, A. LEROND, *Dictionnaire du français classique*, Paris, Larousse 1971, 564 p. (complète le précédent sur une foule de points de détail).

Tous les dictionnaires ci-dessus présentent l'inconvénient de ne prendre en considération que les mots disparus ou les emplois disparus des mots existants, et ne donnent donc pas une idée complète de l'ensemble des emplois d'un mot donné à une époque donnée. Seul échappe à cette critique :

▲ A. TOBLER et E. LOMMATZSCH, *Altfranzösisches Wörterbuch* (« dictionnaire d'ancien français »), 10 volumes parus, Wiesbaden, 1915-1976, qui ne dépasse pas le XIIIe siècle.

On notera que le Littré (v. p. 49), par l'abondance des exemples classiques qu'il offre, complète heureusement les deux dictionnaires consacrés au français classique que nous avons cités, et regroupe en fin d'articles des exemples antérieurs au XVIIe siècle du mot étudié.

Il est certain que la lexicalisation d'une métaphore est cause de profondes transformations dans l'organisation sémique du mot, qu'elle modifie, en l'allégeant, le contenu du signifié de puissance et peut même provoquer sa disparition, par division en homonymes.

L'homonymie, à son tour, est une cause non négligeable de disparition de mots, et par voie de conséquence de création de mots nouveaux : à la suite de J. Gilliéron qui, grâce à sa vaste documentation dialectologique, a pu étudier l'influence de la forme des mots sur leur survie, G. Gougenheim a étudié le sort des couples de substantifs ou d'adjectifs latins des 2e et 3e déclinaisons devenus homonymes en gallo-roman par altération phonétique des finales. Dans 21 cas, sur les 24 considérés, un seul élément de chaque couple a subsisté :

artem > art a éliminé *artum* « articulation » et *artum* « serré » ; *pedem* > *pied* a éliminé *pedum* « houlette » ; *murum* > *mur* a éliminé *murem* « rat » ; *ovum* > *œuf* a éliminé *ovem* « brebis », remplacé par son diminutif *ovicula* > *ouaille* ; *solum* > *seul* a éliminé *solem* remplacé par son diminutif **soliculum* > *soleil* ; *canem* > *chien* a éliminé *canum* « blanc », remplacé par le dérivé *canutum* > *chenu*, etc.

▲ G. GOUGENHEIM, *L'action de l'homonymie sur le lexique*, in *Bulletin de la Société de Linguistique de Paris*, 1971, I, pp. 299-302.

Cependant la question du « pourquoi » des transformations lexicales reste presque entière. A la fin de son livre sur *Les Signes de l'exception dans l'histoire du Français*, Paris-Genève, Droz, 1959, 248 p., G. Moignet s'interroge : « Pourquoi *fors* qui avait eu tant de succès en ancien français et en moyen-français a-t-il subitement vieilli au XVIe siècle pour disparaître au XVIIe siècle ?... Comment se fait-il que beaucoup de gens emploient aujourd'hui couramment *excepté*, préposition, alors que le verbe *excepter* n'appartient pas à leur vocabulaire usuel ? Si *sauf* est plus courant de nos jours que jamais depuis ses origines, qui pourrait en dire la raison exacte ? » (p. 181). « Pourquoi le participe *exclu* n'est-il pas devenu préposition comme *excepté* alors que postposé et accordé comme peut l'être *excepté*, il traduit la même idée ? » (p. 182). Or, nous avons affaire ici à un domaine abstrait où aucune explication extra-linguistique telle que l'introduction d'un objet nouveau, l'usure affective, le tabou, l'euphémisme, ne peut intervenir. Pourquoi a-t-on préféré *tirer* à *traire* ? Pourquoi la langue s'est-elle emparée de cette bizarre métaphore fauconnière qu'est le verbe *voler* pour le substituer à *rober* ? Pourquoi des signes qui remplissaient fort bien leur office et ne présentaient apparemment aucun inconvénient particulier disparaissent-ils au profit d'autres qui ne leur semblent en rien supérieurs ? Autant s'interroger sur l'origine du mouvement et de la vie !

III. UN SIGNIFIÉ... QUELS SIGNIFIANTS ? ou les champs onomasiologiques

A. LES BANALITÉS DU DISCOURS ou les champs associatifs

Soit le mot *maison* que je désire étudier dans ses relations avec les autres mots de la langue. Abandonnant la perspective du paradigme de **parasynonymes** (ou liste de mots de sens voisin) tel que *résidence, villa, bicoque*, etc. qui était celle de G. Mounin (v. ch. II, section I), je peux énumérer toutes les parties d'une *maison : cave, grenier, rez-de-chaussée, étages, toit, murs, portes, fenêtres, cloisons, pièces, escalier*, nom des diverses pièces et détails particuliers à toutes ces parties. Je peux, d'un point de vue génétique, considérer la maison en construction et énumérer les corps de métiers engagés dans l'affaire, les matériaux, les instruments utilisés, les actions accomplies. Je peux aussi faire l'inventaire des gens qui y vivent, des objets qu'ils y rangent, des actions qu'ils y accomplissent.

Les ensembles de mots ainsi obtenus ne révéleront certes pas des structures de langue. Ils relèveront soit de la description des référents, soit de l'analyse du discours, avec prise en considération des associations les plus banales. Un ensemble de mots comme *murs, toit, pierre, meubles, maçon, plombier, vivre, manger, dormir, foyer, famille* entretiennent entre eux des rapports sémantiques lointains. Un mot comme *cave* est ainsi défini par le *DFC* : « pièce souterraine où l'on conserve le bois, le charbon, etc. » ; le mot *maison* ne figure même pas. La définition du *Petit Robert* est « local souterrain habituellement situé sous une habitation ». Ici figure le mot *habitation* mais en dernière position, et présenté comme un sème facultatif, avec la restriction de l'adverbe *habituellement*. Il est certain que la définition des noms de corps de métier (*architecte, maçon*, etc.) comportera l'idée de « construire » mais pas celle de « maison » en particulier.

Les professeurs de langue vivante étrangère connaissent bien la méthode d'enseignement du vocabulaire qui consiste à partir d'un centre d'intérêt et à regrouper en plus ou moins grand nombre les mots ayant un rapport quelconque avec l'idée de base, qui semblent les plus utiles à connaître. On trouvera de ces « champs associatifs », présentés de façon particulièrement ingénieuse, en tenant compte des possibilités combinatoires des mots, dans l'ouvrage de R. Galisson, *Inventaire thématique et syntagmatique du français fondamental*, destiné à l'enseignement du français aux étrangers, mais qui pourrait ne pas être inutile, à un niveau très précoce, pour l'enseignement du français langue maternelle.

D'un ouvrage à l'autre, on retrouve toujours plus ou moins les mêmes sujets, classés dans un ordre forcément arbitraire. Les dix premières leçons de *Words across the Channel* de Jean Bélanger sont : le corps, les mouvements et les actions, les sensations et les perceptions, la santé et la maladie ; les émotions et les sentiments, le comportement, la vie intellectuelle, le temps et l'espace, la nourriture, les vêtements, la maison et le mobilier, etc. Les dix premières leçons des *Mots allemands* de J. Barnier et E. Delage sont : nombre, poids et mesures, monnaies, le temps, l'école, l'homme (qui regroupe les quatre premiers chapitres de Bélanger), nourriture, repas, vêtement, la vie de famille et la maison, la nature, les animaux, les végétaux, minéraux et mines, etc. Dans les deux ouvrages, les mots sont classés par parties du discours à l'intérieur de chaque chapitre. Dans un chapitre comme celui des parties du corps, un des problèmes qui se pose aux auteurs sera celui du degré de technicité que devra revêtir la description. Si l'on prétend se contenter d'un vocabulaire courant, faudra-t-il faire entrer *trachée-artère*, comme le fait Bélanger, ou *cellule*, comme le font Barnier et Delage ? Faudra-t-il d'autre part et surtout faire entrer des mots qui n'ont rien de spécifique par rapport au centre d'intérêt choisi ? La *faiblesse*, le *charme*, la *grâce* peuvent en effet être des qualités du corps humain, mais de beaucoup d'autres choses encore. Des mots comme *consulter, se plaindre, faire venir, se prononcer, rédiger, sérieux, grave, désespéré, optimiste, pessimiste*, ont certes leur place dans un chapitre sur la maladie, mais dans beaucoup d'autres aussi.

Il faut croire que cette manière de procéder est toute naturelle puisqu'elle est aussi celle du *Begriffsystem* (v. pp. 33 et 112) et celle qui a été utilisée pour inventorier les mots disponibles les plus usuels destinés à prendre place dans le *français fondamental*. Elle est utilisée au niveau de l'école maternelle et de l'enseignement primaire pour enrichir le vocabulaire des enfants dans leur propre langue ; elle peut les aider utilement à préparer des rédactions dont l'expression ne soit pas totalement indigente. Les psychologues eux-mêmes s'intéressent aux associations verbales produites par divers sujets à propos d'un mot-stimulus. De tels ensembles lexicaux peuvent être considérés comme ces « lexiques de situation » dont parle Ch. Muller.

▲ J. BARNIER et D. DELAGE, *Les mots allemands*, Paris, Hachette, 1939, 280 p.
▲ J. BELANGER, *Words across the Channel, Les mots traversent la Manche*, Paris, Dunod, 1971, 153 p.
▲ R. GALISSON, *Inventaire thématique et syntagmatique du français fondamental*, Hachette, Larousse, Paris 1971, 82 p.

Malgré l'incertitude méthodologique qui caractérise la constitution de ces « champs associatifs », ils sont bien loin d'être délaissés par la recherche lexicologique contemporaine. Chronologiquement, on peut citer d'abord les recherches de G. Matoré qui, considérant la lexicologie comme la servante de la sociologie et l'histoire des ensembles lexicaux comme des témoignages de l'histoire des sociétés, part à la recherche de **mots témoins**, néologismes significatifs d'une évolution extra-linguistique (c'est ainsi que *coke* est tenu par lui pour « un des mots les plus significatifs de la fin du XVIIIe siècle ») et de **mots clés** recouvrant une « notion de caractère social exprimant de manière synthétique l'œuvre étudiée... Le mot clé désignera donc... un être, un sentiment, une idée, vivants dans la mesure où la société reconnaît en eux son idéal... Ce ne sont pas les érudits du XXe siècle mais Montaigne, Faret et Méré, Fontenelle et Diderot qui ont reconnu que le *prud'homme*, l'*honnête homme* et le *philosophe* étaient la conscience vivante de leur temps » (*La méthode en lexicologie*, p. 68).

Notons bien que mots témoins et mots clés sont des mots disponibles pour lesquels, par conséquent, la fréquence est dénuée de sens. Il n'existe donc pas de moyen mécanique de les repérer. On peut dire que le champ associatif (que G. Matoré appelle « champ notionnel ») est l'œuvre d'un homme cultivé, connaissant bien un ensemble de textes d'une certaine époque, traitant d'un certain nombre de sujets particuliers et qui, prenant un certain recul par rapport à ses lectures en extrait à la fois les concepts qui lui paraissent les plus spécifiques et, naturellement les mots qui les véhiculent, puis les classe les uns par rapport aux autres. Les tableaux ci-joints (pp. 95 et 96), qui résument l'appendice I de *La méthode en lexicologie*, où il donne une application de sa méthode en étudiant *le champ notionnel d'art et d'artiste vers 1765* et *entre 1827 et 1834*, sont un bon exemple de ce genre de relevés, de rapprochements et de classements.

Le Centre de recherche de lexicologie politique, qui a son siège à l'École normale de Saint-Cloud, est le point de rassemblement d'un certain nombre de lexicologues qui s'intéressent au vocabulaire politique français du XVIIIe siècle à nos jours. Son but n'est pas de dresser l'inventaire lexical complet de tous les textes politiques de toutes les époques, mais seulement des documents qui entrent dans le cadre des recherches personnelles des participants. On s'est donc attaché à constituer par les moyens informatiques les plus modernes possibles, qui n'étaient pas, en 1953, à la disposition de G. Matoré, un fichier exhaustif des textes choisis. M. Tournier a exposé les principes de l'entreprise dans un article des *Cahiers de Lexicologie* : l'exhaustivité est de règle pour que le lexicologue n'entame pas son travail avec l'idée que tels mots sont « politiques » et tels autres non ; cette dichotomie risquerait de vicier la recherche au départ, et le chercheur de ne tirer du fichier que ce qu'il y aurait mis, l'intuition travaillant à se confirmer elle-même et les hypothèses d'analyse n'aboutissant qu'à un inventaire partiel et partial, inutilisable pour d'autres chercheurs. Sans doute ! Mais ces matériaux rassemblés, et ce point de départ acquis, chaque chercheur devra bien procéder à sa sélection personnelle de « mots politiques », et cela par des moyens auxquels la culture et l'intuition ne seront sans doute pas étrangers. Comme le proclame M. Tournier lui-même, citant G. Gougenheim, grâce aux machines, « l'esprit humain sera soulagé des travaux matériels, mais

LE CHAMP NOTIONNEL D'ART ET DE TECHNIQUE VERS 1765

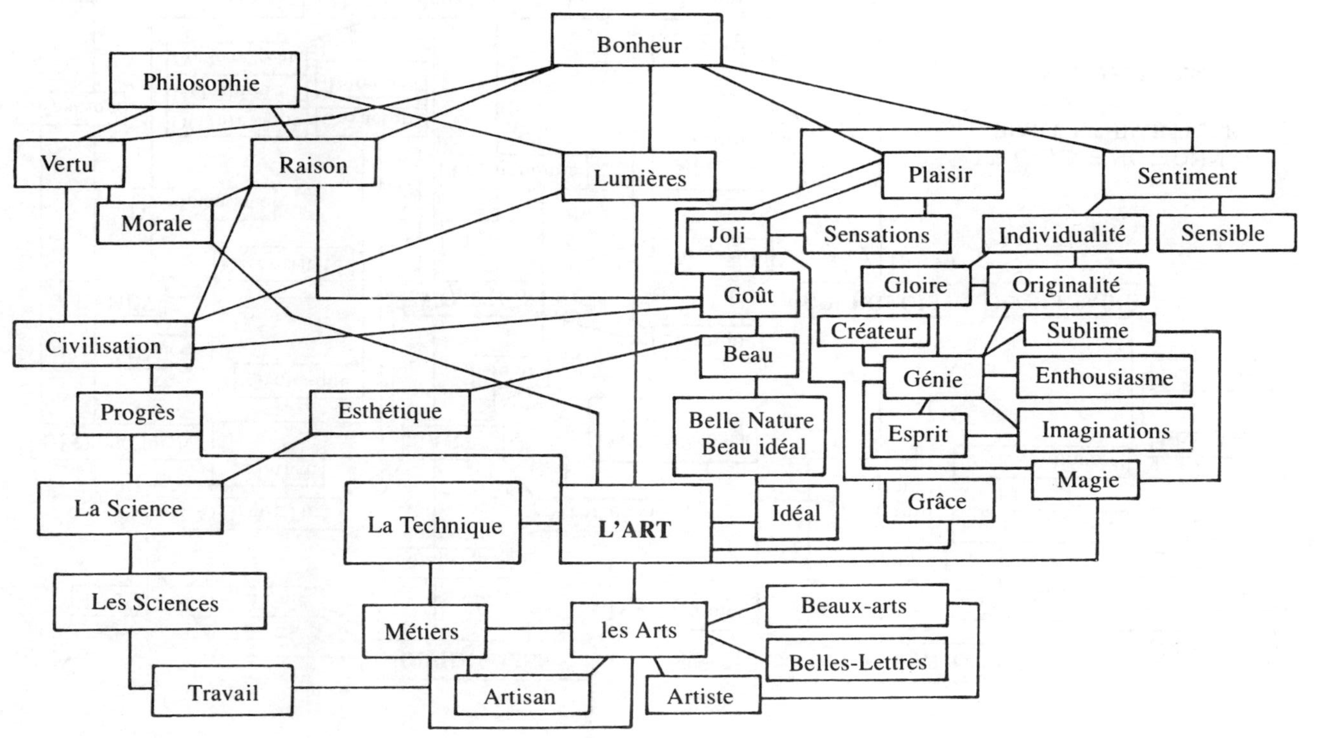

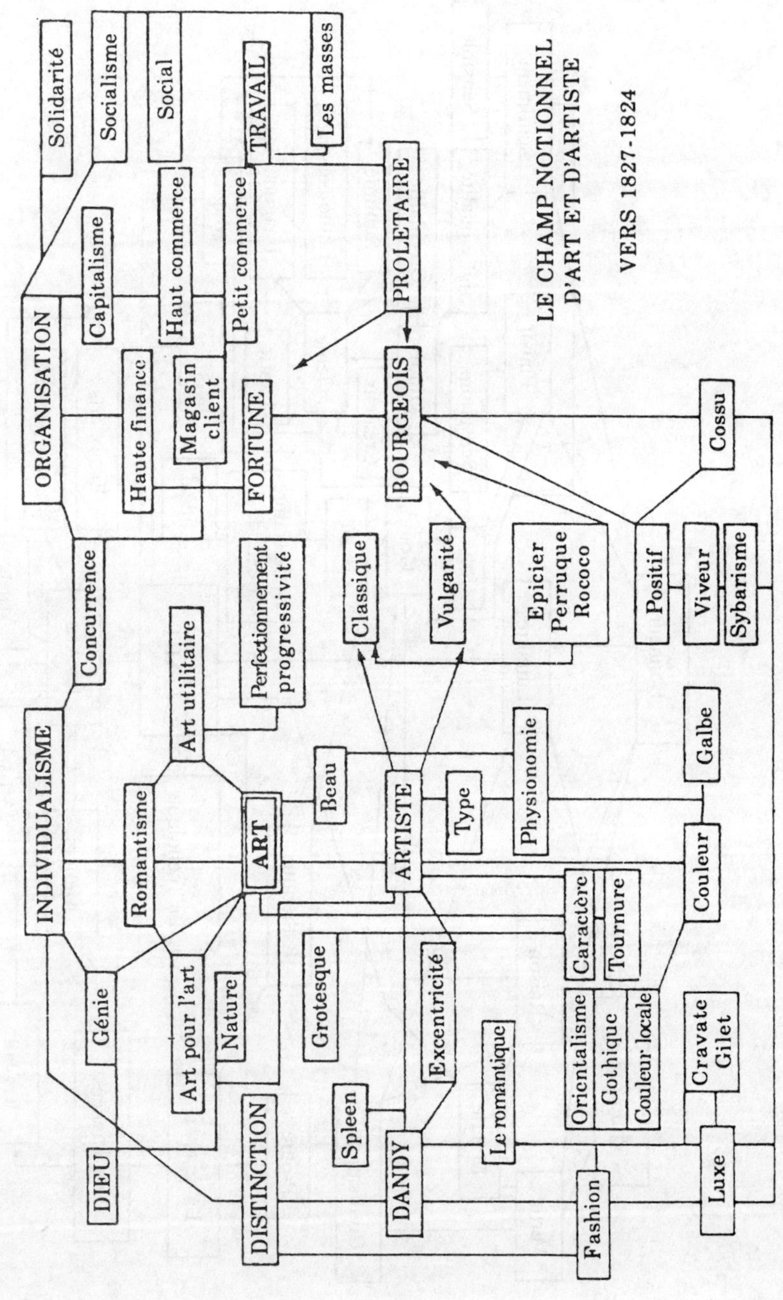

LE CHAMP NOTIONNEL D'ART ET D'ARTISTE

VERS 1827-1824

il lui restera les tâches essentielles ». De ce fichier de Saint-Cloud sont sortis bien des articles de revues mettant en jeu les diverses méthodes de la lexicologie moderne. Mais enfin, l'idée de base, celle de constituer un « vocabulaire politique » n'est pas essentiellement différente de celle de G. Matoré : grands ensembles de mots choisis à cause de leur coexistence dans un certain type de textes, étudiés sans doute selon des méthodes linguistiques, mais non sans la perspective extra-linguistique de servir là la sociologie, ici l'histoire.

C'est encore au traitement d'un champ associatif que nous avons affaire avec la thèse de G. Lavis sur *L'Expression de l'affectivité dans la poésie lyrique française du Moyen Age* (1972), ou du moins dans la seconde partie de cette thèse, qui est sans doute la principale aux yeux de l'auteur (la première ayant été consacrée aux mots *joie* et *dolor* et à leurs substituts chez les trouvères). Il s'en explique dans les *Préliminaires méthodologiques* à cette seconde partie : « Si l'on situe son observation au niveau des énoncés, l'examen d'un corpus représentant un univers sémantique homogène révèle certains accords, ou certains rapports, dessinant un réseau de liaisons, d'enchaînements, de convergences ; nous appellerons structures ces constantes relationnelles » (p. 341). Ce travail, qui se situe au point où s'articulent la lexicologie d'une part, la stylistique et l'analyse du discours, d'autre part, était une tentative pour mettre de l'ordre et de la rigueur dans un domaine qui n'en comportait guère jusque-là.

Vingt ans plus tard, à partir de la base FRANTEXT, l'INALF élabore, sous la direction d'Evelyne Martin, une base de données thématiques informatisée qui n'est rien d'autre qu'un vaste champ associatif ou, dans la terminologie retenue, « **champ thématique** », susceptible d'enrichissements indéfinis. Le but est de venir en aide aux chercheurs travaillant non sur un texte précis, non sur un mot précis, mais sur un « thème », défini traditionnellement comme « sujet, matière pour écrire, pour composer », et le moyen est la constitution empirique de réseaux associant un concept à des concepts voisins par des processus affectifs, culturels, intellectuels.

La base doit être constituée de champs désignés chacun par un intitulé ou **mot-pôle**, suivis d'une collection structurée de « corrélats », vocables qui, dans le discours, servent à développer le thème et entretiennent avec son intitulé divers types d'associations. La consultation doit pouvoir se faire à partir du mot-pôle ou de n'importe lequel de ses corrélats. Les premiers résultats sont extrêmement convaincants et montrent qu'à partir d'un mot donné, l'utilisateur obtient une série d'exemples très bien ciblés.

▲ G. MATORÉ, *La méthode en lexicologie, domaine français*, Paris, Didier, 1953, 121 p.
▲ J. DUBOIS, *Le vocabulaire politique et social en France de 1869 à 1872*, Paris, Larousse, 1962, XXIX-462 p.
▲ G. LAVIS, *L'expression de l'affectivité dans la poésie lyrique française du Moyen Age*, Paris, Les Belles Lettres, 1972, 629 p.
▲ M. TOURNIER, *Vocabulaire politique et inventaire sur machine et Vocabulaire des textes politiques français : méthode d'inventaire, Cahiers de Lexicologie*, 1967, pp. 67-81 et 83-01. De cet inventaire qui, en 1967, en était à ses débuts, est sortie, entre autres publications, la revue *MOTS... Ordinateurs... textes... Sociétés. Travaux de lexicologie et de lexicométrie politique*, Saint-Cloud.
▲ Ch. BRUCKER, *Sage et son réseau lexical en ancien français*, Lille III, Paris, Champion, 1979, 2 vol. 1422 p.

B. L'EMBARRAS DU CHOIX ou les champs génériques

Ce n'est pas d'hier que les grammairiens collectionnent des listes de synonymes et s'ingénient à montrer les subtiles différences qui les empêchent de se confondre et de faire double emploi. Les ouvrages les plus anciens en ce genre semblent remonter au XVIe siècle et les *Synonymes françois* de l'abbé Girard (1749) maintes fois revus, corrigés, complétés, ont connu un large succès jusqu'en plein milieu du XIXe siècle, suivis de beaucoup d'autres, tous ouvrages établis de façon intuitive et empirique. Il est néanmoins possible, lorsqu'on se sert des listes qu'ils fournissent, de les traiter avec plus de rigueur, en s'inspirant des concepts de la logique et de ceux de la phonologie.

LE MODÈLE LOGIQUE :

Une classe est un ensemble d'objets définis par le fait qu'ils possèdent tous et possèdent seuls un ou plusieurs caractères communs. Ex. : les *sièges* qui sont tous des « objets fabriqués pour s'asseoir ». L'ensemble de ces caractères communs s'appelle la **compréhension** du mot *siège* (dans la terminologie d'origine phonologique, l'ensemble de ces **sèmes** communs s'appelle le **sémème** du mot *siège*). L'ensemble des objets réels ou imaginaires, concrets ou abstraits auxquels réfère un mot (dans la terminologie linguistique, l'ensemble de ses référents) constitue son **extension**. Lorsqu'une classe A (ex : *chaise*) et une classe B (ex : *siège*) sont dans un rapport tel que l'extension de la première (A : *chaise*) est une partie de celle de l'autre (B : *siège*), la première est appelée une espèce de la seconde qui, elle, est appelée genre de la première (ex : la *chaise* est une « espèce » du « genre » *siège*). Toutes les *chaises* sont des *sièges* mais tous les *sièges* ne sont pas des *chaises* ; *siège* a une plus grande **extension** que *chaise*, ce qui a pour corollaire que *chaise*, comportant un plus grand nombre de caractères communs (ou **traits pertinents** ou **sèmes**, autrement dit un **sémème** plus complexe) a une plus grande **compréhension**. **Genres** et **espèces** s'organisent en séries hiérarchisées, de sorte que le **genre** (autrement dit l'**archisémème**) d'une série de mots donnée, peut figurer à titre d'espèce dans une série plus abstraite : une *chauffeuse* (chaise basse) est une espèce du genre *chaise*, qui est elle-même une espèce du genre *siège*, lui-même espèce du genre *meuble*, lui-même espèce du genre *objet fabriqué*, lui-même espèce du genre *chose*. Le genre le plus faible en extension de tous ceux qui comprennent une espèce donnée est appelé son **genre prochain** : *chaise* est le genre prochain de *chauffeuse*, *siège* son **genre éloigné**. C'est pourquoi nous avons décidé d'appeler **champ générique** l'ensemble des mots ayant en commun un même genre.

Les sèmes ou traits pertinents qui distinguent *chaise* de *siège* sont appelés en logique sa **différence spécifique**. Pour les logiciens, *chaise* est un **hyponyme** de *siège* (terme sans équivalent dans la terminologie d'origine phonologique), et *siège* l'**hypéronyme**, ou **superordonné** ou encore **mot générique** de *chaise* (son **archilexème** dans la théorie d'origine phonologique). Il existe naturellement des rapports d'inclusion entre hyponymes et hypéronymes, entre genres et espèces ; mais ces rapports sont ambigus : le genre inclut l'espèce (alias : l'hypéronyme inclut l'hyponyme, ou encore l'archisémème, réalisé ou non par un archilexème, inclut le sémème) du point de vue de l'extension : le mot *siège* désigne un plus grand nombre d'objets que le mot *chaise* et les chaises sont des sièges. Mais réciproquement, on peut dire que l'espèce inclut le genre (et ainsi de suite, dans les diverses terminologies), du point de vue de la compréhension : le sémème de *chaise* inclut celui de *siège* auquel s'ajoutent des différences spécifiques. La notion d'inclusion doit donc en cette matière être maniée avec précaution !

A l'intérieur d'un champ générique donné, certains éléments peuvent se trouver avec d'autres dans des rapports tout à fait remarquables : Deux ou plusieurs mots appartenant à la même partie du discours sont dits **synonymes** quand ils ont le même **sémème** (c'est-à-dire le

même genre prochain et les mêmes différences spécifiques). Ils devraient donc logiquement être substituables les uns aux autres dans tous les contextes. En fait, les cas de synonymie absolue sont extrêmement rares. On ne les trouve guère que dans les langues scientifiques qui, au cours de leur élaboration, forgent parfois deux mots pour un seul et même concept. Nous venons d'en avoir un exemple avec *hypéronyme* et *superordonné*. Dans la plupart des autres cas, le phénomène de la synonymie est troublé par les faits suivants : 1) Les mots envisagés peuvent être polysémiques, et synonymes par une seule de leurs acceptions. Il peut même se faire que certains mots ne soient synonymes que dans des emplois métaphoriques et dans des contextes tout à fait particuliers : *pain, vie, bifteck* ne sont guère synonymes que comme compléments du verbe *gagner* ! 2) Un des mots peut être marqué par rapport à l'autre, c'est-à-dire comporter un trait pertinent de plus, appelé la **marque** : *matou* désigne le chat mâle adulte entier, alors que *chat* peut désigner le même animal ou toute l'espèce. 3) Les deux mots envisagés peuvent s'opposer par leur valeur stylistique : *migraine et céphalée*, synonymes par leur contenu sémantique, ne peuvent s'employer dans les mêmes contextes, l'un étant populaire, l'autre savant : *septante*, et *soixante-dix* s'opposent par le fait que l'un révèle une origine géographique limitée à quelques régions alors que l'autre est général ; une *tire* et une *voiture* s'opposent par leur **niveau de langage** vulgaire ou courant. La synonymie, logiquement inutile, constitue pour une langue une richesse stylistique.
Le signifié contient donc, outre des éléments stables, analysables en sèmes, à la croisée des deux axes, syntagmatique et paradigmatique, logiquement classifiables, d'autres qui ne relèvent pas de ce type d'analyse et de classification. On parle de façon assez flottante, à propos de ces deux types d'éléments signifiants, de **dénotation** et de **connotation**. Certains auteurs voient dans la **dénotation** tout ce qui est commun à tous les usagers de la langue et dans la **connotation** ce qui relève des associations d'idées, de l'affectivité, de la création individuelles ; d'autres retrouvent là l'opposition langue-discours, la **dénotation** étant la signification de base d'un mot, et la **connotation** la valeur particulière conférée par le contexte situationnel ; d'autres enfin voient dans la **dénotation** l'ensemble des éléments signifiants logiquement classifiables, et dans la **connotation** l'ensemble des autres éléments signifiants contenus dans le signifié. C'est à cette dernière définition que nous nous rallierons.
Nous venons de voir, à propos des mots **parasynonymes**, ou syno-

nymes imparfaits, un certain nombre d'entre eux : il s'agit surtout du caractère régional de certains mots, de leur niveau de langage argotique, populaire, familier, courant, soutenu, littéraire ; ou encore de leur âge : mots sentis comme archaïques ou néologiques ; enfin, de leur caractère plus ou moins péjoratif ou mélioratif. La plupart de ces **connotations** sont communes à l'ensemble des usagers d'une langue ; toutefois, ce qui est classé comme « courant » par l'un peut être ressenti comme « soutenu » ou « littéraire » par d'autres, et tel individu, selon ses préférences individuelles, les bons et les mauvais souvenirs de son existence, peut attacher à tel ou tel mot une valeur péjorative ou méliorative que n'y attachera pas un autre. On doit donc pouvoir parler, en ce cas, de **connotations individuelles**. On comprendra que, dans cette perspective, et si l'on admet le principe du signifié de puissance, la **métaphore** ne relève pas de la connotation. « Dur, inflexible » « destiné à la fabrication d'armes offensives qui imposeront l'autorité du plus fort » doivent faire partie du signifié de puissance du mot *fer*. Ce sont des éléments de dénotation destinés à être sélectionnés par les contextes, de sorte que la locution *de fer*, dans une expression comme un homme *de fer*, doit entrer dans un paradigme *dur, inflexible, volontaire, sévère* et dans le cas de *un siècle de fer*, dans un paradigme *dur, rude, terrible, pénible, tragique* ; ce qui est connotation, là-dedans, ce n'est pas le sens de cette locution ni son rapport aux autres emplois du mot *fer*, c'est son caractère littéraire, plus marqué dans le second cas que dans le premier, et les souvenirs des littératures antiques que véhicule avec elle la locution *un siècle de fer*.

▲ C. KERBRAT-ORECCHIONI, *La Connotation*, Presses Universitaires de Lyon, 1977, 256 p.

Voyons maintenant une classe de relations logiques opposée à la synonymie. Deux mots appartenant à la même partie du discours et ayant en commun une partie de leur sémème sont couramment dits **contraires** lorsqu'ils entretiennent entre eux l'une des relations suivantes :

1) celle de **réciprocité** : A, *vendre*, ne peut exister sans B, *acheter*, ni B sans A. Le cas est particulièrement net lorsqu'il s'agit d'échanges et de relations familiales : A ne peut *prêter* sans que B lui *emprunte* ; A ne peut dire B est mon *mari* sans que B puisse dire A est ma *femme*. Par voie de conséquence, A et B s'excluent mutuellement en ce sens que A ne peut être à la fois le *mari* et la *femme* de B, ni, au cours de la

même transaction, être à l'égard de B le *prêteur* et *l'emprunteur*. Il faut remarquer que cette opposition peut être neutralisée par un mot unique exprimant à lui seul la réciprocité de la relation : ex. : *les époux* ou le verbe *louer*. *A loue un appartement à B* ne précise pas si c'est A ou B qui remet à l'autre les clefs et une quittance, ou bien le prix de son loyer.

2) celle de **complémentarité** : l'affirmation de A, *vivant* implique la négation de B, *mort* aucun moyen terme n'étant possible. La relation de complémentarité est la forme binaire de l'**incompatibilité** qui peut comprendre plusieurs termes : grades dans une hiérarchie, celle des grades militaires par exemple. Les questionnaires à remplir en mettant une croix devant l'un de deux ou plusieurs termes présentent ceux-ci comme complémentaires ou incompatibles.

3) celle de simple **antonymie** où A, *froid*, est la négation de B, *chaud*, mais où la négation de A, *froid*, n'est pas forcément l'affirmation de B, *chaud*, toutes sortes de termes intermédiaires, *frais, tiède*, etc. étant possibles. Dans le lexique, cette dernière relation est de loin la plus fréquente. Elle implique la comparaison de deux termes entre eux, soit de façon explicite, soit de façon implicite et relative à une norme communément admise : *Cette jupe est longue* — ou *courte* — signifie « longue ou courte pour une jupe, relativement à la mode ». Sur le plan du signifiant, les antonymes peuvent être exprimés par deux mots sans rapports morphologiques l'un avec l'autre, *froid-chaud*, ou par un dérivé formé à l'aide d'un préfixe négatif : *contradiction/non contradiction, symétrie/asymétrie, possible/impossible, faire/défaire*. Les termes intermédiaires peuvent être exprimés soit par les procédés morpho-syntaxiques que sont les diverses formes de comparatif et de superlatif, soit par divers adverbes, soit par des moyens lexicaux tels que *frais* et *tiède, glacial* et *brûlant*. Lorsque le moyen terme n'est pas lexicalisé, il ne peut s'exprimer que par la négation des deux antonymes : *ni chaud ni froid*. A l'intérieur d'une série bipolaire, les termes intermédiaires situés symétriquement par rapport au moyen terme : *frais* et *tiède*, sont antonymes comme le sont les termes extrêmes. La relation d'antonymie existe surtout dans les mots exprimant des qualités ou des valeurs (*beau/laid, bien/mal, vrai/faux*), des quantités (*peu/beaucoup, aucun/tous*), des dimensions (*grand/petit*), des déplacements (*entrer/sortir*), des localisations dans l'espace (*haut/bas, droite/gauche, devant/derrière*, avec le moyen terme *milieu*), des rapports chronologiques (*jeune/vieux, avant/après*). D'une

façon générale, les dérivés d'antonymes sont également antonymes (*jeunesse/vieillesse, rajeunir/vieillir*). La clarté des oppositions antonymiques peut être troublée par la polysémie et la synonymie : *dur* s'oppose non seulement à *mou*, mais aussi, selon les objets auxquels il s'applique et le type d'actions auxquelles s'oppose la dureté, à *souple* et à *tendre* ; le contraire de *la veille* peut être soit *le sommeil* soit *le lendemain* ; parfois, ce ne sont pas deux mots, mais deux constellations de synonymes (*maigre, efflanqué, décharné/gras, gros, obèse, corpulent*) qui s'opposent dans un rapport antonymique.

▲ L. GUILBERT, *Les antonymes in Cahiers de Lexicologie*, 1964, I, pp. 29 à 36
▲ O. DUCHACEK, *Sur quelques problèmes de l'antonymie, ibid.*, 1965, I, pp. 55-66
▲ J. DUBOIS et alii, *Transformation négative et organisation des classes lexicales, ibid.*, 1965, II, pp. 3-15
▲ G. KLEIBER, *Adjectifs antonymes*, dans *Travaux de Linguistique et de Littérature*, 1976, pp. 277-326
▲ R. MARTIN, *Logique et mécanisme de l'antonymie, ibid.* 1973, pp. 37 à 51
▲ R. MARTIN, *Inférence, antonymie et paraphrase*, Paris, Klincksieck, 1976, 174 p.

Il faut faire place, enfin, à la notion de **présupposition** lexicale. D'une façon générale, on peut dire qu'un énoncé A (*Le fils de Pierre est arrivé*) présuppose un énoncé B (*Pierre a un fils*) si A contient toutes les informations contenues par B et les contient encore s'il est exprimé de façon interrogative ou négative (*Le fils de Pierre n'est pas arrivé ou Le fils de Pierre est-il arrivé* ? présupposant encore *Pierre a un fils*). Dans ce cas, la présupposition tient à l'ensemble de l'énoncé, aucun des termes pris isolément (*Pierre, fils, avoir*) ne présupposant rien de tel. Dans d'autres cas, la présupposition est en quelque sorte incluse dans le sémème de certains mots, en particulier des verbes. *Pierre est guéri, Pierre n'est pas guéri, Pierre est-il guéri* ? présupposent également *Pierre est tombé malade* et *guérir* devra être défini « retrouver la santé *après une maladie* ». Il existe une antériorité à la fois chronologique et logique entre la *maladie* et la *guérison* comme entre *commencer* et *continuer, continuer* et *finir*, et, sans doute entre *être* et tous les autres verbes de la langue. A vrai dire, les cas de présupposition lexicale réelle semblent relativement rares en comparaison des cas de présupposition contextuelle.

▲ O. DUCROT, *Dire et ne pas dire*, Paris, Hermann, 1972.
▲ C. KERBRAT-ORECCHIONI, *L'implicite*, Paris, A. Colin, 1986.

Les concepts que la lexicologie doit à la logique recoupent dans une certaine mesure ceux qu'elle a empruntés à la phonologie.

LE MODÈLE PHONOLOGIQUE :

La phonologie est le domaine de la linguistique qui, en raison de sa relative simplicité, a fait le premier l'objet de l'application systématique des notions élaborées par F. de Saussure que nous avons déjà rencontrées : système, valeur, langue et parole, syntagme et paradigme. Elle a donc pris valeur d'exemple pour les autres disciplines, et tout particulièrement pour la lexicologie où elle a déclenché une véritable révolution méthodologique. Les concepts d'origine phonologique les plus féconds sont les suivants :

1) La **commutation**, qui est un test servant d'abord à répartir les éléments de la chaîne parlée en classes paradigmatiques, c'est-à-dire à vérifier leur aptitude à entrer dans les mêmes contextes ; ensuite et surtout, à montrer si la substitution d'un élément d'une de ces classes à un autre entraîne ou non une différence sur le plan du signifié. La série *pan*, *banc*, *camp* montre que *p*, *b*, *k* sont de véritables phonèmes, c'est-à-dire des unités dépourvues de sens par elles-mêmes, mais ayant une valeur distinctive révélée par la commutation et permettant de distinguer des mots de sens extrêmement différent.

Appliquons cette notion à l'étude du lexique en reprenant l'exemple des sièges, rendu célèbre par plusieurs articles de B. Pottier : *Je m'assieds sur...* peut admettre pour complément une *chaise*, un *fauteuil*, un *banc*, mais aussi la *table*, l'*herbe*, le *trottoir*, une *marche* d'escalier, une *pierre*, un *tronc d'arbre*. Par contre, *pour asseoir mes invités le jour où je pendrai la crémaillère, j'ai acheté chez le marchand de meubles...* exclut tout objet, naturel ou fabriqué, n'ayant pas expressément la destination de servir à s'asseoir. Dans le premier cas, on obtiendra seulement une liste assez hétéroclite d'objets matériels n'ayant en commun que certains caractères de spatialité et de solidité, dans le second une liste d'objets fabriqués pour la même destination. *J'habite un(e)...* peut admettre *maison*, *villa*, *immeuble*, *HLM*, etc., mais aussi *tonneau* (s'il s'agit de Diogène), *caverne*, *roulotte*. *Les maçons bâtissent un(e)...* exclura *tonneau*, *caverne*, *roulotte*, mais admettra *gare*, *bureau de poste*, *dock*. L'intersection de ces deux listes sera celle des édifices à usage d'habitation. Le test de commutation permet donc, selon les contextes significatifs choisis, d'établir des listes de mots substituables plus ou moins longues, dont les éléments ont forcément un ou plusieurs traits sémantiques en commun, et sauf dans le cas de synonymie un ou plusieurs traits sémantiques distinctifs. Le choix de l'un ou de l'autre de ces traits relève de l'arbitraire du lexicologue, mais cet acte arbitraire est indispensable pour définir un critère pertinent qui fasse l'unité de la liste et l'oppose aux autres listes possibles. Puisqu'un *siège* est un *meuble*, B. Pottier aurait pu établir la liste des noms de *meubles* et faire entrer dans son paradigme *table* et *armoire* alors que cela devenait impossible dès lors qu'il décidait de s'en tenir aux noms de sièges.

2) La notion de **trait pertinent**. Reprenons la série déjà vue ci-dessus, *pan, banc, camp : /p/, /b/, /k/* qui permettent à ces trois mots de se distinguer les uns des autres sont des phonèmes. Un **phonème** est la plus petite unité non signifiante qu'on puisse délimiter dans la chaîne parlée ; cela ne signifie pas qu'elle soit inanalysable. En ce point précis de la chaîne, s'associent une série de caractères non susceptibles de réalisation indépendante qu'on appelle **traits pertinents**. Chaque phonème se définit par un faisceau de traits pertinents qui lui est particulier et diffère de tous les autres au moins par l'un d'entre eux, ce qui lui permet justement d'assurer dans la langue une fonction distinctive. Les trois phonèmes */p/, /b/, /k/* ont en commun le trait pertinent d'être des consonnes occlusives ; les traits qui les opposent sont d'une part la voix qui apparaît dans */b/*, mais pas dans */p/* ni */k/* et le point d'articulation labial pour */p/* et */b/*, palato-vélaire pour */k/*. Reprenons, parallèlement à ceci, dans le domaine lexical, la série *siège, fauteuil, banc, tabouret, pouf, canapé*. Tous ces mots ont en commun le fait d'être des substantifs qui dénotent des « objets matériels fabriqués pour s'asseoir ». Ce qui les oppose est que certains ont un dossier, d'autres non ; certains des bras, d'autres non ; que certains sont destinés à une seule personne, d'autres à plusieurs ; que tous ont ou peuvent avoir des pieds sauf le *pouf* qui n'en a pas ; que deux sont rembourrés (*pouf* et *canapé*) alors que les autres ne le sont pas (*banc*) ou peuvent ne pas l'être (*chaise, fauteuil, tabouret*).

▲ B. POTTIER, *Du très général au trop particulier* dans *Travaux de Linguistique et de Littérature*, 1963 pp. 9-16, *La définition sémantique dans les dictionnaires, ibid.*, 1965, pp. 33-41.

Selon les diverses écoles linguistiques, les traits pertinents sémantiques ont reçu des noms très variés. Nous avons vu que la logique oppose le **genre prochain** aux **différences spécifiques** ; cette distinction correspond à ce que les générativistes appellent **marqueur sémantique** et **différenciateur**. D'autres ne font pas cette distinction et n'emploient qu'un seul mot pour tous les traits pertinents sémantiques : Hjelmslev parle de **figures de contenu**, des linguistes américains de **components**, Pottier et Greimas de **sèmes**. Leur terminologie étant de loin la plus courante en France, nous adopterons ce terme de **sème** pour désigner le trait pertinent sémantique ; celui de **sémème** pour désigner l'ensemble des sèmes constituant la dénotation d'un mot donné ; et celui **d'analyse sémique** (plutôt qu'**analyse componentielle**) pour désigner les procédures de recherche des sèmes.

Selon le nombre de phonèmes utilisés par une langue donnée, chacun a une zone de réalisation plus ou moins large permettant un certain nombre de variantes régionales ou individuelles libres, dans toute la mesure où leur oppositivité fondamentale est sauve. De même en ce qui concerne le lexique : pourvu qu'un siège soit à dossier, sans bras et pour une personne, il mérite le nom de chaise, qu'il soit en bois, en métal, en plastique, recouvert de tissu, de tapisserie ou de cuir, qu'il soit canné ou paillé, quelle que soit la forme de son dossier. Ce sont là des **traits descriptifs** courants mais non pertinents, de simples possibilités auxquelles Pottier donne le nom de **virtuèmes**. Alors que le sème est du domaine de la valeur, le virtuème est du domaine de la signification (v. ch. II, section I). Il ne doit surtout pas être confondu avec la **connotation** : celle-ci caractérise le signe dont elle constitue la valeur stylistique ; celui-là concerne certaines particularités occasionnelles du référent.

De même qu'en phonologie l'introduction d'un nouveau phonème affecte les latitudes de chaque élément du système et impose la révision de celui-ci, de même, dans la série des sièges, l'introduction de nouveaux éléments, par ex. : *bergère* ou *chauffeuse*, oblige à tenir compte de traits pertinents nouveaux : la hauteur du siège, l'existence d'oreilles ; il peut se faire aussi que certains sèmes, pertinents à une certaine époque (par ex : « à quatre pieds », pour une chaise), deviennent non pertinents par suite de l'invention de nouvelles formes (chaises à un pied circulaire unique par ex.).

3) La notion de **marque** : */b/* et */p/* étant tous deux des consonnes occlusives labiales, */b/* ne se distingue de */p/* que par le fait qu'il est « voisé » (ou « sonore ») alors que */p/* ne l'est pas ; */b/* a donc un trait

pertinent positif de plus que /*p*/ ; on exprime ce fait en disant que /*b*/ est marqué alors que /*p*/ est non marqué, la marque étant en l'occurrence la voix. Les phonologues ne parlent de **marque** que lorsqu'il s'agit d'une opposition privative binaire où l'un des termes seulement ; le terme **marqué**, possède des traits distinctifs que ne possède pas l'autre. D'une façon générale, on constate que le terme **marqué** est moins fréquent que le terme non marqué d'une opposition. Appliquée au lexique, la notion de marque donne des résultats intéressants dans le cas de certaines micro-structures lexicales : couples de parasynonymes tels que *étalon* (marqué)/*cheval* (non marqué) ; *circonspection* (marqué)/*attention* (non marqué) ; *caste* (marqué)/*classe* (non marqué) ; *femme* (marqué)/*homme* (non marqué) ; *nuit* (marqué)/*jour* (non marqué), puisqu'on peut dire *ce jour-là, à minuit...* ou couples d'antonymes tels que *long / court, haut / bas, large / étroit : court, bas, étroit* sont des termes spécifiquement minimalisants alors que *long, haut, large* ne sont pas spécifiquement maximalisants puisqu'on peut dire aussi bien *haut (long, large) de deux mètres* que *de deux centimètres*. D'une façon générale, dans un couple d'antonymes, on considère le terme positif comme non marqué et le terme négatif comme marqué, remarque partiellement confirmée par les fréquences du français fondamental : *long* 97/*court* absent ; *dur* 61/*mou* absent ; *vrai* 202/*faux* absent. Mais *pauvre* 81/*riche* 27 et *petit* 863/ *grand* 428. Il est vrai que ce rapport peut avoir été troublé par la polysémie propre à *pauvre* et à *petit*.

4) La notion de **neutralisation** : soit, en français moderne, les phonèmes /*e*/ et /*ɛ*/. Leur opposition est pertinente lorsqu'ils se trouvent en syllabe finale ouverte et tonique : ex : *fée / fait ; allez / allait ; ré / raie ; lé / lait*. Dans toutes les autres positions, l'opposition perd sa pertinence : on dit qu'elle est **neutralisée**. Une opposition neutralisable est toujours une opposition binaire, mais toutes les oppositions binaires ne sont pas neutralisables (ex : /*i*/ et /*y*/) ; celles-ci sont dites « constantes ». L'opposition peut être neutralisée dans les cas où l'emploi de l'un ou de l'autre phonème n'entraîne aucune opposition distinctive ; ils sont alors dits en **variation libre**, ou **variantes libres** d'un même phonème : c'est le cas pour /*e*/ et /*ɛ*/ en syllabe ouverte intérieure : il est indifférent de prononcer le mot *pays* /*peji*/ ou /*pɛji*/. Dans d'autres cas de neutralisation, un seul des deux phonèmes est possible : par ex. /*ɛ*/ en syllabe fermée. Lorsqu'il n'existe aucune position où deux éléments phoniques puissent se substituer

l'un à l'autre, on dit qu'ils sont en **distribution complémentaire**, et s'ils présentent entre eux une parenté articulatoire, comme les deux *ch* allemands, on les appelle **variantes combinatoires** d'un même phonème.

Ces notions, analogiquement du moins, peuvent être utilisées en lexicologie : soit l'opposition *plaisir/joie* : il y a des cas où elle est tout à fait pertinente : un *hymne au plaisir* serait évidemment tout autre chose que l'*Hymne à la joie*. Par contre, dans certains contextes, *faire plaisir à quelqu'un, faire quelque chose pour le plaisir, plaisir* seul est possible, cas comparable à la variante combinatoire ; dans d'autres, *plaisir* et *joie* sont — à une minime différence d'intensité près — en variation libre : *je fais telle ou telle chose avec plaisir* ou *avec joie*. Dans ces deux derniers cas, l'opposition est pratiquement neutralisée. La variante combinatoire au sens strict du mot est, semble-t-il, chose fort rare en lexicologie. Nous avons pu cependant, dans notre étude sur le vocabulaire de Froissart, en mettre en lumière un cas : pour exprimer l'importance que le sujet attache à un objet donné, Froissart emploie trois locutions différentes selon que la phrase est positive, négative ou interrogative : *telle chose me touche. A toi, qu'en monte ?* (« qu'est-ce que cela peut te faire ? ») *et il ne m'en chaut* ou *peu m'en chaut.*

5) La notion **d'archiphonème** : dans le cas où une opposition phonologique est neutralisable, on appelle **archiphonème** et on écrit par une majuscule l'ensemble des traits pertinents communs aux deux phonèmes. Quand l'opposition comporte un terme marqué et un terme non marqué, le terme non marqué est l'archiphonème ; soit l'opposition de / *p* / - / *b* / neutralisée devant consonne sourde (*subtil* et *aptitude*) : l'archiphonème est *P*. Au contraire, *E*, archiphonème de l'opposition ε/ - / *e* /, n'a pas de réalisation distincte dans le système. De même, en lexicologie, on appellera **archisémème** l'ensemble des traits pertinents qui subsistent en cas de neutralisation : pour l'opposition *siège / fauteuil* « objet fabriqué pour s'asseoir » ; dans le cas de *joie / plaisir*, « état affectif positif ». Il arrive que cet **archisémème** ait une forme synthétique et non périphrastique, qu'il s'exprime par un mot qui prendra alors le nom d'**archilexème**. L'opposition *chaise / fauteuil* a un **archilexème** qui est *siège* ; l'opposition *joie / plaisir* n'en a pas, chacun des deux termes ayant des emplois pertinents. Le besoin d'un archilexème se fait parfois assez impérieu-

sement sentir pour qu'on en crée de façon néologique là où l'on n'en possède pas : ainsi *deux-roues* pour la série *bicyclette, moto, vélomoteur,* ou *agrume* pour la série *orange, citron, mandarine, pamplemousse,* l'existence de l'archilexème prouvant que l'existence d'une série lexicale est consciente chez les locuteurs.

L'application à la lexicologie des concepts élaborés par la phonologie révèle entre les deux disciplines plutôt une analogie qu'une correspondance rigoureuse. D'abord le nombre des phonèmes est limité, celui des mots illimité et s'il est possible d'établir rigoureusement le système phonologique d'un locuteur, ce n'est pas possible pour son système lexical. Ensuite, s'il est exact de dire que les traits pertinents phoniques sont incapables de réalisation indépendante, on ne peut, à proprement parler, en dire autant des traits sémantiques puisqu'un mot peut, en principe, toujours commuter avec sa définition. D'autre part, puisqu'il est convenu d'appeler **métalangue** le vocabulaire technique utilisé pour parler de la langue, on peut dire que les traits pertinents phoniques sont définis par des termes de métalangue clairs, peu nombreux, bien connus ; au contraire, les traits pertinents sémantiques sont désignés le plus souvent de façon empirique par des mots qui sont rarement les plus simples possibles, qui ont une valeur classificatrice à l'intérieur du paradigme choisi, mais ne constituent pas une véritable métalangue clairement construite, analysée et univoque ; la mise au point de cette métalangue est même une des tâches majeures qui s'offrent aujourd'hui au lexicologue et le travail sur les primitifs sémantiques (v. p. 149) peut y contribuer grandement.

On a remarqué que les notions de marque, de neutralisation, d'archiphonème sont limitées en phonologie aux oppositions binaires. Or les oppositions strictement binaires sont extrêmement rares en lexicologie. On a vu, avec l'exemple de *dur/mou, souple, tendre,* que même les antonymes ne s'opposent pas toujours terme à terme. On peut certes étudier un couple de parasynonymes comme *plaisir* et *joie,* mais c'est les séparer artificiellement de toute une série d'autres parasynonymes : *contentement, satisfaction, euphorie, béatitude,* etc., dont chaque terme pourrait de la même façon être étudié conjointement avec n'importe quel autre sous la forme d'une opposition binaire, plus facile à manier, bien sûr, qu'un réseau complexe d'oppositions. Le concept d'archisémème ou d'archilexème se prête facilement à une extension et peut très bien, à la différence de l'archiphonème, s'appliquer à une série de termes de longueur illimitée. Par contre, lorsqu'on sort des oppositions binaires, les notions de neutralisation et de marque deviennent très difficiles à manier. La polysémie n'a pas son équivalent dans les systèmes de phonèmes et complique les choses dans les systèmes de lexèmes. J. Dubois a montré, pour le couple *aigu/pointu*, que lorsqu'il s'agissait d'un crayon, d'un couteau, ou de tout autre instrument matériel, le terme non marqué était *pointu* et le terme marqué *aigu* ; au contraire, dans le cas d'une voix, d'un cri, *aigu* était non marqué, et *pointu* marqué ; enfin, dans le cas d'une maladie, l'opposition était totalement neutralisée, *aigu* étant seul possible.

▲ J. DUBOIS, *Distribution, ensemble et marque dans le lexique*, *Cahiers de Lexicologie*, 1964, I, pp. 5-16.

▲ J. DUBOIS, *Représentation de systèmes paradigmatiques formalisés dans un dictionnaire structural*, *ibid.*, 1964, II, pp. 3-15.

Les paragraphes ci-dessus révèlent un certain parallélisme entre les notions d'origine logique et les notions d'origine phonologique. Sans doute la terminologie logique est-elle plus complète en ce qu'elle dénomme des types de relations que la terminologie phonologique ne dénomme pas. Néanmoins, elle n'a pas de mot pour les notions de marque et de neutralisation, si fécondes pour l'étude de toutes sortes de micro-systèmes lexicaux. C'est donc la terminologie d'origine phonologique qui est la plus usuelle : **sème, sémème, archisémème, archilexème, opposition pertinente, marque** et **neutralisation**. De la terminologie d'origine logique, on retiendra surtout les termes de **genre prochain** et de **différence spécifique** couramment utilisés à propos des définitions.

La technique du champ générique a pour inconvénient de faire éclater le signe lexical polysémique en plusieurs signes disjoints dont on ne voit pas l'unité. Elle a donc pour contrepoids nécessaire celle du champ sémasiologique. Ceci dit, elle présente deux avantages majeurs. Outre que c'est une des principales procédures d'analyse des polysémies, elle montre clairement les éléments de choix qui s'offrent au locuteur pour l'expression d'une notion donnée. A ce point de vue, elle présente un intérêt pédagogique de tout premier plan. Le simple établissement d'un paradigme et des oppositions pertinentes de ses termes est un moyen privilégié d'enrichir et de préciser un vocabulaire, d'apprendre à choisir plus facilement, en toute occasion, le mot juste, celui qui exprime le plus exactement ce qu'on veut dire.

L'exercice n° 16, p. 173, fondé sur le principe des champs génériques, a, on le verra, une importance centrale et peut donner lieu à de multiples applications. A partir du réseau schématique d'oppositions révélé par l'analyse sémique, il est extrêmement important de faire prendre conscience aux élèves que chaque mot a ses connotations propres, qu'on ne parle pas comme on écrit, qu'on ne parle pas de la même façon à n'importe qui en toutes circonstances, que, par les mots qu'on emploie, on peut raconter la même chose de façon froide ou pittoresque, tragique ou comique, technique ou poétique, qu'on peut manifester à son interlocuteur de la familiarité, de la politesse ou du respect. On doit aussi leur révéler qu'on peut parler simplement sans parler vulgairement, que le véritable **argot**, dans son renouvellement perpétuel, est un jargon de malfaiteurs soucieux de tenir à distance le reste de la société, que ce n'est pas faire grand honneur à celui dont on parle (consultez Esnault !) de le traiter de *mec*, et que d'ailleurs l'argot perd son statut d'argot au fur et à mesure qu'il atteint de plus larges couches de la société.

▲ P. GUIRAUD, Collection Que sais-je ?, Paris, PUF : *L'argot*, 1956, n° 700 ; *Le français populaire*, 1965, n° 1172 ; *les gros mots*, 1976, n° 1597.

▲ G. ESNAULT, *Dictionnaire des argots*, Paris, Larousse, 1965, 644 p.

Aux champs génériques correspondent les **dictionnaires des synonymes** comme aux champs associatifs correspondent les **dictionnaires analogiques**. En fait ces deux types d'ouvrages, établis empiriquement, et par tâtonnements, ne vont pas sans se recouper. En particulier, les dictionnaires analogiques, dont le domaine est le moins précisément défini, absorbent d'ordinaire de bonnes listes de synonymes. Tels qu'ils sont, ces deux types de dictionnaires constituent une mine dans laquelle les enseignants trouveront la matière première de leurs leçons de vocabulaire, quel que soit le type de champs sur lesquels ils les fondent.

Dictionnaires des synonymes :

▲ E. GENOUVRIER, C. DÉSIRAT et T. HORDÉ, *Nouveau dictionnaire des synonymes*, Paris, Larousse, 1977, 510 p.

▲ H. BERTAUD DU CHAZAUD, *Nouveau dictionnaire des synonymes*, Paris, Le Robert, 1971, 468 p.

▲ E.D. BAR, *Dictionnaire des synonymes*, Paris, Garnier, 1986, 394p.

▲ R. BOUSSINOT, *Dictionnaire des synonymes, analogies et antonymes*. Paris, Bruxelles, Montréal, Bordas, 1973, 1032 p.

Dictionnaires analogiques : Deux grands ancêtres

▲ P.M. ROGET, *Thesaurus of English words and phrases classified and arranged so as to facilitate the expression of ideas and assist in literary composition*, 2e éd., Londres, 1853, XL-436 p.

▲ P. BOISSIERE, *Dictionnaire analogique de la langue française*, Paris, Larousse, 1862, XV-1471 p.

A la perspective du dictionnaire analogique on peut rattacher :

▲ R. HALLIG et W. von WARTBURG, *Begriffsystem als Grundlage für die Lexicographie, Système raisonné des concepts pour servir de base à la lexicographie. Essai d'un schéma de classement*, 2e édition, Berlin, Akademie Verlag, 1963, Introduction bilingue, listes de mots français.

Dictionnaires analogiques usuels :

▲ G. NIOBEY, *Nouveau dictionnaire analogique*, Paris, Larousse, 1981.

▲ D. et D. DELAS, *Nouveau dictionnaire analogique du français*, Paris, Le Robert, 1971, plusieurs fois réédité.

Beaucoup d'études thématiques concernant un aspect de la pensée d'un auteur, menées dans une perspective uniquement littéraire, trouveraient une base solide dans une étude de champs lexicaux. Mais l'importance du champ générique n'est certainement pas moins grande sur le plan **diachronique** que sur le plan synchronique. On verra dans les *Problèmes et méthodes de la linguistique* de W. von Wartburg, pp. 126-127, des exemples de champs lexicaux entièrement remaniés à la suite d'un accident phonétique arrivé à l'un des signifiants, ou à l'importance prise par un dérivé, sans préjudice de la stabilité des signifiés. Il s'agit des noms de la femme dans diverses langues romanes et des noms de diverses parties du corps. Lorsqu'un champ générique est organisé en série graduée de termes d'intensité variable, les termes à forte expressivité ont tendance à s'user et à s'affaiblir ce qui entraîne un renouvellement fréquent, sans que, là non plus, les structures conceptuelles sous-jacentes soient atteintes. Mais il arrive aussi que l'évolution des systèmes de signifiants reflète un changement réel dans le système des signifiés : manière différente d'appréhender la réalité par des sciences, des techniques, des mentalités nouvelles, voire même changement dans la réalité elle-même. C'est ce qu'a réussi à montrer Trier dans son ouvrage déjà cité sur le champ linguistique de l'intelligence en moyen haut-allemand (*Der deutsche Wortschatz im Sinnbezirk des Verstandes*, Heidelberg 1931). La voie qu'il a ouverte semble pouvoir être féconde : ayant recherché l'organisation en champs génériques d'une partie du vocabulaire psychologique utilisé par Froissart dans ses *Chroniques*, il nous a semblé que d'une façon générale, le renouvellement des signifiants est plus rapide que celui des signifiés, mais que pourtant, sur certains points, on touche à une différence réelle dans les structures conceptuelles. L'utilisation que fait Froissart du mot *humilité*, si différente de celle du français moderne, l'utilisation au XVIIe siècle de *modestie* et de *modeste* comme parasynonymes de *humilité* et *humble*, mais dénués de toute perspective religieuse, le fait que, depuis le XVIIIe siècle, mais surtout en français moderne, le sème « religieux » soit effacé pour beaucoup de locuteurs et les deux groupes de mots tenus pour parfaitement synonymes, à une connotation littéraire près pour *humble* et *humilité*, semble extrêmement révélateur de l'évolution des mentalités. Pourtant, relativement peu de chercheurs se sont engagés dans cette voie, sans doute à cause de sa longueur, de sa complexité, de la nécessité de faire de vastes dépouillements et l'étude soigneuse, à diverses époques, de nombreux micro-systèmes, avant d'arriver à des conclusions valables. G. Gougenheim en a donné de nombreux exemples de détail, intéressants au point de vue méthodologique, mais qui restent, sur le plan conceptuel, extrêmement dispersés. Dans l'ensemble, les études d'histoire du vocabulaire ont été conçues jusqu'ici comme l'histoire de mots isolés plutôt que comme celle de champs lexicaux à plusieurs signifiants. Il y a là un terrain immense et presque vierge à défricher. Là encore, le progrès est conditionné par l'usage des banques de données lexicales.

▲ J. RENSON, *Les dénominations du visage en français et dans les autres langues romanes, étude sémantique et onomasiologique*, Paris, Les Belles-Lettres, 1962, 738 p.

▲ A. GRISAY, G. LAVISSE, M. DUBOIS-STASSE, *Les dénominations de la femme dans les anciens textes littéraires français*, Gembloux, Duculot, 1969, XV, 259 p.

▲ J. PICOCHE, *Modestie et humilité, histoire lexicale et histoire des mentalités* in *Mélanges Jeanne Lods*, Ed. de l'ENSJF, Paris, 1978, pp. 485 à 494.

▲ J.-CH. PAYEN, *Le motif du repentir dans la littérature française médiévale*, Genève, Droz, 1968, 650 p.

▲ G. SAGNES, *L'ennui dans la littérature française de Flaubert à Laforgue*, Paris, A. Colin, 1969, 515 p.

▲ S. FELMAN, *La folie dans l'œuvre romanesque de Stendhal*, Paris, J. Corti, 1971, 253 p.

▲ G. MATHIEU-CASTELLANI, *Les thèmes amoureux dans la poésie française, 1570-1600*, Paris, Klincksieck, 1975, 524 p.

IV. LES FAMILLES DE MOTS ou champs sémasiologiques à plusieurs signifiants

Soit les trois mots *chaîne, chignon, cadenas* : rien, sinon la consultation d'un dictionnaire étymologique, ne révèle entre eux un rapport sémantique ou morphologique quelconque. Seules des recherches historiques comparables à celles que mènent, dans les archives, les généalogistes, permettent de tirer de la nuit des temps un ancêtre latin *catena* « chaîne » et ses deux dérivés **catenione* et *catenatum*. Le lien qui unit ces formes est strictement diachronique, normalement imperceptible au locuteur français, et un des intérêts que présente sa recherche est de manifester clairement l'action de forces de dispersion toujours présentes dans la langue, tant sur le plan phonétique que sur le plan sémantique. Soit, maintenant, la série *chaîne, chaînon, chaînette, enchaîner, déchaîner, enchaînement, déchaînement*, ou encore *jeune, jeunesse, rajeunir* : le lien sémantique et morphologique qui unit le mot de base à ses dérivés est parfaitement clair. Dans certaines séries, ce lien est sensible malgré une modification régulière du lexème, comparable à ce qui a lieu dans les conjugaisons où le radical du verbe subit une alternance vocalique et ou consonantique du genre : *je veux / nous voulons*. Ainsi : *jardin / ɛ̃ / - / jardiner / i /, vieux / vieillesse, mou / mollesse, lire / lisible, construire / construction, nerf / neurologue / névrite* ; dans certains cas enfin, ce lien est comparable à celui qui réunit entre elles, par un phénomène appelé **supplémentisme**, les diverses formes, historiquement et morphologiquement hétéroclites du verbe *aller / je vais / j'irai*, ainsi : *foie / hépatique, estomac / gastrique*. Considérons l'ensemble des mots qui s'organise à l'aide de tout un ensemble de préfixes et de suffixes autour des deux radicaux *-jet-* et *-ject-*. Moyennant quelques simplifications, ils peuvent être regroupés dans le tableau de la page suivante, où les affixes du début du mot sont écrits verticalement, ceux de la fin horizontalement, et où les possibilités d'association du lexème avec ces divers affixes sont signalées par des croix, et l'absence d'affixe par ø.

Ce tableau frappe par plusieurs caractères : 1) de grandes séries morphologiques : verbes en *-jeter*, substantifs en *-jet* et en *-jection* qui imposent à l'utilisateur l'idée qu'il existe un lien, purement formel peut-être, mais solide, entre le verbe de base, *jeter*, et l'ensemble des mots présentant un radical *-jet-* ou un radical *-ject-*. 2) la répartition arbitraire de ces deux radicaux : à *sujet* correspondent *sujétion* et

Gilles étymologique :

FORME -JET-DU LEXÈME

Préfixes	-er	-ø	-é	-ée	-on	(jét) -ion	(jett) -ir
ø	×	×	×	×	×		
dé-	×		×				
inter-	×						
pro-	×	×					
re-	×	×			×		
sur-	×	×					
su-		×				×	
assu-							×
ob-		×					
tra-		×					

Flexions et suffixes

FORME -JECT- DU LEXÈME

Préfixes	-er	-ø	-ion	-if	-ure	-eur	-ile	-oire
ab-		×	×					
ad-				×				
con-					×			
dé-			×					
é-	×		×			×		
in-	×		×			×		
inter-			×					
ob-	×		×	×		×		
pro-			×	×		×	×	
sub-				×				
tra-								×

Flexions et suffixes

subjectif ; le préfixe *ob-* est suivi de *-jet* dans *objet*, et de *-ject-* dans *objecter, objecteur, objectif ; pro-*, de *-jet-* dans *projeter, projet*, mais de *-ject-* dans *projection, projecteur, projectif, projectile* ; on ne voit pas pourquoi on dit *déjeter* et *éjecter, projeter* et *objecter*. 3) le nombre des cases vides : aucun verbe ne s'associe les préfixes *ab-, ad-, con-, sub-, tra-* ; les suffixes *-ée, -ure, -ile, -oire,* n'apparaissent qu'une fois chacun et *-on* deux fois ; alors qu'il existe de nombreux substantifs en *jet*, il n'en existe aucun en *-ject*, mais seulement un unique adjectif. 4) le caractère irrégulier et relativement exceptionnel des rapports sémantiques entre les divers éléments ci-dessus : si le *jet* est, sémantiquement, étroitement apparenté à *jeter*, si le lien est encore sensible avec *jeté* (qu'il s'agisse de danse ou de tricot), il ne l'est guère ou plus du tout avec la *jetée* où l'on se promène à la mer, ni avec le *jeton* de présence ou de téléphone. Si *rejeter* peut être considéré comme intensif de *jeter*, il n'y a aucun rapport sémantique entre *rejeter, rejeton* et *jeton*, pas plus qu'entre *interjeter* (terme juridique) et *interjection* (terme grammatical). Il y a un rapport sémantique étroit entre *sujet* et *objet*, *subjectif* et *objectif*, mais aucun entre *objet* et la série *objecter*, *objecteur*, *objection*. Mis à part *abjection* isolé à côté *d'abject*, la série en *-jection*, *-jecteur* a une certaine unité en ce qu'elle forme, à partir de bases verbales en *-jeter* ou *-jecter* des noms d'action et des noms d'agent ; par contre les adjectifs en *-jectif* n'ont entre eux aucune unité sémantique. Cette faiblesse des rapports sémantiques à l'intérieur de la famille morphologique a pour conséquence qu'il est très peu probable que la famille en question se développe par le remplissage des cases vides ; bien au contraire, chacun des éléments sémantiquement isolés tend à développer autour de lui, de façon autonome, par dérivation, sa propre famille ; ex. : *adjectif*, *adjectiver* ou *adjectiviser*, *adjectivable*, mais pas **ajeter* ou **adjecter* ni **adjection* ; *conjecture* développe *conjectural*, *conjecturer*, mais pas **conjeter* ou **conjectif*. 5) le fait qu'un élément comme *tra-*, préposé à *-jet* et à *-ject-*, commutable avec divers autres préfixes et qu'on trouve combiné à divers lexèmes comme dans *traduire*, *tradition*, *traverser*, *travestir*, et qui par conséquent, d'un point de vue distributionnel, peut être considéré comme un préfixe, ne saurait être utilisé en français pour aucune création lexicale néologique.

Cet état de choses s'explique non seulement par l'éclatement normal, au cours du temps, des liens sémantiques qui ont à un certain moment uni un mot de base et ses dérivés, par ex. *jeter* et *jeton*, mais par le fait que cette famille se compose pour sa plus grande partie de mots savants directement empruntés au latin avec le sens qu'ils avaient pris dans cette langue au sein d'une famille de dérivés déjà passablement éclatée, et que les liens morphologiques ont survécu de très loin aux liens sémantiques.

Nous pouvons donc considérer les familles de mots sous l'angle de leur cohérence morphologique, sous l'angle de leur cohérence sémantique et étudier les rapports de l'un et de l'autre point de vue.

LA COHÉRENCE MORPHOLOGIQUE

L'existence de familles à lexème variable relève d'une explication historique. Dans les dérivés anciens de formation **populaire**, transmis par tradition orale, l'accent latin portait sur le suffixe, alors qu'il portait sur le lexème dans le mot de base, d'où un traitement différent de la voyelle du lexème dans les deux cas : ex : *clair / clarté*, *mer / marin*, *pièce / dépecer* ; un *l* pouvait se vocaliser dans certaines positions et pas dans d'autres : ex. : *vieux / vieillesse*, *mou / mollesse*, *chaud / chaleur* ; une voyelle pouvait se dénasaliser ou non selon la structure de la syllabe : *jardin / jardiner*, *dédain / dédaigner*, *don / donner* ; une consonne pouvait s'amuir à la finale et se conserver dans d'autres positions : *jour* (issu de *journ*)/*journée*. Si un certain nombre de dérivés modernes sont de simples déverbaux, de forme masculine : *refuser / refus*, *voler / vol*, *jeter / jet* ou féminine : *couper / coupe*, *brouiller / brouille*, *rallonger / rallonge*, certains sont de faux déverbaux, en réalité d'anciens participes passés latins : *perdre / perte* (de *perdita*) et non **perde*, *vendre / vente* (de *vendita*) et non **vende*, *devoir / dette*, *fendre / fente*, *fondre / fonte*, *absoudre / absoute*. Dans de nombreux cas, les variations du lexème s'expliquent par des emprunts directs au mot latin sous sa forme écrite dite **savante**, à côté de son représentant populaire ; lorsqu'il s'agit de deux représentants du même mot latin, sans addition du suffixe, on dit qu'il s'agit de deux **doublets** (ex. : *frêle* et *fragile*, tous deux issus de *fragilis*). Dans tous les autres cas, on parle d'un radical savant, juxtaposé au radical populaire : *pouvoir*, *puissance* sont populaires, *potentiel* est savant ; *détruire* est populaire, *destruction* savant ; la famille de *chaîne* possède un lexème savant *catén-*qui apparaît dans des mots comme *caténaire* ou *concaténation* ; *-ject-* est savant, *-jet-* demi-savant ou emprunté.

▲ La *Grammaire historique du français* de K. Nyrop (v. bibliographie de base) contient une étude historique détaillée de tous les affixes. Quant à nous, dans notre *Nouveau dictionnaire étymologique du français* (v. p. 28), nous nous sommes efforcée de faire un inventaire aussi complet que possible des familles de mots et des familles d'affixes du français, en opposant les bases populaires aux bases savantes.

Un grammairien comme J. Dubois n'ignore rien des faits ci-dessus ; néanmoins, se proposant exclusivement de rendre compte de la compétence du locuteur qui, normalement, ignore l'histoire des mots qu'il emploie, il formule des règles qui décrivent les rapports phoniques qui existent entre le signifiant du mot de base et le signifiant du dérivé, et qui font partie de ce que la grammaire générative appelle règles d'interprétation phonologique. On en trouvera un grand nombre dans son ouvrage : *Grammaire structurale du français : la phrase et ses transformations* (Paris, Larousse, 1969). En voici un exemple qu'il faut lire en tenant compte du fait que la flèche signifie « se transforme en », PPée « participe passé féminin en -ée », PPa « participe passé avec voyelle *a* substituée à -ée ». Il s'agit de la formation de substantifs en *-tion* à partir de verbes. L'auteur part de la forme féminine du participe passé et pose que :

la + affixe + PPée → la PPée + tion → la + PPa + tion, soit
la + tion + affirmée → la affirmée + tion → l'affirmation :

l'affixe *-ée* à la finale est remplacé par *a* lors de l'addition de *-tion*, alors que l'affixe *-ue* est remplacé par *i* dans les mêmes conditions : *perd-ue-tion → perdition.*

Le spécialiste de la grammaire historique, lui, dirait que la terminaison *-ée* représente de façon populaire le participe passé latin *-ata* alors que le suffixe *-ation* est un suffixe savant, calqué sur le latin *-ation*, *-ationis*, dont le représentant populaire est *-aison*. Il ajouterait que ce suffixe composé provient de la combinaison du radical du participe passé de la première conjugaison et du suffixe simple *-io*, *-ionis*. Dans le cas de *perdue/perdition*, il ferait remarquer que *perdue* est populaire, *perdition* savant : que le participe passé classique de *perdere* était *perditus* sur lequel a été normalement formé *perditio*, et que *perdutus* était une réfection postérieure propre au bas-latin ; il noterait enfin que, si les dérivés en *-tio* étaient effectivement construits sur le radical du participe passé, la forme féminine n'y était pour rien.

Plutôt qu'une explication à proprement parler, les règles d'interprétation phonologique constituent un exposé ordonné des faits de morphologie lexicale indispensable dans le cadre de la grammaire générative. Néanmoins, se contenter de cette présentation des choses sans jamais parler de l'explication génétique des faits présenterait le danger de fermer les esprits à la notion même d'histoire de la langue et de causer, à un stade ultérieur, des confusions entre la notion d'évolution historique et celle de transformation chomskyenne. Il faut bien se dire que dans le langage des grammairiens de l'école de Chomsky, « X devient Y » ou « X se transforme en Y » ne signifie nullement « X est chronologiquement antérieur à Y », mais simplement : « il est logiquement commode d'exposer X avant Y ». A partir du moment où les étudiants deviendront capables de dépasser le maniement empirique de formes qui se correspondent, et de chercher une explication des faits, il conviendrait de ne pas présenter l'explication générativiste sans, corrélativement, exposer au moins les données fondamentales de l'explication historique, et de ne pas perdre de vue que la première ne se démontre que par la cohérence interne d'une théorie, alors que la seconde, établie par la convergence des témoignages rassemblés par les philologues, repose sur une multitude de faits qui ne sont pas une simple construction de l'esprit. C'est d'ailleurs bien ce que fait L. Guilbert dans son introduction au *Grand Larousse de la langue française* (vol. I, 1971, pp. IX-LXXXI, sur deux colonnes) où il étudie successivement *I. La morphologie lexicale dans la perspective diachronique* et *II. La construction des unités lexicales dans la perspective synchronique*.

L'importance des lexèmes savants en français est un fait historique et synchronique capital qui tient à deux raisons principales : d'abord, l'espèce de symbiose qui a été celle du latin et du français pendant de longs siècles, tous les lettrés étant pratiquement bilingues, ce qui ne pouvait manquer de favoriser les emprunts ; d'autre part, la relative stérilité des mots populaires français qui se prêtent assez mal à la construction de dérivés. Il serait facile d'établir une longue liste de lexèmes populaires qui ne comportent aucun dérivé ou très peu. Il est difficile d'en former à partir de mots terminés par une voyelle, tels que *étang*, *été*, *feu*, *jeu*, *fléau*, *foi*, *foie*. Dans un certain nombre de formations populaires, la langue se tire d'affaire par l'insertion d'une consonne arbitraire, généralement *t* : *abriter*, *numéroter*, *équeuter*, *chapeauter* (mais *marivauder*, *hugolien*) ; mais d'une façon générale, la solution est cherchée dans une variation du lexème d'inspiration savante. Le cas est particulièrement net pour les noms propres auxquels on invente un étymon pour en tirer un dérivé. Ex. : *Giraudoux / giralducien*, *Corneille / cornélien*.

Dans les autres cas, l'obstacle n'existe pas. Rien n'empêcherait de dire **fabler*, **fablaison* plutôt que *fabuler*, *fabulation*, **évêquien*,

**évêqueux* plutôt que *épiscopal*, **étoilage* plutôt que *constellation*, mais le fait est que ce n'est pas dans cette direction là que la langue s'est orientée ; J. Rey-Debove, dans son article sur *Métropolitain et métro* (Cah. Lex., 1964, II, pp. 101-109) remarque qu'il n'y avait pas d'autre adjectif pour dire « de la capitale ». Le bilinguisme des lettrés, le prestige des langues anciennes, le fait que, au moins jusqu'au XVIIe siècle, le latin était le langage normal des sciences et de la philosophie, le puissant pédantisme de ceux à qui il répugne d'employer une langue accessible au vulgaire et enfin, passé le temps du latin langue savante internationale, le sentiment qu'il y avait du moins avantage à constituer le vocabulaire des sciences avec des éléments internationaux plus facilement reconnaissables que des formations vraiment particulières à chaque langue, tout cela a convergé vers l'implantation en français de lexèmes et d'affixes savants.

Dans les dérivés savants, le lexème est le plus souvent fourni par l'étymon du mot populaire de base ; ainsi *chaîne / caténaire, concaténation ; foi / fidéisme ; évêque / épiscopal ; fable / fabulation ; jeter / éjection*, mais il arrive aussi qu'il soit fourni par un mot d'une tout autre origine mais de sens voisin ; par exemple, *feu* est issu étymologiquement de latin *focus* « foyer », le mot classique *ignis* n'ayant pas de représentant populaire ; or, les dérivés savants de *feu* : *igné, ignifuge* sont formés sur la base de *ignis*, alors que la base *foc-* est réservée aux dérivés savants de *foyer* (lat. *focariu*), comme *focal* ; les dérivés savants du *jeu* (lat. *jocus* « plaisanterie ») sont formés sur la base de latin *ludus* « jeu », tel *ludique*, alors que la base *joc-* reste inemployée ; les dérivés savants de *chaud* sont formés non seulement sur la base latine *calor-*, mais aussi sur la base grecque *thermo-* ; les dérivés savants de *œil* non seulement sur la base latine *ocul-*, mais encore sur la base grecque *ophtalmo-* (qui lui est d'ailleurs apparentée, si l'on remonte jusqu'à l'indo-européen). L'étymon de mots comme *foie* ou *champignon* est trop obscur, trop éloigné du latin classique pour être utilisable dans une dérivation savante ; c'est pourquoi leurs dérivés ont été fondés respectivement sur la base grecque *hépato-* d'une part, et sur les bases du lat. *fungus* (*fongicide*) et du grec *mykos* (*mycologie*) d'autre part.

Ces cas posent un problème dans la perspective historique : des mots sans aucune parenté mutuelle deviennent si l'on peut dire parents par alliance, par le phénomène du **supplétisme** : ainsi *sommeil* et *chute* véritables « dérivés sémantiques » mais non morphologiques de *dormir* et *tomber*. Ils en posent un aussi dans la perspective générativiste, dans la mesure où ils obligent à formuler pour les dérivés de chaque mot de base des règles d'interprétation phonologique *ad hoc* ; mais ce problème n'est pas plus grave que celui qui se pose lorsque le lexème savant fourni par l'étymon réel du mot de base diffère considérablement, par le jeu des lois phonétiques, de celui-ci. Il n'est pas plus difficile ni beaucoup plus étonnant de formuler la règle : « devant les suffixes *-ique* et *-ite, foie* se réécrit *hépat-* » que « devant les suffixes *-aire* et *-ation, chaîne* se réécrit *-catén-* ».

L'usage de lexèmes savants est à la base d'un si grand nombre de **néologismes** dans notre langue qu'il est évidemment très important d'apprendre à les connaître et à les associer automatiquement aux mots populaires en relation avec lesquels ils fonctionnent. S'il est un domaine où l'étymologie a une utilité, c'est assurément celui-là. Il est également important d'être capable de juger un néologisme, de l'utiliser s'il se révèle vraiment utile et de ne pas devenir esclave d'une mode à juste titre ridiculisée par R. Beauvais dans *L'hexagonal tel qu'on le parle* (Paris, Hachette, 1970). Devant ce type de néologisme comme devant tout autre, les questions qu'on a le droit et le devoir de se poser sont les suivantes : ce mot permet-il d'exprimer brièvement un concept qui sans lui ne pourrait l'être que par une périphrase ? Sa formation est-elle claire et facilement intelligible ? Si c'est un mot technique, y a-t-il intérêt à l'étendre de façon métaphorique à la langue courante ? Avec quelles expressions usuelles entre-t-il en concurrence ? Que dit-il de plus qu'elles, ne serait-ce que sur le plan de l'expressivité et des connotations ? C'est là un domaine où des relevés dans la presse, grand réservoir de néologismes peuvent être une source utile d'exercices. En fin de compte, la question sera tranchée par l'usage, qui donne durée et vie aux créations lexicales ; mais dans une certaine mesure, l'usage peut être orienté (v. exercice n° 17).

▲ P. GUIRAUD, *Les mots savants*, Que sais-je ?, 1968, 2e éd. 1978.
▲ H. COTTEZ, *Dictionnaire des structures du vocabulaire savant*, Paris, Le Robert, 1980, 515 p.

LA COHÉRENCE SÉMANTIQUE

La langue est créatrice, comme le montrent à la fois la grammaire historique et la grammaire générative (alors que la grammaire structurale avait tendance à passer sous silence cet aspect des choses) ; non seulement elle est capable, à partir d'un nombre fini de mots, d'engendrer un nombre infini de phrases, mais encore, à partir d'un nombre fini de morphèmes, d'engendrer des mots nouveaux en nombre théoriquement illimité, au moyen des mécanismes de la **dérivation** et de la **composition**. Le rapport sémantique avec le mot de base a tendance, au cours du temps, à se distendre, voire à disparaître complètement, chacun des deux mots développant des polymésies différentes et évoluant séparément. Mais au moment de la **dérivation**, il est tout à fait légitime de présenter celle-ci comme la transformation d'une phrase sous-jacente : *on répare la route* devient *la réparation de la route*, phrase **nominalisée**, prête à être enchâssée dans une autre phrase comme *cela permettra de mieux circuler*, d'où *la réparation de la route permettra de mieux circuler*. Dans l'introduction au *Grand Larousse de la langue française*, L. Guilbert fait un exposé très clair et très complet des divers types de dérivation préfixale et suffixale actuellement vivants en français, avec les modèles de transformations que proposent les générativistes pour en rendre compte.

Outre l'apport sémantique du suffixe, ce qui caractérise la dérivation suffixale, c'est qu'elle fait, le plus souvent, passer un lexème donné d'une partie du discours à une autre : formation de substantifs à partir de verbes ou d'adjectifs : *dater / datation, blond / blondeur* ; de verbes à partir de substantifs ou d'adjectifs : *balai / balayer, formel / formaliser* ; d'adjectifs à partir de substantifs ou de verbes : *charité / charitable, compromettre / compromettant*. Beaucoup plus rares sont les relations adjectif-adjectif ; elles n'existent guère que pour des formations diminutives ou préjoratives : *pâle, pâlot, pâlichon* qui ne semblent pas aujourd'hui très vivantes. La relation verbe-verbe est elle aussi en voie d'extinction : on peut citer, en fait de formations récentes, des verbes comme *mâchouiller, pendouiller,* mais *-eter-, -oter-, -onner-, -ocher-, -oyer,* ne sont plus productifs ; seule la relation substantif-substantif conserve une certaine vitalité ; *chèque / chéquier, disque / disquaire, allocation / allocataire* sont des formations récentes, mais la plupart des suffixes diminutifs ne sont plus guère productifs aujourd'hui. Au contraire, la dérivation préfixale est bien vivante ; elle résulte ordinairement de la transformation de syntagmes prépositionnels, parfois adverbiaux : *en deçà des Alpes* devient *cisalpin* ; un *espace situé devant la cour* une *avant-cour, habiter avec quelqu'un, cohabiter ; excessivement acide* devient *hyperacide ; excessivement alimenté, suralimenté ; extrêmement moderne, ultra-moderne ; à moitié aride, semi-aride.*

▲ J. DUBOIS, *Étude sur la dérivation suffixale en français moderne et contemporain ; essai d'interprétation des mouvements observés dans le domaine de la morphologie des mots construits.* Paris, Larousse, 1962, 118 p.
▲ J. PEYTARD, *Recherches sur la préfixation en français contemporain,* Lille-Paris, Champion, 1975, vol. I et II 790 p., vol. III non paginé.
▲ J. BOURQUIN, *La dérivation suffixale (théorisation et enseignement) au XIX*[e] *s.,* Lille-Paris, Champion, 1980, 1187 p. en 2 vol.
▲ D. BÉCHEREL, *Différenciation morpho-sémantique des suffixes nominalisateurs de l'adjectif,* dans *Cahiers de Lexicologie,* 1981, I, pp. 45 à 59.
▲ C. GRUAZ, *Le mot français, cet inconnu, précis de morphographémologie,* Publications de l'Université de Rouen, 1987, 65 p.
▲ D. CORBIN, *Morphologie dérivationnelle et structuration du lexique,* Presses Universitaires de Lille, 1991 (1re éd. 1987), 907 p. en 2 vol.

La **composition**, qui peut, elle aussi, s'expliquer par la transformation d'une phrase à verbe être, se distingue de la préfixation en ce que, du moins en français moderne, elle ne donne pas naissance à des verbes, et surtout en ce que le composé, au lieu de comporter un lexème et un ou plusieurs affixes, comporte deux lexèmes, ceux-ci pouvant fonctionner de façon indépendante (*chou-fleur*) ou non (*hippodrome*). On a vu, au ch. I, les tests qui permettent, lorsqu'il s'agit de lexèmes autonomes, de juger du degré de lexicalisation du composé et de voir s'il s'agit d'une association occasionnelle ou d'une unité de langue. Le problème se pose, mais en d'autres termes, pour les dérivés : avec un suffixe bien vivant, il est très facile de former tous les dérivés dont on peut avoir besoin occasionnellement : *-able* peut s'associer à tous les radicaux de verbes transitifs en *-er* ; est-ce que *donnable, offrable, récurable, bordable, défonçable* sont des adjectifs qu'un dictionnaire français doit enregistrer, ou des créations occasionnelles aussi fugitives qu'un syntagme formé d'éléments indépendants ? Un article de Louis Guilbert, *Grammaire générative et néologie lexicale* (*Langages,* n° 36, décembre 1974, pp. 67-73) propose une réponse ingénieuse à cette question à propos de l'adjectif *pompidolien* plusieurs fois relevé dans un corpus de textes journalistiques du début de l'année 1973. *Le programme pompidolien,* présenté par Pompidou lui-même, n'est qu'une autre manière de dire *le programme de G. Pompidou,* création fugitive d'un journaliste en mal d'adjectivisation ; mais *un programme pompidolien* présenté par un autre, signifie *un programme conforme aux idées de G. Pompidou* ou *s'en inspirant* ; enfin, *un jeune loup pompidolien* est *un jeune homme ambitieux partisan de G. Pompidou.* D'un exemple à l'autre, le dérivé apparaît plus difficile à considérer comme le produit d'une transformation, mais plutôt comme « un adjectif déjà traduit, détaché d'un autre contexte et jouissant, du fait même de ce réemploi, d'une certaine autonomie syntactico-sémantique d'item lexical » (*Langages*, n° 36, p. 41). Dans cette perspective, c'est précisément au moment où le lien sémantique commence à se distendre et l'explication transformationnelle à ne plus convenir que le dérivé se lexicalise. On pourrait donc, semble-t-il, distinguer trois étapes dans ce processus : le dérivé néologique saisi au moment de sa création ; le dérivé lexicalisé mais encore clairement motivé par rapport au mot de base, et enfin, le dérivé lexicalisé ayant perdu tout rapport sémantique avec le mot qui lui avait donné naissance. Les deux dernières catégories peuvent avoir été constituées à l'aide d'affixes encore vivants et prêts à donner naissance à de nouveaux néologismes, mais aussi à l'aide d'affixes aujourd'hui morts, devenus totalement improductifs, et qui, parfois ne sont même plus reconnus comme affixes : soit une série de mots en *-eau* et leurs dérivés : *chapeau*, *chapelier*, *chapelet* ; *oiseau*, *oiseleur*, *oiselet* ; *château*, *châtelain*, *châtelaine* ; *ciseau*, *ciseler*, *ciseleur*, *ciselure* ; *bateau*, *batelier*, *batellerie* ; *corbeau*, *encorbellement* ; *pourceau*, *porcelet* ; *niveau*, *niveler*. Une correspondance formelle est bien perçue entre une syllabe finale *eau* et un élément *-el-* précédant le suffixe, mais il ne viendrait normalement à l'idée de personne de considérer cette syllable *-eau* comme un suffixe, puisque sa suppression laisse derrière elle un lexème incomplet et dépourvu de sens.

Pourtant, en latin, *-ellus*, ancêtre de *-eau* était un suffixe diminutif ; **cappellus* « capuchon », ancêtre de *chapeau* était un diminutif de *cappa*, ancêtre de *chappe* ; *cultellus* ancêtre de *couteau* un diminutif de *culter*, ancêtre de *coutre* ; **castellus*, ancêtre de *château*, de *castra* « camp retranché » non représenté en français, etc. Le suffixe *-eau* est mort au point qu'il n'est même plus senti comme suffixe ; la plupart des dérivés des mots en *-eau* ont conservé un rapport sémantique clair avec le mot de base ; néanmoins, la possibilité de former à partir d'un mot en /o/ des dérivés en *-elet*, *-elier*, *-ellerie* n'existe plus. Enfin, un certain nombre de ces dérivés, malgré la clarté de leur morphologie, n'ont plus de rapport sémantique avec le mot de base : pour nos contemporains, un *chapelet* n'est certainement pas un *petit chapeau* et il n'est pas évident du tout qu'un *ciseau* soit l'outil qui sert à faire des *ciselures*. Suffixe mort, mode de dérivation figé et improductif, dérivés bien lexicalisés dont certains ont conservé et d'autres perdu leur motivation par rapport au mot de base, telle est ici la situation.

A côté de cela, il existe en français moderne un certain nombre de modes de dérivation extrêmement productifs dont le jeu peut être décrit en termes de grammaire générative : pour les adjectifs : *-el*, *-able*, *-ien*, *-if* ; pour adjectifs et substantifs : *-isant*, *-iste* ; pour les substantifs : *-ation*, *-isation*, pour les verbes : *-iser* et le suffixe zéro, ou formation **déverbale**. Ce problème a été un sujet d'hésitations pour Chomsky, qui a propose trois solutions différentes : l'une, appelée solution syntagmatique, consiste simplement à présenter comme deux phrases sans lien entre elles celle qui comporte le mot de base et celle qui comporte le dérivé. Cette solution convient parfaitement pour les dérivés qui ont rompu ou distendu leurs liens avec le mot de base. Une phrase comme « *nous avons mangé au dîner l'abattis du poulet* » ne peut être considérée comme la transformation de « *nous avons abattu le poulet* ; *nous l'avons mangé au dîner* », pour plusieurs raisons ; on ne dit pas *abattre* mais *tuer un poulet* ; et quand cela serait, un *abattis de poulet* n'est pas un *poulet abattu*, mais seulement son cœur, son foie, son gésier, son cou et ses pattes. Il n'en va pas de même pour des phrases telles que *on répare la route* et la *réparation de la route est en cours* dont il serait fâcheux de ne pas pouvoir formaliser par des règles précises l'identité sémantique. La solution transformationnelle consiste à considérer *la réparation de la route* comme la transformation de la phrase de base *on répare la route*. Néanmoins, cette manière de présenter les choses avait, dans le détail, certains inconvénients auxquels Chomsky a cherché à remédier en proposant une troisième solution, appelée hypothèse lexicaliste, dans laquelle le lexème *répar-* serait considéré comme « un item lexical abstrait à plusieurs facettes », « une matrice de traits distinctifs ne contenant aucun trait catégoriel », auquel on peut faire jouer, selon les affixes qu'on lui adjoint, soit le rôle de substantif soit le rôle de verbe. Dans cette perspective, on ne peut plus dire qu'une des deux phrases soit la transformation de l'autre, ni qu'elle ait sur elle une quelconque priorité ; elles résultent toutes deux, à égalité, de deux transformations différentes d'un unique item lexical.

▲ N. CHOMSKY, *Remarques sur la nominalisation* dans *Questions de sémantique*, Paris, éd. du Seuil, 1975, pp. 73-132, résumé dans C. NIQUE, *Initiation méthodique à la grammaire générative*, Paris, A. Colin, 1974, ch. V.

▲ J. GIRY-SCHNEIDER, *Les nominalisations en français : l'opérateur* faire *dans le lexique*, Genève, Droz, 1978.

Ces deux solutions conviennent donc lorsque les liens sont extrêmement étroits, au point de vue sémantique, entre ce qu'on appelle traditionnellement un mot de base et son dérivé. Or, c'est un cas relativement rare. D'une façon générale, un suffixe n'entraîne pas seulement un changement de catégorie grammaticale ; il apporte encore au lexème une certaine contribution sémantique qu'une transformation ne peut prendre en considération qu'en forgeant une phrase de base *ad hoc* ; il n'est pas moins polysémique que le lexème lui-même. Même lorsqu'il s'agit d'un suffixe vivant comme *-able*, tous les cas ne peuvent pas être traités de la même façon. Attaché à une base verbale il peut produire un adjectif à valeur passive : *croyable*, « qui peut être cru », *guérissable* « qui peut être guéri » ; cette valeur peut être considérablement effacée : *aimable* signifie beaucoup moins « qui peut être aimé » que « souriant, poli, gracieux » ; il peut aussi produire un adjectif à valeur active : *épouvantable* « qui peut épouvanter », *périssable* « qui peut périr » ou plutôt « se détériorer », le lien sémantique avec *périr* étant passablement relâché. Cette catégorie ne semble d'ailleurs plus productive, de même que le mode de dérivation consistant à former un adjectif en *-able* à partir d'une base nominale : *équité / équitable*, *charité / charitable*. En somme, dans tout cet ensemble de dérivés, seuls ceux qui se rattachent au premier cas cité semblent pouvoir être traités dans une perspective générative.

En français contemporain, certains types de dérivés connaissent un succès tout particulier dans la langue de la presse et de la publicité. Les journaux utilisent énormément la nominalisation et l'adjectivisation qui permettent de construire des phrases très denses sans recourir à des subordonnées : *Les décisions communautaires concernant le prix de la betterave inacceptables pour les agriculteurs français* ; autrement dit : *en ce qui concerne la betterave, la communauté a décidé d'un prix que les agriculteurs français ne peuvent pas accepter*. Or, ces tournures ne sont ni celles de la langue commune ni celles de la littérature. Puisque la presse a désormais droit de cité à l'école, elle offre matière à des exercices de transposition à partir de tournures de ce genre.

▲ F. DEBYSER, *Une difficulté spécifique de la langue de la presse, la nominalisation*, in *Le Français dans le Monde*, 1972, n° 89, pp. 10-15.

La série des suffixes *-iser*, *-isation*, *-isme*, *-iste*, *-isant* connaît une extension considérable, le suffixe *-isant* servant à désigner des spécialistes de langues, lorsqu'il est adjoint à une base ethnique (*slavisant*, *sinisant*, *francisant*), des mots du vocabulaire politique formés à partir d'un substantif/adjectif en *-iste* (*anarchiste*/*anarchisant*) ou formant des adjectifs à partir de verbes tels que *traumatisant*. La langue de la publicité utilise beaucoup de préfixes et de suffixes savants comme *-iser, -ine, -ite, super-, ultra-, anti-, mini-, maxi-, anté-, rétro-, télé-*.

La créativité lexicale, qu'elle soit fondée sur la dérivation ou tout autre procédé, est signe de la vitalité d'une langue et l'histoire du lexique français est en somme celle de ses néologismes successifs. Il existe à Saarebrück et à Montréal des « observatoires » où l'apparition des mots nouveaux dans tous les domaines est, autant que faire se peut, enregistrée. Comment définir des principes de normativité ? Dans quelle mesure l'usage, souvent foisonnant et désordonné, peut-il être orienté ? Tout en reconnaissant qu'il est l'arbitre suprême, B. Quémada a souhaité une théorie de la création lexicale, des « laboratoires de néologie », un réseau de renseignements facilement consultable, procurant aux journalistes, aux publicistes une sorte d' « assistance lexicale ».

S'il est un domaine dans lequel ce programme se réalise, c'est celui de la **terminologie** ou création des mots nécessaires aux sciences et aux techniques pour dénommer les concepts et les objets qu'elles ne cessent de créer et dont le nombre explose dans la seconde moitié du XXe s. : un nouveau prototype d'avion, une centrale nucléaire obligent à créer plusieurs dizaines de milliers de mots. La France qui, au lendemain de la guerre, avait pris du retard par rapport à Québec et à Ottawa (pour se limiter au domaine francophone), a créé en 1970 les commissions de terminologie, en 1975 l'Association Française de Terminologie (AFTERM), en 1980 le dictionnaire informatisé AFTERM. Ces organismes sont la condition nécessaire pour une intégration normale de la France dans les grandes banques de terminologie qui sont internationales et plurilingues, et pour qu'il soit possible de continuer à travailler en français dans les domaines des sciences et des techniques.

▲ J. GIRAUD et alii, *Les mots « dans le vent »*, Paris, Larousse, 1971, 253 p. et *Les nouveaux mots « dans le vent »*, *ibid.*, 1974, 272 p.

▲ *La néologie lexicale*, n° 36 de la revue *Langages* (déc. 1974).

▲ A. GOOSE, *La néologie française aujourd'hui*, Paris, CILF, 1975, 72 p..

▲ L. GUILBERT, *La créativité lexicale*, Paris, Larousse, 1975, 285 p. ; *Peut-on définir un concept de norme lexicale* ? dans *Langue française* n° 16, 1972, pp. 29-48.

▲ D. CORBIN, *La notion de néologisme et ses rapports avec l'enseignement du lexique*, BREF, 1975, n° 4 pp. 41-57.

▲ P. GILBERT, *Dictionnaire des mots contemporains*, Paris, le Robert, 1980, 252 p..

▲ A. REY, *La terminologie*, Paris, PUF, « Que sais-je ? », 1979.

▲ *La banque des mots, revue de terminologie française* (depuis 1971), Paris, CILF.

V. DIVERS TYPES DE GRILLES – RAPPORTS ENTRE CHAMPS

Il peut être utile de présenter sous forme de diagramme, par abscisse et par ordonnée, les résultats d'une analyse lexicale, à cause de la clarté de cette procédure. R. Galisson le fait, dans son enseignement du français aux étrangers, pour présenter les résultats de l'analyse sémique d'un petit groupe de parasynonymes ; il part d'un texte, et ce sont les élèves qui, à propos de mots insuffisamment connus, proposent des parasynonymes qui sont ensuite analysés. Voici comment sont présentés, à propos d'un article de journal relatant des inondations en Grèce, les mots *évacuer, transporter, déménager* :

	faire passer des		d'un lieu à un autre	l'opération et le lieu d'arrivée sont		
	gens	choses		prévus	imprévus	
évacuer	×		×		×	« Quand l'incendie s'est déclaré on a évacué la salle »
transporter	×	×	×	×		« C'est le car qui transporte les enfants des écoles ».
déménager		×	×	×		« Nous déménagerons la semaine prochaine ».

▲ R. GALISSON, *L'apprentissage systématique du vocabulaire*, I, Hachette, Larousse, 1972, 127 p.

Il est évident qu'à un stade relativement précoce, la même méthode pourrait servir à des élèves français améliorant leur langue maternelle. Son inconvénient est d'être longue et par conséquent de ne pas pouvoir être utilisée pour un grand nombre de mots, mais c'est un bon exercice de mise au point.

Un autre type de grille permet de parer à l'inconvénient des champs génériques qui ne comparent entre eux que des mots de même partie du discours. Or, le locuteur utilise spontanément dans ses choix, pour l'expression d'un sémème donné, toutes les parties du discours disponibles en l'occurrence. Il est donc nécessaire que le lexicologue rende compte de cette compétence et travaille à la rendre plus consciente et à l'affiner en présentant de façon synthétique champs génériques et champs dérivationnels, comme on a tenté de le faire dans la grille de la p. 130. Celle-ci révèle que pour le concept de « peur », ou « sentiment pénible causé par la prévision d'un mal », la série des substantifs est la plus riche, ne comportant que deux cases vides sur vingt. Ensuite viennent à égalité les verbes et les adjectifs de la série non causative, avec 15 cases remplies (mais il faut bien voir qu'il n'existe en fait que trois verbes et neuf adjectifs spécifiques, les autres cases étant remplies par des locutions du type *avoir peur, avoir la frousse*, ou des formes pronominales, ou des participes passés employés comme adjectifs), ensuite la série des verbes causatifs : 10 cases pleines dont deux locutions et 10 verbes spécifiques (deux cases étant remplies en double) ; puis celle des adjectifs causatifs : 8 cases pleines dont 4 participes présents employés comme adjectifs ; enfin les adverbes : quatre dans la série non causative, trois dans la série causative. Si on lit le tableau horizontalement, on s'aperçoit que les séries les plus complètes et les mieux lexicalisées sont celles de *peur, crainte, timidité, épouvante, terreur*, qui remplissent quatre cases sans locution écrite entre parenthèses ni variante morphologique (participe ou voix pronominale). Il n'est pas certain cependant que les latitudes sémantiques des adverbes soient plus grandes que celles des substantifs étant donné les ressources syntaxiques dont dispose la langue pour pallier l'absence de certaines formes. Une grille de ce genre peut servir de base, comme tout champ générique, à des analyses sémiques : on verra sans peine que le matériel lexical ainsi rassemblé peut être classé par intensité et par niveau de langage, que certains adjectifs de la série non causative peuvent exprimer des dispositions permanentes ou ponctuelles. Mais elle peut en même

Archisémème : "sentiment pénible causé par la prévision d'un mal"

Subst.	série non-causative			série causative		
	verbe éprouver	*adjectif* qui éprouve	*adverbe* en éprouvant	*verbe* faire éprouver	*adjectif* qui fait éprouver	*adverbe* en faisant éprouver
peur	(avoir-prendre-)	peureux	peureusement	apeurer (faire-)		
crainte	craindre	craintif	craintivement	(se faire craindre)		
inquiétude	(s'inquiéter)	inquiet		inquiéter	inquiétant	
appréhension	appréhender					
	redouter				redoutable	
timidité		timide intimidé	timidement	intimider	intimidant	
phobie		-phobe				
anxiété		anxieux	anxieusement			
angoisse		angoissé		angoisser	angoissant	
effroi					effroyable	effroyablement
frayeur	(s'effrayer)	effrayé		effrayer	effrayant	
épouvante	(s'épouvanter)	épouvanté		épouvanter	épouvantable	épouvantablement
panique	(se) paniquer	paniqué		paniquer		
affolement	(s'affoler)	affolé		affoler	affolant	
terreur		terrorisé terrifié		terroriser terrifier	terrible	terriblement
frousse	(avoir la-)	froussard		(flanquer la-)		
bile	se biler (se faire de la-)	bileux				
trouille	(avoir la-)	trouillard		(foutre la-)		
pétoche	(avoir la-) (avoir les foies)					
chocotes	(avoir les-)					

temps servir à des exercices de retournement de phrases, une même idée devant être exprimée successivement à l'aide des diverses parties du discours. Son intérêt est donc à la fois sémantique et grammatical.

Uniquement sémantique, au contraire, est la portée du diagramme que nous avons appelé « grille onomasiologique », qui met en abscisse et en ordonnée non pas un champ générique (donc essentiellement un archisémème) et diverses catégories grammaticales, mais des sèmes différents, de sorte que chaque point d'intersection d'un axe horizontal et d'un axe vertical représente un sémème original, lexicalisé ou non, et que la grille permet justement de repérer les points lexicalisés. Un des exemples les plus simples qu'on puisse en proposer est la grille consacrée aux animaux domestiques par G. Mounin, dont nous reproduisons une partie page suivante.

▲ G. MOUNIN, *Clefs pour la sémantique*, Paris, Seghers, 1972, 278 p., pp. 154-155.

On constate qu'ici, les séries horizontales constituent des champs génériques dont la case de gauche énonce l'archisémème. Elles ont pour trait commun d'avoir pour différences spécifiques les éléments de la première série horizontale qui sert ainsi de point de référence à toutes les autres.

Lu verticalement, le tableau présente une série de champs associatifs, mais de champs associatifs ordonnés, puisque tous leurs éléments ont en commun une même différence spécifique. Une telle grille a donc pour avantage de mettre en valeur les rapports sémantiques qui existent entre différents champs génériques, en se fondant sur la communauté d'une différence spécifique. Elle perfectionne donc la technique du champ générique et constitue une approche de la réalité à la fois lexicale et cognitive plus fine et plus conforme à sa complexité.

Plus subtil est le travail élaboré par K. Baldinger. La particularité de son type de grille est de prendre pour point de départ un ensemble de concepts et non un ensemble de mots. Là réside son caractère paradoxal et son originalité, car un objecteur aura beau jeu de faire valoir que les concepts s'expriment par des mots et non autrement, et de nier la possibilité même de l'entreprise. Celle-ci repose sur le postulat qu'un système conceptuel universel, indépendant d'une langue donnée, exprimable par une métalangue conventionnelle existe, mais qu'il se réalise en fait par un découpage particulier à chaque langue ;

Nom spécifique :	Ane	Cheval	Mulet	Boeuf	Chèvre	Mouton	Porc Cochon	Chat	Chien	Lapin	Poule	Canard
Mâle	âne	*étalon*	mulet	*taureau*	*bouc*	*bélier*	*verrat*	chat	chien	lapin	*coq*	canard
Femelle	ânesse	*jument*	mule	*vache*	chèvre	*brebis*	*truie*	chatte	chienne	lapine	poule	cane
Jeune	ânon	*poulain*		*veau*	chevreau	*agneau*	porcelet cochonnet	chaton	chiot	lapereau	poulet	caneton
Parturition		*pouliner*		*vêler*	chevreter	*agneler*	cochonner	chatonner	chienner	lapiner		
Portée							cochonnée	*portée*	*portée*	*portée nichée*	couvée	*couvée*
Gardien spécifique	ânier		mûletier	bouvier	chevrier	*berger*	porcher					
Local d'élevage		*écurie*	*écurie*	bouverie *étable vacherie*	*étable*	*bergerie*	*toit soue* porcherie cochonnier		chenil *niche*	lapinière *clapier*	poulailler	poulailler
Cri Spécifique	*braire*	*hennir*		*mugir meugler*	*bêler chevroter*	*bêler*	*grogner*	*miauler*	*aboyer*	*clapir couiner*	*glousser caqueter*	*cancaner nasiller*

il constitue une sorte d'« échelle neutre » sur laquelle on peut situer les signifiés des différents signes. L'effet de cette procédure sera de faire apparaître, dans une ou plusieurs langues données, à partir d'un continuum conceptuel, les réalisations lexicales et les lacunes.

Il analyse le concept « se souvenir » comme « présence psychique de quelque chose appartenant au passé dans la mémoire d'un être vivant », ce qui présuppose l'existence des catégories de temps et d'esprit, de personne et de chose et permet d'envisager l'objet mémoriel, la personne chez qui l'objet mémoriel est évoqué, la cause qui évoque ou produit le souvenir, la mémoire volontaire et involontaire, l'acte transformatif et l'état qui en résulte, ces divers éléments pouvant être sous-entendus, à l'exception de la notion de « présence psychique », seule immuable. A l'aide de ces quelques notions, l'auteur constitue un système conceptuel de corrélations logiques qui, dans son esprit, peut servir de base à l'onomasiologie aussi bien pour le français moderne que pour d'autres langues, en particulier l'ancien français qui lui sert de point de comparaison.

Le code utilisé par K. Baldinger est trop complexe pour que nous reproduisions ici ses grilles, mais la procédure est la même que dans le cas précédent, la différence du résultat tenant à ce qu'il note non seulement les mots mais encore les périphrases utilisées pour exprimer la combinaison conceptuelle envisagée : par ex. : *garder le souvenir* à côté de *retenir*, de telle sorte que les cases vides sont rares. Appliquant sa grille conceptuelle à l'ancien français après l'avoir appliquée au français moderne, il constate un renouvellement presque complet du matériel lexical (en particulier, *rappeler* manque totalement) et note l'importance dans l'ancienne langue du préfixe *re-*en ce qui concerne ce champ lexical particulier.

▲ K. BALDINGER, *Sémantique et structure conceptuelle, Cahiers de Lexicologie*, 1966, I, pp. 3-46.

L'auteur considère que cette méthode rend possible la comparaison des différentes langues sur une base structurale sûre, et qu'elle est en train de révolutionner la linguistique comparée en faisant reconnaître à la fois la structuration des moyens d'expression et la disposition des « cases vides », qui n'ont peut-être pas moins d'importance que les pleines et dont l'étude est à peine entamée.

▲ H. GEKELER, *Le problème des lacunes linguistiques, Cahiers de Lexicologie*, 1974, II, p. 31-45.

En fait, il nous semble que cet instrument, évidemment précieux pour montrer, à l'intérieur d'un état de langue donné, la proportion des combinaisons sémiques lexicalisées par rapport à celles qui ne le sont pas, doit être manipulé avec précautions lorsqu'il s'agit de la comparaison de diverses langues, surtout très éloignées les unes des autres dans le temps ou par la culture. Ceci pour deux raisons : D'abord, le procédé repose sur le postulat que les sèmes primitifs pouvant entrer dans les combinaisons envisagées sont universels, ce qui n'est qu'une hypothèse, probable si l'on veut, mais qui reste à démontrer et qui le sera d'autant mieux que les grilles en question donneront ou non les résultats satisfaisants. Ensuite, une grille et même une série de grilles ne peut évidemment pas proposer toutes les combinaisons possibles et imaginables de tous les sèmes primitifs possibles. Spontanément, donc, le lexicologue proposera celle qui convient le mieux à la description de sa propre langue. Mais qui prouvera qu'elle est aussi la meilleure possible pour une autre langue et qu'elle ne laissera pas échapper des combinaisons sémiques particulières à celle-ci et qu'elle n'avait pas prévues ? qu'elle ne la mettra pas à la torture en obligeant un seul et unique mot de la langue B à entrer dans plusieurs cases de la grille établie en pensant — consciemment ou non — à la langue A ? qu'elle ne sera pas amenée à présenter comme polysémique un mot de B parfaitement monosémique, parce qu'elle ne convient pas ? Nous avons eu l'occasion de constater que Froissart ne dispose d'aucun mot pour exprimer le concept moderne de « modestie » ou « qualité d'un sujet qui estime sa propre valeur comme inférieure à celle d'un autre ou à une certaine norme », et que, dans certains cas où un moderne emploierait *modestie*, il lui arrive d'employer *humilité*, mais qu'il emploie *humilité* dans une foule de cas où jamais un moderne n'emploierait *modestie*. Cela signifie-t-il que *humilité* est polysémique et doit légitimement figurer dans deux ou plusieurs cases ? Dans la langue en question, *humilité* est certainement monosémique et signifie seulement que le sujet fait abstraction de sa propre valeur, grande ou petite, et ne considère que celle de l'autre et les exigences de sa situation. Peut-être qu'aucune case ne serait prévue pour cette combinaison conceptuelle, dans une grille établie par des usagers du français moderne ? C'est pourquoi une grille établie par des usagers de la langue A devrait être corrigée par une grille élaborée par les locuteurs de la langue B pour qu'on puisse être sûr d'une comparaison équitable.

▲ K. HEGER, *Les bases méthodologiques de l'onomasiologie et du classement par concepts*, Tra li li, 1965, pp. 7-32.

VI. CHAMPS SYNTAXIQUES ET ACTANCIELS

Dans un article fondateur intitulé *Analyse distributionnelle des significations et champs sémantiques structurés* (*Langages* n° 1, 1966, pp. 44-74), le linguiste russe A. Apresjan développait le postulat selon lequel le classement des mots par distributions était un préalable nécessaire à la constitution de tout champ onomasiologique. Cette idée a été expérimentée, comme il était naturel, sur la catégorie du verbe. Elle a été féconde parce que les expérimentateurs ne s'en sont pas tenus aux distributions mais ont mis en jeu des batteries de tests fondées sur la possibilité ou l'impossibilité de certaines transformations (divers types de pronominalisation, passage au passif, à la forme impersonnelle, « extraction » au moyen du présentateur *c'est... qui*, etc.) qui sont devenus, à côté des mécanismes de dérivation et de substitution, un des principaux procédés de l'analyse sémantique. L'objectif est de constituer des « classes syntaxiques » de verbes ayant exactement les mêmes propriétés distributionnelles et transformationnelles. Maurice Gross, au terme d'un classement des constructions complétives des verbes français, arrive à la conclusion qu' « une classe contenant en moyenne 1,5 verbe, on peut affirmer qu'en général, il n'existe pas deux verbes qui ont les mêmes propriétés syntaxiques ». En privilégiant certaines relations, il lui est cependant possible de les regrouper en tables dont certaines se révèlent être sémantiquement homogènes, d'autres non. Affinant sa méthode, et relativisant l'importance de certaines transformations, Dominique Willems arrive à isoler une cinquantaine de classes définies par des « relations sémantiques » très générales telles que « mouvement », « appartenance », « état », « jugement », « opinion » etc. Elle conçoit les rapports syntaxe-sémantique comme une suite de choix : une « relation sémantique » sélectionne un nombre restreint de constructions syntaxiques ; parmi celles-ci, la construction choisie implique un certain lexique parmi lequel le locuteur aura à choisir l'item qui exprime le mieux sa pensée.

On peut toutefois se demander si les structures syntaxiques ont par elles-mêmes un sens. Il nous semble plutôt qu'elles ne sont que plus ou moins aptes à porter le sens de telle ou telle catégorie de lexèmes. Ainsi, pour prendre l'exemple le plus simple, la structure *il* + V (*il pleut, il vente*, etc.) ne signifie pas par elle même « phénomène météorologique », mais fournit un cadre tout particulièrement propice à l'expression de ces phénomènes. Et il n'est pas toujours possible de coller une étiquette sur chaque classe : la construction nominale directe SN1 + V + SN2 se prête à l'expression de choses si variées qu'il n'est pas possible de la dénommer. C'est une sorte de classe résiduelle qui nous fait toucher aux limites d'une sémantique purement syntaxique. De toute façon, il y a dans le lexique une image de l'univers extra-linguistique irréductible à la syntaxe et qui la débordera toujours.

▲ M. GROSS, *Méthodes en syntaxe ; régime des constructions complétives*, Paris, Hermann, 1975, 414 p.

▲ D. WILLEMS, *Syntaxe, lexique et sémantique ; les constructions verbales*, Gand, Rijksuniversiteit te Gent, 1981, 275 p.

Mais on peut utiliser les structures syntaxiques à autre chose qu'à la constitution de classes de verbes, surtout si on les envisage à un niveau profond : elles peuvent servir à constituer des « **champs actanciels** » permettant de regrouper de façon plus souple que les grilles ci-avant des mots ayant des affinités sémantiques sans être de la même catégorie grammaticale. Le procédé sera différent selon qu'on le constituera autour d'un substantif concret dans ses emplois non métaphoriques, ou autour d'un verbe (les substantifs abstraits reposant normalement sur des structures verbales).

Soit une structure infinitive à trois actants : A1 *force* A2 à faire A3. Il est évident que le champ des A3 possibles est très vaste ; mais il ne sera pas impossible de constituer un paradigme ouvert de dénominations de A1, noms de personnes détenant une certaine autorité (*chef, patron, maître*, etc.), de dénominations de A2 (*subordonné, employé, élève*, etc.), d'adjectifs propres à qualifier A1 (*tyrannique, autoritaire, ferme, laxiste*, ect.) et A2 (*servile, obéissant, soumis, discipliné, contestataire, rebelle, révolté*, etc.) et des adverbes correspondants ; de parasynonymes de *forcer* (*obliger, contraindre*), de nominaliser ces différents verbes en substantifs abstraits (*obligation, contrainte* mais pas **force*, en ce sens), de qualifier ces nominalisations (*intolérable, nécessaire, librement consentie*, etc.). Ainsi pourra-t-on percevoir le rapport, peut-être pas très clair au premier abord, entre *laxiste* et *obéissant*, par exemple.

Soit le substantif concret *eau*. On peut commencer par ouvrir un paradigme de verbes dont il peut être sujet (*couler, mouiller, inonder, détremper*, etc.) ; puis de verbes dont il peut être objet (*verser, répandre, boire*, etc.) ; puis d'adjectifs et de compléments en *de* dont *eau* peut être le support (*fraîche, claire, vive, trouble, courante, stagnante, de source, de mer, de Cologne,* etc.) ; puis tester les possibilités de nominalisation des verbes et des adjectifs...

Par ce biais des structures syntaxiques, on peut, autour d'un vocable donné, faire foisonner de façon non arbitraire tout un lexique dont les relations internes, obscures si l'on examine chaque item un à un à la façon des dictionnaires, deviennent, par le fait même, évidentes (v. exercice 19, p. 185).

CHAPITRE V

la définition

La définition peut être considérée comme la fin et le couronnement du travail du lexicologue. Elle est pourtant beaucoup plus ancienne que la lexicologie. On n'a pas attendu que celle-ci soit constituée comme discipline autonome pour répondre aux questions : « Qu'est-ce qu'un X ? » ou « Que signifie Y ? » par des formules dissimulant, sous une variété superficielle, une certaine cohérence sémantique constituant la structure culturelle commune de la signification de X ou de Y. C'est un fait biologique que les hommes sont aptes à percevoir divers niveaux d'abstraction et à passer facilement de l'un à l'autre ; c'est une propriété universelle du langage humain d'être capable d'expliquer et de condenser, de pouvoir toujours exprimer en plusieurs mots ce qui vient d'être dit en un mot (**expansion**), et de pouvoir souvent — mais non toujours, sans quoi le langage serait infini — résumer en un mot ce qui vient d'être dit en plusieurs (**condensation**). Tout homme qui parle manipule spontanément des ensembles de synonymes et perçoit leurs équivalences. Il y a plus de deux millénaires qu'Aristote a réfléchi sur l'art de définir, et plus de quatre siècles qu'on fait des dictionnaires unilingues, c'est-à-dire des recueils de définitions. Le lexicographe a précédé de loin de lexicologue !

Quelle est donc la finalité des définitions des dictionnaires ? Une finalité pratique sans doute. Elles répondent aux besoins d'un usager embarrassé par le décodage d'un discours dont il ne possède pas entièrement le vocabulaire. Or, cet usager d'un dictionnaire unilingue a déjà une grande compétence dans sa langue ; ce n'est pas une machine mais un homme capable de suppléer dans une certaine mesure les insuffisances éventuelles d'une définition. Il n'est donc pas indispensable que celle-ci soit impeccable aux points de vue logique, scientifique, sémantique, pour qu'elle joue le rôle qu'il attend d'elle. Il suffit que, le faisant passer de l'inconnu au connu, elle oriente son esprit vers une certaine classe de référents. Tâtonnant, sans méthodes ni procédés bien déterminés, les lexicographes du XVIIe siècle ont accumulé, pour les quelque vingt mille mots recensés de leur temps, tout un capital de définitions originales, de recettes reprises et affinées par leurs successeurs, critiquables à beaucoup d'égard, mais qui ont pourtant fort bien pu jouer un rôle pédagogique, pratique, empirique. Le *DFC* lui-même ne se propose pas d'autre but et, soigneux et attentif lorsqu'il s'agit de distinguer et de classer les acceptions, il affiche un mépris superbe pour la forme de leurs définitions. Il existe donc une pratique naturelle et spontanée de la définition, que les méthodes linguistiques permettent de juger et d'affiner.

On ne saurait pourtant s'en tenir là. S'il ne s'agissait que de cela, il suffirait de faire des recueils de mots rares, techniques, anciens, mais il n'y aurait aucune raison de réunir les définitions de tous les mots de la langue, y compris les plus courants, ceux dont aucun usager naïf n'aurait spontanément l'idée de chercher l'explication. Saisis par une exigence de cohérence et de totalité, les définisseurs se sont pris à leur propre jeu et, remontant de défini en définissant, n'ont voulu laisser aucun mot de la langue sans explication. Ils simulent donc une situation de totale incompétence de l'usager à l'égard du défini, arbitrairement abstrait du discours et présenté comme une inconnue, dont ils tendent à donner une équation sémique telle qu'il soit entièrement et exclusivement évoqué : tout le défini et rien que le défini ! Cette équation sémique se présente sous la forme d'une paraphrase synonymique composée d'autres mots de la même langue. Le dictionnaire unilingue est donc un vaste tissu de mots échangeables entre eux, un système fermé et circulaire.

Depuis Aristote et jusqu'à une époque récente, on a traditionnellement opposé les définitions de choses aux définitions de mots. Ces dernières analysent, à partir de concepts connus de l'usager, les concepts, de lui inconnus, forgés par l'esprit humain, les meilleurs exemples étant les définitions mathématiques, alors que la définition aristotélicienne des choses en énumère les qualités pour en connaître la nature. Elle cherche à dire le vrai, c'est-à-dire ce qui existe réellement, en dehors et indépendamment de nos représentations de la réalité. Dans cette perspective, Richelet, au XVIIe siècle, écrit qu'une définition est « un discours qui explique nettement la nature d'une chose ».

La linguistique moderne, elle, considère qu'elle ne fait que des définitions de mots, les signifiés n'étant, quel que soit leur référent, que des concepts forgés par l'esprit humain pour appréhender la réalité. Le chapitre II, sur *le lexique et l'univers*, a montré comment se pose la question de l'adéquation de ces concepts à la réalité. De toute façon, l'appréciation de cette adéquation relève de diverses sciences de la nature, mais non de la lexicologie. La linguistique est une science sociale. Quand le lexicologue a dit comment une communauté linguistique se représente la réalité, il a achevé son travail et n'a pas à dire la valeur de cette représentation. C'est pourquoi, aujourd'hui, on oppose plutôt la définition linguistique à la définition encyclopédique, ce qui n'est pas exactement la même chose que l'opposition aristotélicienne entre définition de mots et définition de choses, tout mot, quel que soit son référent, pouvant faire l'objet d'une définition de l'un ou de l'autre type.

La définition linguistique ne retient que ce qui est utile pour le fonctionnement correct du langage et non ce qui est nécessaire pour la connaissance exhaustive du type de référent auquel renvoie le mot. La **spécificité**, c'est-à-dire l'indication des traits distinctifs, est sa règle principale. Elle met entre parenthèses, à des fins de meilleure intelligibilité, un grand nombre de caractères des référents. Elle se contente de ceux que révèle l'analyse sémique, confirmée par le fait que l'absence de l'un d'eux entraîne les locuteurs à refuser d'utiliser le terme en question, traits pertinents propres à marquer la différence entre deux mots classés sous le même hypéronyme, et qui constituent son essence même. Son objectif est de renvoyer à une classe de référents de façon distinctive, sans que celle-ci puisse être confondue avec une autre, ni par conséquent le mot avec un autre mot.

Les définitions encyclopédiques, elles, vont toujours au-delà des traits différenciateurs. Elles décrivent l'objet découpé dans le monde par le lexique et au besoin le montrent. Il y a des images dans une encyclopédie, ce qui n'est pas concevable dans un dictionnaire de langue. Le *Petit Larousse* définit le chat par des photos de chats alors que le *Petit Robert* le définit par la formule : « *Petit mammifère familier à poil doux, aux yeux oblongs et brillants, à oreilles triangulaires* ». Les définitions scientifiques spécialisées sont souvent encyclopédiques. Le dernier trait de la définition du *triangle* comme *figure qui a trois côtés et trois angles dont la somme est de 180°* est hyperspécifique, puisqu'on ne connaît pas de figure à trois côtés et trois angles dont la somme soit inférieure ou supérieure à 180°.

Comme le fait remarquer J. Rey-Debove, il est non spécifique, parce qu'inutile pour la distinguer d'autres tubercules comestibles, de dire dans une définition du mot *pomme de terre* que les pommes de terre viennent du Pérou, qu'elles ont été acclimatées en France par Parmentier, et que Van Gogh a peint des mangeurs de pommes de terre. De même, le dernier trait de *carotte* : « *racine comestible orange et pointue* » est hyperspécifique puisque la carotte ne s'oppose à aucune racine comestible orange non pointue. On voit que la définition encyclopédique est de l'ordre de la signification alors que la définition linguistique est de l'ordre de la valeur. A la limite, la définition encyclopédique constitue une petite monographie sur la classe des référents du mot-vedette, rédigée non par des linguistes, mais par des spécialistes de la discipline concernée. La définition encyclopédique inclut donc une quantité de virtuèmes qu'exclut normalement la définition linguistique. Au XVIIIe et au XIXe siècle, les définitions encyclopédiques ayant envahi les dictionnaires, la définition linguistique, pratiquée de façon empirique mais fine, se réfugiait dans les ouvrages des synonymistes qui, travaillant à partir de rapports contrastifs à une analyse sémantique minutieuse, se sont montrés d'excellents définisseurs.

La définition encyclopédique relevant, sans doute, de la lexicographie, mais non, à proprement parler, de la lexicologie, nous ne nous occuperons plus désormais que de la définition linguistique. Celle-ci est donc la forme lexicographique habituelle de l'analyse sémique. Il y a pourtant des différences notables entre **sémème** et **définition**. Le **sémème** est le résultat du travail solitaire d'un lexicologue analysant par comparaison le sens des mots, en vue d'atteindre des structures de langue. Il est donc constitué d'une série de traits juxtaposés, uniformément exprimés par des substantifs, non organisés en discours, limités à des catégories sémantiques et non grammaticales, de sorte que — du moins lorsque leurs liens sémantiques sont étroits et l'apport du mode de dérivation uniquement grammatical — un mot de base et ses dérivés, comme *jaloux, jalousie, jalouser, jalousement*, ont le même sémème. Les débats entre linguistes américains sur le fait de savoir si le sémème est un simple « aggloméral » (*cluster*) ou une « construction » de sèmes (*configuration*) reposent peut-être simplement sur le fait qu'il est difficile de mettre en évidence les relations hiérarchiques existant entre des sèmes ainsi présentés comme des pièces détachées. Il n'est pourtant que de transformer le sémème en définition pour que ces relations s'explicitent et qu'il devienne évident qu'un sémème est plus qu'un simple aggloméral.

La **définition**, elle, est un élément de dialogue ; c'est la réponse directe à la question : « Qu'est-ce que le défini ? » ; elle doit pouvoir, éventuellement se substituer au défini. Il en résulte que la définition doit être une phrase incomplète mais rédigée, un syntagme conforme aux règles syntaxiques de la langue, fonctionnellement équivalent, donc relevant de la même partie du discours que le défini. Un substantif se définit par un substantif, un verbe par un verbe, accompagnés de déterminations ; un adjectif et un adverbe par un autre adjectif, un autre adverbe, ou des périphrases de valeur syntaxique équivalente. La définition est conforme à la structure synonymique du langage, elle répond au besoin d'interchangeabilité entre le défini et elle-même, elle présente les matériaux sémantiques bruts du sémème de façon plus élégante et plus normalement intelligible que lui.

La réponse à la question : « Qu'est-ce que le défini ? » peut prendre essentiellement deux formes : « — Le défini est telle chose » ou « — Le défini est dans telle relation avec telle chose ». D'où deux types principaux de définitions que nous examinerons successivement.

1) La définition relationnelle

Ce type de définition consiste à renvoyer l'usager à un mot de base que les générativistes ont pris l'habitude d'appeler **mot-racine**. La définition de ce **mot-racine** sera trouvée ailleurs, à sa place alphabétique. Présentement, on se contente de définir la relation qui unit le défini (ou **mot-vedette**, ou **entrée** du dictionnaire) à ce mot. Dans la définition *jardinet : petit jardin*, c'est le suffixe et non le lexème qui est défini.

Nous venons d'avoir un exemple de la relation diminutive. Il en existe bien d'autres – relation du tout à la partie : *hêtraie : ensemble de hêtres poussant sur le même terrain* ou *aileron : extrémité de l'aile d'un oiseau* ; – relation de manière : *simplement : d'une manière simple, avec simplicité* ; – relation d'appartenance : *feuillu : qui a des feuilles* ou *foliaire : de la feuille, saharien : du Sahara* ; – relation de similitude : *coupe-papier : sorte de couteau*, signifie « chose qui ressemble à un couteau sans être à proprement parler un couteau » ; – relation antonymique équivalant à la négation du mot de base : *impossible : qui n'est pas possible, sec : sans humidité* ; – relation syntaxique résultant de la transformation d'une phrase de base, en particulier, transformation de nominalisation comme dans le cas de *explication : action d'expliquer* ou *blancheur : qualité de ce qui est blanc*. Il peut d'ailleurs se faire qu'un mot soit morphologiquement un « mot-racine » et sémantiquement un dérivé : *dernier* est sémantiquement une transformation adjective de *fin* au même titre que *final ; interdire* peut être considéré comme la transformation négative de *permettre, fortuit* celle de *nécessaire* exactement comme *impossible* celle de *possible* ; le lexicologue analyse ces mots comme des dérivés dont les composants ne seraient pas apparents morphologiquement mais repérables sémantiquement.

Ce type de définition, économique, permet de n'exprimer qu'une fois la définition du mot-racine ; celui-ci relève donc forcément de l'autre type de définition, la définition par périphrase synonymique comportant un genre exprimé par un archilexème, et une différence spécifique : « le défini est XY ». La conséquence de cet état de choses est que la définition relationnelle ne comporte normalement ni genre ni archilexème. C'est particulièrement net dans le cas des adverbes définis par une préposition suivie du mot-racine ou des adjectifs définis de la même façon ou encore par une relative : *simplement : avec simplicité ; idéal : de l'idée ; sain : qui est en bonne santé* ; il est évident qu'une préposition ou un pronom relatif ne sont pas des archilexèmes. Mais bien souvent, aucun critère formel ne distingue la définition relationnelle de la définition par genre et différence : *velu :*

couvert de poils ; estimable : digne d'estime ; vérification : action de vérifier ; blancheur : qualité de ce qui est blanc ; aileron : partie de l'aile ; hêtraie : ensemble de hêtres sont des définitions de la forme la plus canonique. Pourtant, il est impossible de considérer que leur premier élément est un « genre », et qu'il y aurait le moindre intérêt à le prendre pour tête d'une liste de mots afin d'établir à partir de lui des différences spécifiques. On ne va pas établir des listes de « parties » ou d'« ensembles » ni de « qualités », ni d'« actions », ni à plus forte raison de « manques » ou d'« absences ». En réalité, ces mots sont incapables d'exprimer autre chose que des relations et beaucoup d'entre eux sont des transformateurs syntaxiques : *digne, couvert* sont des adjectivisateurs au même titre que le pronom relatif ; *qualité, action* n'ont d'autre rôle que de montrer que le mot défini est la nominalisation d'un adjectif ou d'un verbe ; *manque, absence* indiquent seulement que le mot-racine est nié. J. Rey-Debove a relevé la liste des mots servant de « genres » aux 749 premières définitions du *Petit Robert*. Sur les 79 mots employés à ce titre plus d'une fois, une moitié, à peu près, se compose de termes dénotant des relations, qui ne peuvent être tenus pour des archilexèmes. On peut donc considérer que dans tous les cas relevés ci-dessus, la définition canonique est un trompe-l'œil et qu'il serait plus juste de définir des syntagmes que de définir des mots : *il y a de la sécheresse : il n'y a pas d'humidité*, plutôt que *sécheresse : manque d'humidité*. Certains auteurs ont ainsi proposé ce qu'on pourrait appeler des « définitions syntagmatiques ; mais il ne s'agit que de tentatives et d'ébauches qui n'ont encore trouvé leur place dans aucun dictionnaire.

2) La définition substantielle

C'est un énoncé bipolaire, fidèle, au moins formellement à la conception aristotélicienne de la définition, comportant un genre, qui oriente l'esprit vers une certaine catégorie de réalité extra-linguistique, et une (ou plusieurs) différence(s) spécifique(s) qui délimite le mot par rapport à ses voisins et sert à l'esprit dans son cheminement vers le référent « de guide et de garde-fou » (P. Imbs). La différence spécifique vient habituellement après le genre, donc à sa droite ; le genre ne peut être déterminé à gauche que par un adjectif quand c'est un nom, par un adverbe quand c'est un adjectif ou un autre adverbe et ne peut jamais l'être quand c'est un verbe.

Les déterminants spécifiques peuvent être fort variés. B. Quémada en a noté un certain nombre : marques descriptives, marques génériques ou causales (fréquentes en chimie : *margaritique* : (*acide*) *qu'on obtient par...*) ; marques modales, fréquentes dans les définitions de procès (*étreindre : serrer fortement*) ; marques de finalité (*capituler : parlementer pour traiter de la reddition d'une place*) ; marques fonctionnelles (*fichu : vêtement léger, en pointe dont les femmes se couvrent le cou, la gorge, les épaules*), etc. (*Les dictionnaires du français moderne*, ch. III, *Les définitions*).

Mais le problème le plus difficile posé par ce type de définition est celui du choix du genre. En effet, un mot pourvu d'une forte charge sémique a de nombreux genres qui s'incluent les uns les autres, et il n'est pas toujours évident que le genre prochain soit le meilleur pour une définition ; ce n'est pas un point de référence spontané ; il peut se faire qu'il s'agisse d'un mot rare ou mal connu de l'usager ; il aura alors tendance à remonter la série des inclusions sémiques jusqu'à sa source pour choisir le genre le plus pauvre : *chose, truc, machin, ce qui...*, au lieu de *produit, instrument, mécanisme*, les différences spécifiques devant alors compenser par leur nombre et leur précision la pauvreté du genre. Un *carré* est-il une *figure à quatre côtés égaux et à angles droits* ? ou un *quadrilatère à côtés égaux et à angles droits* ? ou un *rectangle à côtés égaux* ? ou un *losange à angles droits* ? *Rectangle* et *losange* sont des genres de *carré* plus proches que *figure* ou *quadrilatère* et en les employant on fournit une définition plus courte. Ce n'est pourtant pas la plus naturelle. En effet, un critère de bonne définition est que le genre doit constituer un équivalent déjà satisfaisant, indépendamment des différences qui suivent : Le *carré* est-il une *figure* ou un *quadrilatère* ? Oui ! Est-il un *rectangle* ? Est-il un *losange* ? La réponse spontanée est non, bien qu'à la réflexion on puisse convenir que le carré soit un cas particulier du losange ou du rectangle (ex. emprunté à J. Rey-Debove).

Il y a donc des possibilités de choix dans une chaîne de genres qui s'incluent les uns les autres. Les raisons de ce choix sont pratiques et pédagogiques, relatives à la compétence du définisseur et de l'usager du dictionnaire, les mots servant à la définition devant être, en bonne logique, mieux connus de l'un et de l'autre que le défini présenté comme une inconnue. Il peut donc se faire qu'une définition longue et claire soit préférable à une définition courte et obscure.

Il y a aussi des possibilités d'hésitation sur la série des inclusions elle-même, lorsque le mot qu'on veut définir ne fait pas partie d'un ensemble structuré ou du moins qu'on n'a pas conscience de cette structure. B. Quémada cite diverses définitions du mot *chandelle* empruntées à des dictionnaires anciens. Pour deux d'entre eux, le genre est *flambeau* et les différences spécifiques *petit, de suif*. Deux autres sont d'un avis différent : Richelet : *mèche de coton grande d'un pied ou environ, plongée un certain nombre de fois dans du suif chaud et réduite en forme ronde. Au bout de cette mèche, on laisse un petit bout de coton qu'on ne plonge point et qu'on allume quand on veut avoir de la clarté*. Et Furetière : *composition de suif fondu, de cire, qu'on fait prendre autour d'une mèche et qui sert à éclairer*. Là encore, le critère du genre, satisfaisant en dehors de toute détermination, peut être efficace : Une *chandelle* est-elle un *flambeau* ? Oui ! Est-elle une *mèche* ? Non ! Une *composition* ? Non !

La notion de genre est valable pour toutes les parties du discours et pas seulement pour le substantif : *parfaitement : très bien ; filiforme : mince comme un fil ; flamber : brûler avec production de flammes et de lumière*. Pourtant, les définitions relationnelles sont particulièrement fréquentes pour les adjectifs et les adverbes, et les verbes posent certains problèmes particuliers. Le caractère de substituabilité de la définition impose de prendre en considération, dans ce cas, non seulement la partie du discours, mais aussi la transitivité ou l'intransitivité. Un verbe intransitif ne peut être défini que par un verbe transitif. Un verbe intransitif peut être défini par un autre intransitif (*grelotter : trembler de froid*), ou par un pronominal (*fuir : s'éloigner en toute hâte*), ou par un passif (*pendre : être accroché par le haut*), ou encore par un verbe transitif suivi de son complément (*grimper : suivre une pente raide et montante*).

Mais dans ce cas il faut bien voir que le genre n'est pas le verbe seul (*suivre*) ; *grimper* n'est pas *suivre*, mais l'ensemble verbe complément : *suivre une pente*, les différences spécifiques étant *raide* et *montante*, et que par conséquent, ici, le genre n'est pas exprimé par un archilexème mais par une périphrase. C'est d'ailleurs un cas assez fréquent, même pour les verbes transitifs, les séries verbales étant moins riches en archilexèmes que les séries nominales. On ne peut pas dire que *jeter* soit l'archilexème de *lancer* ni le contraire. Le genre, dans ce cas, ne peut s'exprimer que de façon périphrastique : *communiquer un mouvement à*... la différence spécifique ne pouvant être qu'une qualification du mouvement en question. D'ailleurs, le genre exprimé par une périphrase et non par un archilexème n'est pas inconnu non plus des séries nominales : dans *siège* : *objet fabriqué pour s'asseoir*, on peut considérer que *fabriqué* fait partie du genre et que la seule différence spécifique est *pour s'asseoir* et exprime la finalité de l'*objet fabriqué*. Toutes les séries lexicales, on l'a vu, n'ont pas d'archilexème, et l'archilexème n'est pas toujours le mot le plus souhaitable dans une définition pratique et pédagogique.

La définition substantielle peut aussi n'être pas périphrastique ; elle peut consister en un simple synonyme ou en une série de synonymes. Ce procédé, qui suppose acquis le travail d'explicitation, est économique et légitime quand il s'agit d'expliquer un synonyme moins usuel par un synonyme plus usuel : *vergogne* par *honte, appréhension* ou *inquiétude* par *peur*. Elle ne l'est pas lorsque le synonyme plus usuel est à son tour expliqué par le moins usuel, comme *peur* par *inquiétude*. Cette **circularité** est intolérable toutes les fois qu'il est possible de faire l'analyse du signifié en éléments plus simples, ce qui est le cas ici, comme on l'a vu p. 130.

La circularité des définitions est pourtant inévitable si l'on tient absolument — et l'existence des dictionnaires prouve qu'on y tient — à définir tous les mots de la langue. On remarque que plus on remonte la série des inclusions de genres, et plus on s'applique à définir les définissants, plus le sémème est pauvre, et plus la définition s'éloigne d'une formule naturelle. Il y a longtemps qu'on s'est aperçu qu'il était plus facile de définir le substantif *télescope* que le verbe *voir*, et que plus le défini est simple et usuel, plus sa définition est difficile à trouver. L'analyse ne peut pas être poursuivie à l'infini et il y a toujours un point où l'on est obligé de s'arrêter à moins d'accepter une circularité directe ou, plus souvent, indirecte, telle qu'on utilise *b* dans la définition de *a*, *c* dans la définition de *b*, et *a* dans la définition de *c*. On trouvera des exemples de cette circularité indirecte si l'on cherche les définitions que les dictionnaires proposent des ensembles de mots comme *être-existence-réalité*, ou *affectif-plaisir-douleur-sentiment* ou encore *nombre-multiplicité-unité-ensemble-partie* et bien d'autres.

La difficulté de la dénomination du genre, et l'existence d'une circularité obligatoire dans la définition de certains mots, nous amènent à poser le problème de la métalangue des définitions, et celui des mots **primitifs** qui en est le corollaire.

On convient de donner le nom de **métalangue** à la langue en tant qu'elle parle d'elle-même et non de l'univers. Or, si un article de dictionnaire est un discours sur un mot-vedette considéré comme un objet d'étude, il est donc entièrement — à part le mot-vedette — un fait de métalangue. Tous ses éléments ne peuvent, cependant, être mis sur le même plan. La définition substituable, équivalence du contenu sémique du défini, constitue une première métalangue, mais ne constitue pas la totalité de l'article de dictionnaire. Il s'y ajoute toutes sortes de renseignements : transcription phonétique, indication de la partie du discours et du genre, de l'étymologie, du niveau de langage, du genre de réalités à propos desquelles on peut employer le mot en question. Ex : *baie : /bɛ/, n. f., esp. bahia, géogr.* « échancrure d'une côte... ». Toutes ces indications constituent une seconde métalangue qui interfère parfois avec la première, comme c'est le cas dans *bleuet : fleur bleue qui pousse dans les blés* (1re métalangue), *nom commun* (2e métalangue) *de la centaurée* (1re métalangue). La présence de la seconde métalangue dans une définition la rend insubstituable au défini, et elle pourrait assez souvent être facilement évitée : *sacré* serait plus heureusement défini par *remarquable en son genre* que comme *adjectif servant à renforcer un terme d'injure*. Son introduction dans les définitions est pourtant parfois nécessaire, en particulier lorsqu'un adjectif ne convient qu'à certains supports, ou lorsqu'un verbe n'admet que des sujets ou des compléments bien particuliers : ex. : *véreux : foncièrement malhonnête* (en parlant d'un financier, d'un homme d'affaires) ; *s'épanouir : s'ouvrir* (en parlant des fleurs) ; elle ne nuit toutefois pas, alors, à la substituabilité, les parenthèses, faits de seconde métalangue, étant tout naturellement effacées lors de l'introduction dans un contexte. L'utilisation de la seconde métalangue peut enfin s'expliquer par la répugnance du lexicographe à la circularité dans des cas où une définition analytique est impossible. Le *Petit Robert* définit ainsi le mot *nombre : concept de base des mathématiques, une des notions fondamentales de l'entendement, que l'on peut rapporter à d'autres idées (de pluralité, d'ensemble, de correspondance) mais non définir*. Une telle « définition » est évidemment insubstituable et constitue la reconnaissance explicite de l'impossibilité de définir.

Un dictionnaire qui se voudrait logiquement organisé devrait donc accepter l'idée qu'il existe dans la langue des mots comparables à ce que sont les axiomes en mathématiques ; que ces mots sont complémentaires, la signification de l'un finissant où celle d'un autre commence, mais non analysables ; qu'il serait honnête de ne pas chercher à en donner une définition en trompe-l'œil ; que ces mots, en nombre forcément réduit et limité, sont à la base de la définition de tous les autres ; qu'ils constituent dans la langue, pour adopter l'expression de U. Weinreich, une première strate, n° zéro, et que leur combinaison produit les définitions de mots de strate n° 1 ; que la combinaison de mots des deux premières strates produit des définitions de mots de strate n° 2 et ainsi de suite. La conséquence de tout cela est qu'un certain nombre de principes logiques et simples pourraient être appliqués avec profit aux définitions. Un mot ne devrait jamais être défini par des mots d'une strate égale ou supérieure à la sienne, mais par des mots de strate inférieure ; loin de s'ingénier à varier la définition des synonymes, les lexicographes devraient s'appliquer à leur donner la même définition ; la métalangue des définitions devrait être plus pauvre que celle du vocabulaire à définir ; il faut aller à l'économie en ce domaine ; si la richesse est un avantage pour une langue, la pauvreté est une vertu pour une métalangue. Il faut éviter la prolifération du vocabulaire définitionnel : U. Weinreich pense que la métalangue devrait pouvoir arriver au-dessous des 800 mots du *basic English*, et que son utilisation serait rendue plus facile par des définitions de type syntagmatique. Ainsi, *plein*, que le Petit Robert définit par *qui contient toute la quantité possible* est défini par lui de cette manière : *X est plein : quelque chose est dans X, rien d'autre ne peut être dans X.*

Tout cela est en théorie clair et simple. Mais les difficultés commencent lorsqu'on essaye de dresser la liste de ces **mots-axiomes**, auxquels Pascal a donné le nom de **primitifs** et que certains linguistes américains appellent « *atomic predicate* ». On pense en principe qu'ils sont en nombre restreint et limité, mais personne ne les a jamais comptés, quoique le problème soit posé de longue date. « Il est difficile, écrit S. Marcus, de préciser, dans l'état actuel de la science, si l'ordre de grandeur de ce nombre est celui des dizaines ou celui des centaines » (*Langages*, n° 19). Diderot avait eu à ce sujet une idée ingénieuse, en faisant aux collaborateurs de l'*Encyclopédie* la recommandation suivante : « Il faut d'abord que ceux qui coopéreront à cet ouvrage s'imposent la loi de tout définir sans aucune exception. Cela fait, il ne restera plus à l'éditeur que le soin de séparer les termes où un mot sera pris pour genre dans une définition, et pour différence dans une autre : il est évident que c'est la nécessité de ce double emploi qui constitue le cercle vicieux et qui est la limite des définitions. Quand on aura rassemblé ces mots, on trouvera que c'est tantôt le plus général, tantôt le moins général qui est genre ou différence et il est évident que c'est le plus général qu'il faudra regarder comme une des racines grammaticales. D'où il s'ensuit que le nombre des racines grammaticales sera précisément la moitié de ces termes recueillis ; parce que de deux définitions de mots, il faudra en admettre une comme bonne et légitime, pour démontrer que l'autre est un cercle vicieux. » (Cité par B. Quémada, *Les dictionnaires...* p. 638.) Ce beau programme, qui n'était peut-être pas très réaliste, n'a, bien entendu, jamais été réalisé. Nous sommes tout de même un peu plus avancés que nos prédécesseurs du XVIIIe siècle depuis les travaux de A. Wierzbicka et d'un informaticien comme J.-P. Desclés aux yeux de qui la décomposition du sens en primitifs est indispensable pour le dialogue homme-machine. Il est difficile de proposer un critère acceptable pour le choix des primitifs, pour la simple raison que les mots dont le contenu sémique est le plus pauvre n'échappent pas au statut ordinaire de tous les mots de la langue : ils connaissent la synonymie, de sorte qu'il est difficile de choisir, entre deux synonymes, lequel sera utilisé en métalangue ; ils connaissent la polysémie, et toutes leurs acceptions ne sont pas nécessairement également primitives. L'établissement d'une métalangue composée de primitifs univoques exigerait donc qu'on opte pour un mot par concept en se débarrassant des synonymes, et que parmi tous les sens d'un polysème, on en choisisse arbitrairement un à l'exclusion de tous les autres. Énorme effort lexicologique qui n'est même pas entrepris et qui aboutirait peut-être à un progrès sur le plan de l'analyse sémique, mais sûrement pas sur celui du naturel et de la substituabilité des définitions. Les considérations ci-dessus donnent des moyens d'examiner de façon critique les définitions qui se rencontrent dans les dictionnaires et ailleurs (v. exercice 23, p. 186). On doit devenir capable de distinguer une définition encyclopédique d'une définition linguistique, et un véritable genre d'un simple transformateur syntaxique ; de reconnaître ce qui, dans une définition, est accidentel ou véritablement spécifique et de tester l'exactitude de l'équation sémique proposée. Le plus connu des tests possibles est la règle de substitution, critère de la synonymie, formulée par Pascal. Il fonctionne bien — quoique avec une pesanteur qui le rend incompatible avec le discours normal — lorsque les définitions sont simples et courtes et qu'on ne l'applique qu'à un seul niveau. *J'ai pêché des poissons dans la rivière* peut à la rigueur se réécrire *j'ai pris des animaux vertébrés aquatiques munis de nageoires dans le cours d'eau de moyenne importance* ; mais la réécriture de la définition de chaque définissant jusqu'à la strate zéro des mots primitifs ne pourrait se faire sans d'infinies parenthétisations. On a vu que le choix du genre peut être testé par la question : *Le défini est-il un X* ? Réciproquement, le choix de différences spécifiques suffisantes peut l'être par la réversibilité de la définition : *Le merlan est-il un poisson ? Oui ! Est-ce un poisson à chair estimée, pêché sur les côtes de France ? Oui ! Un poisson à chair estimée pêché sur les côtes de France est-il un merlan ? Non ! pas forcément !* d'où le jugement de spécificité insuffisante porté sur cette définition (v. exercices 21, 22, p. 185).

3) La définition contestée, ou la théorie du prototype

La psycholinguiste américaine Eleanor Rosch, pionnière en la matière, s'est fait connaître dans les années 70 et a renié partiellement, après 1978, ses conceptions antérieures, ou du moins la lecture qui en avait été faite. G. Kleiber nous a donné une excellente synthèse des travaux suscités par ce courant de pensée, dont le problème, plus psychologique que linguistique, est celui de la catégorisation (v. ci-dessus pp. 31 à 39). Quelles représentations mentales correspondent, dans une certaine société, aux diverses catégories de référents ? Comment se font les discriminations et les généralisations à partir desquelles l'esprit humain catégorise et appelle l'être volant qui vient de se poser sur une branche *animal, oiseau*, ou *moineau* ? Leur objectif est moins une définition des mots qu'une description psychologique de leur référent, ce qui ne l'empêche pas de revendiquer pour leurs définitions « une certaine pertinence linguistique ».

Cette problématique s'est développée en réaction contre une théorie rigide qui faisait des définitions par genre et différences spécifiques l'énoncé des « conditions nécessaires et suffisantes » (ou CNS) pour catégoriser un certain référent par un certain mot, ce qui rend inintelligible le cas d'une multitude de référents non conformes à ces CNS et qu'il faut bien, pourtant, dénommer par ce mot. Exemple : si l'on considère que le fait de voler fait partie des CNS de la catégorie « oiseau », que fera-t-on de l'autruche qui ne vole pas ? Mais pourquoi parler de voler ? En termes de CNS, « animal à plumes » est suffisant pour définir la catégorie « oiseau » ! Cette théorie n'a jamais été, comme le fait remarquer Bernard Pottier, celle des lexicologues et lexicographes français qui n'ont jamais formulé en de pareils termes leurs analyses sémiques et ont toujours introduit dans les définitions de leurs dictionnaires une multitude de traits qui logiquement ne sont ni nécessaires ni suffisants par eux mêmes pour définir le référent, mais sont indispensables à une analyse et à une utilisation correcte et souple du mot.

Sous sa forme première, l'idée d'E. Rosch est que parmi les stimuli que nous recevons, certains types idéaux, ou « **prototypes** », sont des points d'ancrage pour la perception, et que c'est un phénomène biologique : il y a des couleurs « focales » qui servent à repérer les autres. De même les multiples de 10 et les lignes verticales et horizontales : une ligne inclinée à 85 degrés est « presque verticale » mais une verticale n'est pas « presque oblique ». Beaucoup de catégories naturelles sont structurées, et tous les membres d'une catégorie ne sont pas équivalents. Le prototype est le meilleur exemplaire associé à une catégorie. C'est un noyau, une fixité centrale de la catégorie, une image mentale dans la conscience d'une société. Il est discerné au moyen d'expériences (réponses chronométrées à des questionnaires) permettant l'étude systématique des intuitions linguistiques d'un échantillon représentatif de sujets parlants. Il répond à des critères de fréquence de deux ordres : 1) le plus grand nombre d'individus de la même catégorie (par ex. « oiseaux ») qui les possèdent ; 2) le plus grand nombre des usagers qui les reconnaissent. Les différents êtres auxquels on peut référer en employant le mot *oiseau* se rapprochent plus ou moins du « prototype » déterminé expérimentalement, les divers exemples se distribuant selon un « gradient », des « degrés de typicalité » ; il y a des oiseaux plus oiseaux que d'autres ! ainsi, la poule vole mal, l'autruche pas du tout mais d'autres caractères, ni suffisants ni nécessaires à eux seuls, permettent de les catégoriser « oiseaux ». Entre l'exemplaire E et le prototype, on peut déterminer une distance. Si elle est faible, il y a, selon une expression empruntée au philosophe Wittgenstein, un « air de famille » entre E et l'exemplaire prototypique. Lorsqu'elle est grande, l'unité de la catégorie, disparate, peu homogène, peut être mise en cause. Le « prototype », ou « meilleur exemplaire » de l'espèce « oiseau » serait le moineau, dont les caractéristiques généralement reconnues sont d'avoir des plumes et de voler. A cela s'ajoutent des traits reconnus par un moindre pourcentage des personnes testées, le tout constituant un ensemble flou de traits définitoires facultatifs dont les conditions de vérité ne peuvent pas être spécifiées, et dont aucun n'est tenu pour nécessaire ni suffisant. Pour qu'un mot s'applique à des items différents d'une catégorie, il suffit qu'ils aient un « air de famille », chacun ayant quelque chose de commun avec le prototype et avec plusieurs autres mais pas nécessairement avec tous. Ainsi sont évacués sans douleur les problèmes posés par une classification rigide, dans les cas où le mot *oiseau* s'applique à des êtres qui ne présentent pas tous les caractères requis.

Ces idées sont proches de celles du philosophe H. Putnam qui parle, lui, de **stéréotypes**. Ceux-ci ne sont pas des données encyclopédiques, mais des « propriétés reconnues comme typiques par l'ensemble des locuteurs d'une communauté linguistique ». La définition stéréotypique est celle de la chose nommée, pas du mot qui la catégorise ; elle se compose de toutes les propriétés généralement reconnues à l'objet dénommé et repose sur deux paramètres : tous les locuteurs, et tous les objets.

Par la suite, elle précise sa pensée, arguant qu'il y a de meilleurs exemples de nombres impairs (de 1 à 9) mais pas de nombres plus ou moins impairs et se débarrasse des oiseaux plus ou moins oiseaux qui avaient été fort critiqués. Le prototype n'est plus l'entité organisatrice de la catégorie mais un effet de cette organisation. Il n'existe plus en structure profonde, mais devient structure de surface. La notion d' « air de famille » est conservée, mais tout ce qu'on demande est que tous les membres de la catégorie aient quelque chose de commun avec plusieurs autres mais pas nécessairement avec le prototype ni avec tous. Il n'existe que des degrés de typicalité dont l'oiseau en porcelaine est un cas minimal et les conditions nécessaires et suffisantes un cas maximal de catégorisation.

Le changement de point de vue d'E. Rosch ne remet pas en cause la validité de ses expériences mais seulement la place à accorder au prototype dans le mécanisme de la catégorisation. De toutes façons, sont écartées les définitions de type aristotélicien rattachant des sous-classes à des classes, « l'oiseau est un animal qui... », « le moineau est un oiseau qui... ». Le seul type de définition acceptable est « on appelle oiseau tout x qui... », x étant un simple « argument » sans contenu sémantique.

Deux critiques principales ont été adressées à cette théorie :

1) La méthode des tests psychologiques ne convient guère que pour des catégories intermédiaires de noms à dénoté concret : objets naturels et fabriqués correspondant à ce qu'Aristote appelait espèce, mais pas pour les genres, ni les sous-espèces : on peut trouver un ou

plusieurs « prototypes » de l'oiseau, surtout si l'on n'est pas trop exigeant en matière de pourcentages ; plus difficilement de l'animal ou du moineau. Les noms abstraits, et les autres catégories grammaticales que le nom y sont plutôt rebelles. De plus, il existe des mots qui ne peuvent être définis qu'*a priori* (termes mathématiques) ou *a posteriori* ou de façon métalinguistique. Tous ceux-là échappent à la prototypie, qui ne fournit donc pas un modèle universel de description lexicale.

2) C'est une manière référentielle et non différentielle de voir les choses. Elle ne fait aucune place aux figures, à ces phénomènes linguistiques fondamentaux que sont la métaphore et la métonymie. Elle tient les mots non pour des signes mais pour des étiquettes collées sur le monde réel. Or, le lexique est un phénomène culturel, non une taxinomie, ni un paradigme.

En fait ces incompréhensions mutuelles tiennent à ce que les prototypes sont des psychologues et leurs adversaires des linguistes, et que leur problématique est différente.

La définition prototypique peut prêter à comparaison avec ce que nous avons appelé nous-mêmes « archétype sémantique » dans nos *Structures sémantiques du lexique français* et qui apparaît ci-dessus à propos du mot *canard* (v. pp. 78-79) : les traits sémantiques à retenir dans la définition de l'*oiseau* ne nous sont pas dictés par une enquête socio-psychologique mais par la prise en considération de tout ce que la langue française a lexicalisé autour de ce mot : *un oiseau rare, un drôle d'oiseau, manger comme un oiseau, être comme l'oiseau sur la branche, petit à petit l'oiseau fait son nid*, etc., de sorte que la définition donnée ne sera ni une définition par conditions nécessaires et suffisantes, ni une description pure et simple (et par surcroît incomplète) du référent, mais l'image de l'*oiseau* tel qu'il est vu à travers le filtre de la langue française, une définition ni vulgaire ni ornithologique, mais linguistique de l'*oiseau*, comportant les traits singularité, sobriété, gaieté, légèreté, linéarité du déplacement, instabilité, et pourtant persévérance dans un travail constructeur...

Les deux théories se ressemblent en ce qu'elles présentent des définitions riches et flexibles, d'origine sociale et non encyclopédique et que les contre-exemples dus à une catégorisation stricte deviennent inoffensifs, les « degrés de typicalité » des diverses entités appelées *oiseau* peuvent être tenues pour équivalentes à une série de saisies éliminant peu à peu différents traits. Elles s'opposent pourtant sur des points importants : le nombre des traits sémantiques retenus, indéfini dans la première théorie, est limité par la phraséologie dans la seconde. De plus, un signifié de puissance peut être proposé pour n'importe quel mot présentant une polysémie, quel que soit son degré d'abstraction et sa place dans une taxinomie, et peut rendre intelligibles les relations du concret et de l'abstrait et le passage de l'un à l'autre. D'où un plus vaste champ d'applications et un caractère plus spécifiquement linguistique.

▲ ARISTOTE, *Topiques*, livre VII, traduction J. Tricot, Paris, Vrin, 1965
▲ J. et C. DUBOIS, *Introduction à la lexicographie, le dictionnaire*, Paris, Larousse, 1971, (v. notamment ch. IX)
▲ *Trésor de la langue française*, Préface, vol. I, pp. IX à XLIX, § 2, *La définition*
▲ *Langages* n° 19 de septembre 1972, *La lexicographie*, v. notamment les articles de U. WEINREICH, *La définition lexicographique dans la sémantique descriptive*, pp. 69-86, et de S. MARCUS, *Définitions logiques et définitions lexicographiques* pp. 87-91
▲ J. REY-DEBOVE, *Étude linguistique et sémiotique des dictionnaires français contemporains*, La Haye-Paris, Mouton, 1971
▲ J. REY-DEBOVE, *Le métalangage*, Paris, Le Robert, 1978
▲ A. WIERZBICKA, *Semantic primitives*, Francfort, Athenäun Verlag, 1972, 235 p.
▲ J. CHAURAND et F. MAZIÈRES, éditeurs de *La définition*, actes du colloque organisé par le Centre d'Études du Lexique de l'Université de Paris Nord, Paris, Larousse, 1990, 304 p.
▲ R. MARTIN, *Essai d'une typologie des définitions verbales dans le dictionnaire de langue, Travaux de Linguistique et de Littérature*, 1977, pp. 361-378
▲ G. KLEIBER, *La sémantique du prototype. Catégories et sens lexical*, Paris, PUF, 1990, 199 p.

Pouvons-nous tirer de tout cela la conséquence que nous possédons un ensemble de recettes dont l'application à un mot quelconque aboutirait normalement à en trouver *la* bonne définition ? Ce serait supposer qu'il y a *une* bonne définition de chaque mot, ce qui n'est pas le cas. Le lexicographe a le choix entre plusieurs types de définitions ; la définition encyclopédique n'est pas inférieure en dignité à la définition linguistique ; elle est seulement d'un autre ordre et se propose d'autres finalités. Dans le cas d'une définition relationnelle, on peut choisir entre le simple renvoi au mot racine ou à l'explicitation du sémème de celui-ci. Dans le cas d'une définition substantielle, on a parfois le choix entre un synonyme et une périphrase, et dans ce dernier cas, on peut avoir le choix entre plusieurs achilexèmes.

L'embarras du choix sera plus grand encore en ce qui concerne les différences spécifiques : celles-ci en effet, sont fonction du nombre de parasynonymes pris en considération par le lexicologue dans l'établissement du champ générique auquel appartient le défini. En effet, le nombre de traits distinctifs augmente au fur et à mesure que le paradigme s'allonge : il en faut plus pour décrire cinquante mots que cinq mots (v. exercices 19, 20, p. 185). Or, le lexicographe, prisonnier du critère de substituabilité et aussi d'exigences pratiques, souhaite généralement faire des définitions courtes. Celles-ci sont donc bien plus souvent hypospécifiques qu'hyperspécifiques (sauf lorsqu'il s'agit d'encyclopédies). Elles sont fonctions, également, du niveau de compétence du définisseur en ce qui concerne le genre de réalités auquel se rapporte le défini, et du niveau de compétence auquel il souhaite amener l'usager. Du fait qu'elles ne visent pas à saisir la réalité, mais des vues sur la réalité, elles sont fragiles comme tout ce qui est soumis à l'érosion du temps, et variables comme tout ce qui relève de niveaux de culture. Or la culture du locuteur français n'est pas homogène. Comment définir un nom de plante ou d'animal ? Le locuteur français peut avoir des notions de zoologie et de botanique ou ne pas en avoir ; il est loisible au lexicologue de donner une définition conforme aux critères de distinction courants, mais il ne faut pas oublier que le vocabulaire scientifique est aussi du français, que zoologistes et botanistes sont aussi des locuteurs français et que si on donne une définition géométrique d'un parallélépipède, il n'y a pas de raison de ne pas donner une définition zoologique ou botanique d'un animal ou d'une plante. L'inconvénient des définitions scientifiques est que les définissants sont habituellement plus obscurs que le défini, mais la juxtaposition d'une définition courante et d'une définition scientifique y remédie. *Capucine : plante ornementale à feuille ronde et à fleur ordinairement orangée*, définition excellente pour les non-spécialistes, ne perdrait rien à être suivie d'une définition scientifique. Pour une seule acception d'un même mot, plusieurs définitions peuvent donc être légitimes.

De plus, il faut bien voir qu'il n'a été question jusqu'ici que de définitions d'acceptions, autrement dit, d'effets de sens. Rendre compte de la cohérence et de l'unité d'un polysème peut se faire sans un grand luxe de métalangue, en adoptant un ordre raisonné des acceptions et en prenant soin de réutiliser dans la mesure du possible des définissants identiques de définition en définition. C'est ce que nous tentons de faire dans un *Dictionnaire des mots de haute fréquence* actuellement en chantier, dont certains articles apparaissent dans notre *Didactique du vocabulaire français* (v. bibliographie de base). Par conséquent, le lexicographe doit être conscient de la finalité de ses définitions. Il peut, considérant, comme Richelet, que « la définition doit être claire et courte », les orienter dans le sens d'une brièveté et d'une commodité pédagogique dont la rançon sera bien souvent l'insuffisance et une simplicité caricaturale ; ou bien au contraire, dans le sens de la fidélité aux complexes réalités linguistiques, en risquant la longueur, la lourdeur et la complication. Il n'y a pas *une* recette de *la* bonne définition, mais un ensemble de principes directeurs qui permettent d'apprécier l'orientation et la valeur des définitions existantes et, éventuellement, d'en proposer d'autres en sachant ce que l'on fait et en pleine connaissance de ses choix.

CHAPITRE VI

suggestions d'exercices

Nous fondant sur les faits et les méthodes linguistiques exposés précédemment, nous essayerons de montrer quels types d'exercices en découlent normalement, d'en formuler quelques-uns et d'ébaucher des solutions. Certains de ces exercices ont été essayés par deux professeurs parisiens : J. Decottignies, du lycée Claude Monet, et M. Willmann, du lycée Lamartine. Il leur a semblé que les exercices à faire avec des dictionnaires ou des textes peuvent être très utiles pour les heures de travail dirigé, les exercices en groupe et pour le travail d'éveil. Les classes de quatrième et de troisième semblent particulièrement désignées pour ce genre d'exercices, mais le second cycle et les terminales ne doivent pas en être exclus cependant. Nous ne préjugerons pas, néanmoins, du niveau auquel ils peuvent être appliqués. Les plus fondamentaux (1, 11, 16) doivent pouvoir être utilisés même à un niveau très précoce, et chacun comprendra qu'il n'est pas nécessaire, pour faire manipuler des mots à des enfants, d'utiliser le vocabulaire scientifique élaboré par les linguistes. Les enseignants ayant en main une classe dont ils connaissent les possibilités sauront choisir ceux qui conviennent le mieux et les adapter. Ils ne pourront le faire cependant que s'ils ont à leur disposition un certain nombre d'instruments de travail qui devraient être usuels et qui leur apporteront le matériel lexical dont ils ont besoin et leur signaleront les exemples les plus significatifs. Ils demanderont à leurs établissements d'acheter les plus chers d'entre eux : les grands dictionnaires de langue, les grandes encyclopédies en plusieurs volumes dont on a vu la bibliographie au ch. II, éventuellement les grands dictionnaires historiques (bibliographie au ch. IV, II) ; la *Grammaire historique* de Nyrop, l'*Histoire de la langue française* de Brunot, des index et des concordances. Et ils enrichiront leur bibliothèque personnelle d'un certain nombre d'ouvrages usuels relativement peu coûteux, nécessaires et à la rigueur suffisants pour mettre sur pied un grand nombre d'exercices : le *Petit Robert*, le *DFC*, un dictionnaire de la langue classique, un dictionnaire des néologismes, un dictionnaire des synonymes, un dictionnaire analogique, un dictionnaire étymologique, quelques « *Que sais-je ?* » illustrant différents aspects de la sémantique et de la lexicologie, quelques ouvrages simples et riches d'exemples comme ceux de Sauvageot, Ullmann, Gougenheim, cités en bibliographie.

Disposant ainsi d'une matière suffisamment riche à manipuler et l'ayant manipulée pour eux-mêmes de façon aussi complète que possible, ils pourront en tirer non seulement des exercices spécifiques et présentés comme tels, mais des jeux, des sujets de rédactions ou de dissertations, des flash éclairant de façon ponctuelle la lecture des textes, des discussions sur les variations de l'usage et la valeur des néologismes, donc des activités variées, souples, de forme et de longueur très inégales.

Tous les chapitres ci-dessus ne sont pas également riches de possibilités. Les chapitres II et IV-III-A, moins systématiques que les autres, sont aussi moins faciles à exploiter. Ils présentent pourtant certaines possibilités que voici. On peut faire sentir aux enseignés l'abstraction fondamentale du langage en les invitant à décrire ce qu'il y a de plus individuel : un visage, une démarche, le son d'une voix ; ils constateront forcément qu'on peut serrer la réalité individuelle, en approcher, mais non l'atteindre, qu'un portrait écrit peut s'appliquer à plus d'une personne et ne permet normalement pas d'identifier dans la rue un individu qu'on ne connaît pas.

Pour ce qui est de la différence entre lexique et vocabulaire, on la fera comprendre facilement si, après avoir constitué un vaste champ sémantique lexical (voir ci-dessous exercice 16, l'exemple de celui du « plaisir »), on fait, dans un texte donné, l'inventaire des mots effectivement employés. Cela réserve bien des surprises : nous en avons fait l'expérience avec nos étudiants à propos du vocabulaire de l'auto-estimation (ou opinion qu'un sujet a de lui-même). Ayant, à l'aide des dictionnaires et de notre propre compétence, réuni plus de 150 mots, nous avons pu constater que, dans *Le Cid, Cinna* et *Polyeucte* réunis, Corneille, pour qui cette notion n'est pourtant pas dénuée d'importance, n'en utilise pas même trente. Le corpus alors dépouillé étant ancien, il a été possible de compléter l'exercice en cherchant l'âge respectif des différents mots du champ et en repérant ceux que Corneille ne pouvait pas employer pour la simple raison qu'ils sont entrés dans la langue après le XVIIe siècle.

Pour ce qui est de l'intérêt ethnographique du vocabulaire, il doit être possible, en choisissant bien son texte, de demander aux élèves de relever, dans un roman suffisamment réaliste, ou dans des mémoires, des correspondances, tous les noms d'objets usuels, ou d'institutions, ou de toute autre réalité, d'en chercher en cas de nécessité l'explication encyclopédique, et de dire, en se fondant uniquement sur ce relevé, ce que le vocabulaire du texte nous apprend sur le sujet choisi. Mais nous n'avons jamais tenté l'expérience et n'avons donc pas pu éprouver les embûches qu'elle recèle et le profit qu'on peut en tirer.

Les champs associatifs, peu rigoureux dans leur principe, ont souvent été utilisés pour « préparer » des rédactions, le maître espérant qu'elles seraient ainsi d'une expression moins indigente que si les élèves avaient été abandonnés à leurs ressources et à leur spontanéité propre. Écrire un petit texte sur un sujet donné en se servant obligatoirement de la totalité d'un vocabulaire fourni à l'avance peut être un bon exercice de récapitulation. Si le vocabulaire fourni est assez pittoresque, curieux, rare, la contrainte lexicale pourrait sans doute être ressentie moins comme une entrave à la spontanéité que comme la règle d'une sorte de jeu et le plaisir qu'on en retirerait comparable à celui de faire des bouts-rimés ou un poème à forme fixe.

Mais ce sont les autres parties de ce livre qui nous fourniront les exercices les plus systématiques et les plus conformes aux méthodes de la linguistique.

1. Découpez en mots les chaînes parlées ci-dessous ; justifiez votre découpage en inventant des contextes pertinents et en cherchant des mots substituables à ceux que vous aurez trouvés :

Ex. : [tɔ̃mɑ̃toɛtuvɛʀ] *: ton manteau est ouvert, attache-le tu vas prendre froid, ta veste est déboutonnée.* Ou bien : *ton manteau est tout vert* ; *ma veste est entièrement rouge.*

— [ɔ̃sɑ̃degut] — [ləkaʀdəlapɔlis] — [ifɔ̃tynstaty]
— [ʒevylekɔlijedɔ̃tymapaʀle]
— [lasɔsjɑsjɔ̃demɛʀdəfʀɑ̃s]
— [œ̃vjɛjamikilɛʀdəfʀɑ̃s]
— [ɛlɛtɛtale] — [iletɑ̃gʀɛse]

Faites la même chose dans les chaînes ci-dessous en mettant en valeur le rôle démarcatif de l'accent :

Exemple :

[œ̃nefɔʀ]
[nulsavɔ̃sanuplɛ]
[ledisɔlɥsjɔ̃]
[œ̃nɛ̃valid] [œ̃nɛ̃cony]
[ləpjedɛstal] [ləmaʀʃɑ̃dkanaʀi]
[tusynivɛʀsitɛʀ] (= Tous unis vers Cythère) [mɔ̃nɑ̃fɑ̃sɛsilwɛ̃]
(Exercices utiles dans le premier cycle, plus pour la syntaxe que pour l'apprentissage du lexique à proprement parler.)

2. Soulignez les lexèmes dans les mots suivants, et justifiez votre manière de faire :

Ex. : *céd*er, *recéder*, *cess*ion, *récess*ion, *procéd*er, *procession*, *processi*f, *processionn*el, *procès*, *procéd*ure, *procédur*ier, *récess*if, *récess*ivité.

Céder et *recéder* ayant des liens sémantiques, *re*-doit être considéré comme un préfixe ; par contre *récession* ne correspondant à aucun verbe **récéder*, la syllabe initiale n'est pas, synchroniquement, un préfixe, et doit être soulignée ; par contre l'alternance *-ion*/*-if*/*-ivité* dans des mots sémantiquement unis comme *récession*, *récessif*, *récessivité*, montre que *-ion* doit être considéré comme un suffixe. *Processif* est, sémantiquement un dérivé de *procès* et non de *procession* ; *procession* n'a plus (sauf dans la langue théologique) le moindre lien sémantique avec *procéder*, et il est à la base du dérivé *processionnel*. Donc, c'est la totalité du mot *procession* qui doit être soulignée et considérée comme un lexème. *Procédure* est un dérivé de *procéder* dans son sens juridique : à ce point de vue, il est normal de l'analyser en *procéd-ure* ; mais il n'a pas de rapport avec les emplois les plus usuels de *procéder*, et sert de base au dérivé *procédurier* : il pourrait donc être considéré dans son entier comme un lexème. C'est un cas discutable qui montre bien que lorsqu'on ne considère que les affixes vivants et les rapports sémantiques réels entre mots de base et dérivés, une même chaîne sonore peut être ou non considérée comme lexème. Il en va tout autrement, bien entendu, dans une perspective historique.

Autre série d'exemples : *incident*, *coïncidence*, *coïncider*, *accident*, *accidentel*, *occident*, *occidental*, *fratricide*, *génocide*, *bactéricide*, *cesser*, *cesse*, *incessant*, *cessation*, *succession*, *successeur*, *caustique*, *encaustique*, *holocauste*, *dilution*, *solution*, *ablution*, *brute*, *abrutir*, *bout*, *abouter*, *aboutir*, *aboutissement, etc.*

3. Appliquez aux syntagmes ci-dessous des tests montrant leur degré de lexicalisation : *Rat d'égout*, *rat musqué*, *rat d'Amérique*, *rat de cave*, *rat de bibliothèque*, *rat d'hôtel*, *rat d'Opéra*.

Rat d'égout : début de la lexicalisation dû à la fréquence du syntagme ; mais on peut faire permuter *d'égout* avec d'autres déterminations indiquant la provenance, la race ou une autre caractéristique et coordonner ces déterminations : *rat de ville*, *des champs*, *d'eau*, *de cave* (quand il s'agit bien d'un rat !), *rat musqué...*

Rat d'Amérique au contraire, n'est pas senti comme une race de rats parmi d'autres, mais comme le nom bien spécifique d'une fourrure. Coordination impossible avec d'autres indications de provenance ; substitution en bloc avec *vison*, *astrakan*, etc., substitutions terme à terme impossible ou difficile. Lexicalisation plus avancée.

Rat de cave, quand il ne s'agit pas d'un syntagme libre comme plus haut, dénote tout autre chose qu'un rat : une sorte de bougie. Les deux éléments ont donc perdu leur autonomie et leur sens ; permutations terme à terme, coordinations d'un des deux termes impossibles. Lexicalisation totale.

Rat d'hôtel, *rat de bibliothèque*, *rat d'Opéra* ne sont pas des espèces différentes du *rat*, dont les déterminations pourraient permuter entre elles ; ils désignent tout autre chose que des rats : des personnes qui n'ont rien de commun entre elles ; ils pourraient permuter globalement et respectivement avec *escroc*, *érudit*, *danseuse* ; permutations terme à terme et coordinations d'un des deux éléments impossibles. Lexicalisation totale.

Autres exemples :

bas de laine, bas de soie, bas bleu, bas noir.

œillet d'Inde, œillet de Nice, œillet de poète, œillet mignardise, œillet de mon jardin.

classe ouvrière, classe d'âge, classe verte, classe de neige, classe pilote.

coup de sang, prise de sang, crachement de sang, caillot de sang, sang de navet, sang de dragon, sang bleu, sang royal, prince du sang, pur-sang, sang mêlé, mettre à feu et à sang, verser son sang, avoir le sang chaud, mon sang n'a fait qu'un tour, suer sang et eau, bon sang !

eau de source, eau de roche, eau de Javel, eau de mélisse, eau de Lourdes, eau lourde, eau distillée, eau bénite, eau bénite de cour, eau oxygénée, eau dentifrice, être en eau, faire eau, prendre l'eau, se jeter à l'eau, les eaux et forêts, eau forte, eau de vie, nappe d'eau, château d'eau,

flûte à bec, flûte de Pan, flûte traversière, jouer de la flûte, jouer des flûtes, se tirer des flûtes.

(homme) digne de foi, de bonne foi, de mauvaise foi, de peu de foi, ajouter foi, avoir foi en quelqu'un, avoir la foi, profession de foi, sous la foi du serment.

coup de bec, bec d'aigle, bec de cane, bec de cruche, bec de gaz, prise de bec, flûte à bec, bec fin, avoir bec et ongles.

tenir le haut du pavé, être sur le pavé, le pavé de l'ours, envoyer un pavé à quelqu'un, avoir un pavé sur l'estomac.

4. Parmi les mots suivants, distinguez les mots simples, les dérivés et les composés et discutez les cas discutables :

1er ex : *secrétaire, instituteur, curé, orfèvre, épicier, plombier, OS, ouvrier spécialisé, aide-soignante, assistante sociale, livreur, tourneur.*

Ouvrier spécialisé, aide-soignante, assistante sociale, comportant évidemment deux lexèmes sont incontestablement des composés.

Curé est évidemment un mot simple ; *livreur, tourneur* ayant conservé un rapport sémantique clair avec *livrer, tourner* sont évidemment des dérivés. *Secrétaire, instituteur, épicier, plombier* sont, historiquement, des dérivés ; néanmoins, le lien avec *secret, instituer* (se rappeler *l'institution* des enfants, chez Montaigne), *épices, plomb* étant considérablement distendu, sinon effacé, ils peuvent être considérés, synchroniquement, comme des mots simples. *Orfèvre* est historiquement composé de *or* et de *fèvre* « forgeron », mais quiconque ne pratique pas l'étymologie l'ignore, et synchroniquement, il est tout à fait normal de le considérer comme un mot simple. *OS*, comme tout sigle dont l'origine s'efface, tend à devenir un mot simple.

2ᵉ ex. : *géologue*, *psychologue*, *logique*, *logicien*, *logomachie*, *logographe*, *graphologue*, *lexicographe*, *orthographe*.

Logique n'ayant, synchroniquement, pas de rapport sémantique net avec *-logique* et *logo-*, peut être considéré comme un mot simple dont *logicien* est un dérivé. Pour ce qui est des éléments *géo-*, *psycho-*, *grapho-*, *logo-*, *logue*, et *-graphe*, la difficulté est qu'ils ne sont jamais indépendants, statut qu'ils partagent avec les affixes. Certains arguments invitent pourtant à les considérer comme des lexèmes : *logo-* et *-logue*, *grapho-* et *-graphe* peuvent occuper la première ou la seconde place dans le mot ; on peut les considérer comme des morphes d'un même morphème en distribution complémentaire ; si *grapho-*, *logo-* sont des préfixes et *-logue*, *-graphe* des suffixes, des mots comme *graphologue* et *logographe* ne seront composés que d'affixes et ne comporteront pas de lexème. De plus, sémantiquement, des éléments savants de ce genre ont un contenu sémique beaucoup plus chargé que de simples morphèmes grammaticaux, et leur nombre est théoriquement illimité ; ils ne constituent pas une classe fermée. Il semble donc préférable de les considérer comme des éléments de composés. Le cas le moins net est celui de *-logue* dont les liens avec *logo-* sont fort distendus, et qui, du sens de « savant spécialiste de... », tend à signifier simplement « qui travaille dans... », « qui s'occupe de... » ni plus ni moins qu'un vulgaire suffixe *-ier*, le *psychologue* s'occupant de la *psychè* comme le *charbonnier* s'occupe du *charbon*. Il est certain que dans les cas précédents l'opposition lexème-morphème grammatical n'a plus beaucoup de sens et la simple notion unificatrice de morphème pourrait suffire.

Autres exemples : *gramme*, *programme*, *grammaire*, *organigramme*, *loi-cadre*, *encadrer*, *cadrage* ; *hippodrome*, *hippique*, *cheval*, *chevalin* ; *mégalithe*, *mégalomane*, *macrocéphale*, *microbiologie*, *minijupe*, *jupette*, *jardinet*, *micro*, *(la mode) mini*, *lithiase*, *manie*, *maniaque*, *cleptomane*, *alcoolémie*, *hémophile*, *philanthrope* ; *tue-mouche*, *insecticide*, *poison*, *empoisonner* ; *hélicoptère*, *aptère*, *hyménoptère* ; *héliport*, *héliporté*, *porter*, *transporter* ; *infrastructures*, *supranational, (voir) supra, infra ; omnibus, autobus, trolleybus, bus, minibus, etc.*

5. Appliquez aux mots suivants les notions de morphe et de morphème :

Ex. : *chaud, chaleur, chaleureux, chauffer, chauffage, calorie, calorique, isotherme, thermocautère, thermie.*

1er temps : distinguer, comme dans l'exercice n° 2, les morphèmes lexicaux (ou lexèmes) des autres morphèmes. (NB : en français moderne, *chaloir* ayant pratiquement disparu et aucun autre mot ne comportant la base *chal-* que *chaleur* et ses dérivés, il semble convenable de considérer *chaleur* comme lexème et mot simple.)

2e temps : appliquez aux lexèmes la notion de morphème et de morphe :

Un seul morphème lexical, que nous désignerons conventionnellement, entre guillemets, par « chaud ». Le morphème « chaud » possède cinq morphes : *chaud, chauff-, chaleur, calor-*, et *therm-*.

3e temps : En vous aidant d'un dictionnaire étymologique et, éventuellement, d'un manuel de phonétique, expliquez l'existence de ces cinq morphes : on remonte à un ensemble de mots latins de la famille de *calere* « être chaud » : *calidus, calor, -oris, calefacere*, refait en **calefare.*

1) L'initiale *ch-* s'explique par le phénomène populaire de la palatalisation de *k* davant *a* ; l'initiale *c-* est savante.

2) Le vocalisme *-au-* s'explique par la disparition d'une voyelle atone dans *cal(i)dus* et *cal(e)fare* (phénomène qui ne se produit pas dans *calorem : chaleur*), et la vocalisation de l' *l* devant consonne.

3) *calorie* est un dérivé savant directement formé sur le latin *calor.* Au contraire, *chaleur* est une forme populaire, le *o* tonique de *calorem* ayant subi une diphtongaison et évolué vers *eu.*

4) *-therm-* est un emprunt savant au grec *thermos* « chaud » qui n'a aucun rapport étymologique avec *calidus* ; c'est un fait de supplétisme. *thermie* et *calorie* sont deux formations savantes parallèles, l'une à base grecque, l'autre à base latine.

Autres exemples : *chien, canin, cynocéphale ; chœur, choriste ; an, année, triennal ; mois, mensuel, trimestre ; décider, décision ; chair, charogne, charnu, carnage, incarner ; bas, baisser ; cinq, quinquennal, quintuple, pentagone ; sucre, saccharine, glucose, glycémie, glycosurie, etc.*

6. Quels sont les supplétifs qui correspondent à :
or, *argent*, *rein*, *saint*, *profond*, *lumière*, *sommeil*, *membrane*, *allemand*, *racine*, *etc. ?*
Réciproquement, à quels mots populaires ou usuels correspondent :
phyt(o), *gastr(o)*, *ethn(o)*, *thalass(o)*, *lyk(o)*, *ornith(o)*, *crypt(o)*, *chol-*, *-iâtre*, *icon(o)*, *etc. ?*
Cherchez l'étymologie du mot courant et de son supplétif. Cherchez si, à côté du supplétif, il n'existe pas un radical savant se rattachant au même étymon. Ex. : *aur(i)* à côté de *chrys(o)-*, *rén-* à côté de *néphr-*.

(Cet exercice a beaucoup intéressé un petit groupe d'élèves de terminale qui n'avaient jamais fait ni latin ni grec ; mais ils ignoraient le sens de presque tous les radicaux grecs, même les plus usuels.)

7. Sur le modèle de la grille -jet-/-ject- de la p. 115, établissez des grilles pour les ensembles de lexèmes suivants : *traire*, *trait-*, *-tract- ; -ten(ir)*, *-tin-*, *-tent- ; pouss(er)*, *-puls- ; œuvr(e)*, *-ouvr-*, *opér- ; nerv-*, *-nevr-*, *-neur- ; mouv(oir)*, *-mot-*, *-mov-*, *-mob- ; -mett(re)*, *-miss- ; jug(er)*, *judic- ; loi*, *loy-*, *leg- ; écri(re)*, *écrit-*, *écriv-*, *scrit*, *-script- ; fond(re)*, *font-*, *fus- ; rompre*, *-rupt- ; -gér(er)*, *-gest- ; li(re)*, *-lis-*, *-lect-*, *etc.*, et marquez par un moyen visuel quelconque (flèches, soulignages de diverses couleurs) les rapports sémantiques qui existent entre différents mots de la grille.
Ainsi, dans la grille de la p. 115, on pourrait souligner en noir *jeter*, *jet*, *jeté*, *rejeter*, *rejet*, *projeter*, *projection*, *projectile*, *éjecter*, *éjection*, *éjecteur*, *trajectoire ;* en bleu *: projet*, *projeter*, *projectif*, *projection ;* en rouge *: sujet*, *objet*, *subjectif*, *objectif ;* en vert *: sujet*, *sujétion*, *assujétir*, etc. On remarque qu'un même mot, selon sa polysémie, peut être souligné deux fois ou davantage.
Cela fait, chercher, à l'aide d'un dictionnaire étymologique, la raison de l'existence de plusieurs lexèmes ou de plusieurs morphes d'un même lexème.
A l'aide d'un dictionnaire étymologique, élucidez les rapports qui existent entre les mots suivants :
Chef, *capitaine*, *cheptel*, *capital ; chenal*, *canal*, *channel*, *chéneau*, *cannelle ; ancêtre*, *antécédent ; hôtel*, *hopital*, *hospitalité*, *humeur*, *humour*, *humide*, etc.

(Exercice bien accueilli en terminale.)

8. Pour vous faire une idée de la composition et de l'histoire du vocabulaire français, prenez un texte français quelconque, cherchez-en chaque mot dans un dictionnaire étymologique, et notez pour chacun la langue d'origine ; le mode de filiation : populaire, savant, demi-savant (emprunt savant ancien, ayant subi une certain évolution phonétique), emprunt à une langue moderne ; la date de première attestation en français.

9. Étudiez le passage d'une partie du discours à l'autre dans les expressions suivantes *un air gamin : gamin*, habituellement substantif, joue ici le rôle d'adjectif (incidence externe et non interne). *La sainte française* : les deux éléments peuvent avoir les deux types d'incidence et le syntagme peut se lire de deux manières différentes. **Autres exemples** *: café nature, atouts maîtres, le tragique, le vrai, le beau, un central téléphonique, un garçon boulanger, un apprenti coiffeur, un coiffeur apprenti, un type cochon, un gouvernement fantoche, les partis frères, un État tampon, une aventure farce, un dîner monstre, un petit bleu, un riche, un pauvre, un marin, l'air marin, un Suédois, un marin suédois, le nécessaire, un aveugle volontaire, un volontaire aveugle, une affaire chouette, les petites filles modèles, un aplomb bœuf, un navire école.*

10. Relevez dans la presse ou dans des textes officiels des exemples d'adjectivisation et de nominalisation du type : *manifestation des viticulteurs* pour *les viticulteurs manifestent ;* ou *l'autorité parentale* pour *l'autorité des parents* et prenez conscience des connotations particulières à chacune de ces tournures (d'une façon générale, nominalisations et adjectivisations sont moins propres à la langue orale que les syntagmes verbaux ou prépositionnels ; ils sont moins naturels, ont un caractère plus froid, plus prétentieux, plus administratif).

11. Écrivez une phrase comportant un mot dont le sémème peut apparaître dans diverses parties du discours. Faites subir à cette phrase, en changeant le moins possible son contenu sémantique, les modifications syntaxiques et lexicales nécessaires pour réaliser successivement par toutes les parties du discours l'expression de ce sémème. De tels exercices de retournements de phrases sont absolument fondamentaux pour faire acquérir le maniement aisé de toutes les ressources de la langue et pour faire sentir les connotations propres à chaque tournure. Ex. : soit le tableau de la p. 128, et l'histoire du *Petit Poucet :*

1er **exercice** : Le Petit Poucet constate que les miettes de pain qu'il avait semées le long du chemin ont disparu, mangées par les oiseaux : il éprouve un état affectif négatif causé par la prévision d'un malheur.

2e **exercice** : Le Petit Poucet, déjà couché, entend le pas, la voix, les paroles de l'ogre qui vient de rentrer : il éprouve un état affectif négatif causé par la prévision d'un malheur.

La disparition des miettes de pain étant une abstraction, et l'ogre, son pas, sa voix, ses paroles étant des réalités concrètes, tombant sous les sens, il est clair que la série non causative est d'un emploi plus naturel dans le premier cas, la série causative dans le second. Néanmoins les deux séries sont possibles dans les deux cas. En principe sept types de possibilités pour chaque exemple :

1° **Substantif** : Lorsqu'il vit que les miettes de pain avaient disparu, le Petit Poucet se demanda avec *inquiétude* (*anxiété*, *angoisse*) comment il pourrait retrouver sa maison. Lorsqu'il entendit le pas, la voix, les propos de l'ogre, *l'épouvante* (*la peur*, *l'inquiétude*, *la terreur* etc.) s'empara du cœur du Petit Poucet (tournures assez littéraires).

2° **Verbe non causatif** : Voyant que les miettes de pain ont disparu, le Petit Poucet *craint* de ne pas pouvoir retrouver sa maison — lorsqu'il entend le pas, la voix, les paroles de l'ogre, le Petit Poucet *redoute* un danger imminent (tournure naturelles).

3° **adjectif non causatif** : Ne retrouvant plus les miettes de pain, le Petit Poucet, *anxieux*, se demande s'il pourra retrouver sa maison — Entendant le pas, la voix, les paroles de l'ogre, le Petit Poucet est *épouvanté* à l'idée d'un danger imminent (assez littéraire).

4° **adverbe non causatif** : Ne retrouvant plus les miettes de pain, le Petit Poucet se demande *anxieusement* comment il pourra retrouver sa maison (très naturel) — Lorsqu'il entendit le pas, la voix, les paroles de l'ogre, *anxieusement*, le Petit Poucet eut l'idée d'un danger imminent (assez gauche ; *avec anxiété* conviendrait mieux).

5° **verbe causatif** : La disparition des miettes de pain *inquiète* le Petit Poucet qui se demande comme il retrouvera sa maison (assez soutenu) — Le pas, la voix, les paroles de l'ogre *épouvantent* le Petit Poucet qui comprend que le danger est imminent (tout naturel).

6° adjectif causatif : la disparition *inquiétante* des miettes de pain poussa le Petit Poucet à s'interroger sur les moyens de retrouver sa maison (soutenu et même prétentieux) ; la disparition des miettes de pain parut *inquiétante* au Petit Poucet qui se demanda comme il pourrait retrouver sa maison (plus écrit qu'oral) ; le pas, la voix, les propos *épouvantables* de l'ogre font comprendre au Petit Poucet qu'un danger est imminent (tout naturel).

7° adverbe causatif : la disparition *terriblement* évidente des miettes de pain inspire au Petit Poucet une grande perplexité sur les moyens de retrouver sa maison — Le pas, la voix, les propos *épouvantablement* violents de l'ogre font comprendre au Petit Poucet que le danger est imminent (exemples difficiles à trouver et peu naturels ; en réalité, les rares adverbes de cette série n'expriment la peur que secondairement. Ils servent surtout d'adverbes intensifs, renforçant le sens d'un verbe ou formant des superlatifs d'adjectifs particulièrement forts).

(Exercices jugés très faciles en terminale et en première. Bien entendu ! ils seraient plus à leur place dans le premier cycle, ou même à l'école primaire ! L'exemple du Petit Poucet n'a pas paru assez à la mode. Qu'à cela ne tienne ! Il suffit de parler des réactions de gens pris comme otages par des terroristes. Et d'ailleurs, que les enseignants ne se contentent pas de l'expression de la « peur » et fassent d'autres tableaux semblables sur d'autres sujets.)

12. Présentez les différents sens du substantif /*so*/ (sot, seau, sceau) de la façon dont Katz et Fodor présentent le substantif /*kanar*/ p. 75, arbre 2. Appliquez à cet exemple les critères de distinction des homonymes et des polysèmes.

13. Soit le corpus suivant d'emplois du verbe monter : 1. L'eau *monte*, 2. La fièvre *monte*, 3. Pierre *monte*, 4. Pierre *monte* l'escalier, 5. Pierre *monte* sa valise, 6. Pierre *monte à* l'arbre, 7. Le mécanicien *monte* une roue, 8. La note *(se) monte* à 100 F., 9. Pierre *monte* sur ses grands chevaux, 10. Pierre *se monte* la tête.

Cherchez pour chaque emploi les traits de sélection du verbe monter du côté droit et du côté gauche (autrement dit les caractères sémantiques de l'objet et du sujet), **les synonymes, les anto-**

nymes et les dérivés. Pouvez-vous formuler l'hypothèse d'un signifié de puissance ? (oui ! je propose : « passage d'un état inférieur à un état supérieur »). **Éprouvez-le sur chaque exemple** (Progression spatiale de bas en haut : 1, 3, 4, 5, 6. Progression quantitative du moins vers le plus : 2, 8. Passage d'un état inférieur à un état supérieur d'organisation : 7 : les divers éléments d'une machine aboutissent à *la* machine ; on pourrait interpréter de même l'exemple 8 : les divers items de l'addition aboutissent à la somme globale. Passage d'un état inférieur à un état supérieur d'excitation psychologique : 9, 10).

S'agit-il donc d'un ensemble d'homonymes ou d'un polysème ? D'un polysème. Si maintenant nous introduisons dans notre corpus l'exemple 11, le jockey *monte* un pur-sang, nous nous trouvons devant le problème suivant : ce verbe ne dénote pas l'action d'enfourcher un cheval, ni par conséquent le passage de l'état inférieur de piéton à l'état supérieur de cavalier. Ces deux premières étapes sont effacées. Il ne reste que la situation élevée du cavalier qui (actuellement, ou habituellement) domine son cheval et ceux qui sont à terre. Ce seul exemple nous oblige donc à réduire l'acception la plus subduite à « état supérieur », comme nous avions été obligés de réduire celle de *poser* à « durée ». C'est cependant suffisant pour continuer à considérer *monter* comme un polysème.

En vous inspirant du traitement du verbe poser aux pp. 80 à 85, présentez les résultats de cette analyse sous forme de deux arbres, l'un privilégiant les critères de classement syntaxiques, l'autre, les critères de classement sémantiques. Cherchez dans le *DFC* d'autres entrées homographes (il n'en manque pas) et répondez à leur propos aux questions ci-dessus.

14. A propos de mots concrets extrêmement courants tels que noms de parties du corps (*tête*, *cœur*, *pied*, *bras*, *main*, *doigt*, *sang*), **de végétaux** (*arbre*, *fleur*, *chêne*, *roseau*, *rose*, *lis*, *violette*), **d'animaux** (*lion*, *loup*, *bœuf*, *chien*, *chat*, *lapin*, *tortue*, *renard* etc.), **de réalités cosmiques** (*eau*, *feu*, *terre*, *vent*, *soleil*, *lune*, *pluie*, *glace*, etc.) **relevez le plus grand nombre possible d'emplois différents et de locutions où figurent ces mots et cherchez à réunir tous les traits de leur signifié de puissance archétypique, en vous inspirant du traitement du mot canard aux pp. 78 à 80.** Chacun de ces mots peut donner matière à un sujet de dissertation.

(En classe de troisième, s'inspirant de cet exercice 14, J. Decottignies a donné trois sujets de rédaction ainsi formulés : chercher tous les sens et emplois du mot *cœur*, ainsi que des expressions toutes faites avec ce mot, en vous aidant de dictionnaires. Classez ces emplois.
Sujet I. Vous ferez un long poème en jouant sur tous les sens et emplois possibles de *cœur* — *Sujet II.* Vous composerez un texte suivi et logique où vous utiliserez le mot cœur dans le plus grand nombre possible de ses emplois et en jouant sur ce mot. *Sujet III.* Refaire de façon suivie, mi-scientifique, mi-poétique, mi-humoristique, pour expliquer les sens et emplois différents en partant d'un sens global qui les contiendrait tous, et en allant dans l'ordre qui vous paraîtrait le plus rationnel. Cet exercice a enthousiasmé les élèves qui ont fourni un énorme travail et produit des poèmes et des récits parfois très réussis. Le sujet III, plus difficile, a eu moins de succès que les deux premiers.)

15. Soit un corpus composé des emplois du mot *magnanime* **qu'on relève dans *Le Cid*, *Cinna* et *Polyeucte*, de Corneille. Étudiez les situations dans lesquelles le mot est employé ; expliquez ce qu'elles ont de commun et déduisez-en la signification du mot dans ce corpus. Comparez-la à sa signification actuelle** (on remarquera que, le mot étant étudié seul, et non par comparaison avec d'autres, il ne peut s'agir que de signification et non de valeur et que, par conséquent, il n'y a pas à se soucier du caractère pertinent des traits sémantiques que l'on va trouver. D'autre part, une telle question, malgré son caractère linguistique, peut très bien fournir un sujet de dissertation) : **Références du mot** : Cid 425 1057 1133 1170 1413 1537 Cinna 881 1557 1733 Polyeucte 1034.

Corrigé : Dans *Le Cid*, le mot *magnanime* s'applique à Rodrigue dans trois circonstances : 1) à propos de son combat contre le comte, engagé pour l'honneur familial, aux dépens de son amour pour Chimène et au péril de sa vie ; 2) à propos de son combat contre les Maures, initiative à la fois intelligente et dangereuse, prise dans l'intérêt général, aux dépens de son repos et au péril de sa vie ; 3) quand il propose à Chimène de se laisser tuer en duel par don Sanche, pour satisfaire au désir de vengeance qu'elle affiche. Il s'applique à Chimène au v. 1170, à propos de sa démarche auprès du roi pour obtenir la tête de Rodrigue, afin de venger son père, au détriment de son amour et de son bonheur. Dans *Cinna*, l'adjectif s'applique deux fois à Auguste : au v. 881 parce qu'il comble Cinna de bienfaits sans prendre en considération le passé de sa famille ; au v. 1733, parce qu'il lui pardonne sa tentative d'assassinat. Il est appliqué ironiquement à Cinna par Auguste lorsque celui-ci, démasqué, se vante de sacrifier sa vie à l'intérêt de Rome. Dans *Polyeucte*, la magnanimité de Sévère, à laquelle Félix a le tort de ne pas croire, consisterait à ne pas chercher à se venger par une dénonciation, d'avoir été méprisé et repoussé lorsqu'il souhaitait épouser Pauline.

La *magnanimité* d'un sujet est donc une qualité révélée par une action difficile, allant à l'encontre de toutes sortes de tendances égocentriques (tendances à la sécurité, au repos, au bonheur, à la vengeance), accomplie dans l'intérêt d'un groupe qui englobe et dépasse l'individu (la famille ou l'état) ou simplement pour se montrer plus généreux que l'adversaire, effaçant ainsi les traces de vieilles haines, sans y être strictement obligé. Le mot *magnanime* est extrêmement mélioratif ; on n'est pas magnanime en se conformant à une obligation élémentaire, mais en faisant plus que ne feraient en pareil cas la plupart des gens. Dans la bouche des témoins de l'action, il révèle une admiration mêlée d'étonnement. On peut donc en formuler ainsi une brève définition : *Magnanime* : « Qui domine suffisamment ses tendances égocentriques pour accomplir des actions bonnes, plus difficiles que celles dont est capable le commun des hommes ». Les situations dans lesquelles le mot est employé ont donc assez de caractères communs pour qu'il puisse être considéré comme monosémique. De nos jours, les dictionnaires donnent de *magnanime* les définitions suivantes : *DFC* : « Se dit d'une personne dont la générosité se manifeste par la bienveillance envers les faibles ou le pardon aux vaincus » et le *Petit Robert* : « Qui est enclin au pardon des injures, à la bienveillance envers les faibles, les vaincus ». Donc, dans l'état de langue moderne *magnanime* ne s'appliquerait qu'à Auguste, ou à la rigueur à Sévère, mais absolument pas à Rodrigue ni à Chimène. Par conséquent, le sens du mot a évolué vers une moindre extension, et une plus grande compréhension ; autrement dit, son sens s'est spécialisé ; une autre rédaction de la définition du sens moderne pourrait faire apparaître clairement sa ressemblance et sa différence avec le sens ancien. On pourrait proposer : « Qui domine suffisamment ses tendances égocentriques, particulièrement vindicatives, pour protéger les faibles et pardonner à des adversaires vaincus, dans des cas où le commun des hommes ne le ferait pas ». *Magnanime* XVIIe siècle et *magnanime* XXe siècle peuvent être considérés comme deux mots monosémiques réunis par un signifié de puissance commun, autrement dit, deux acceptions successives d'un polysème.

16. Constituez le champ sémantique lexical de l'archisémème « état affectif positif » (autrement dit, *plaisir*, *joie*, etc.). On verra que cet exercice est d'une importance capitale et qu'il constitue en somme un un préalable obligé à tout exercice de retournements de phrases (v. exercice 11) et à toute définition linguistique ne retenant que les valeurs et traits pertinents (v. exercice 18). On le fera à l'aide de dictionnaires analogiques et de dictionnaires de synonymes qui vous renvoient habituellement d'article en article, de sorte que la masse lexicale dont on dispose devient vite assez imposante, mais de dimensions variables selon qu'on utilise un dictionnaire ou un autre (tous n'étant pas d'égale richesse), et selon qu'on décide de s'arrêter à un certain moment ou à un autre et de poursuivre ou non la chasse aux renvois. Qu'on ne s'inquiète pas de ces variations de volume. D'une part, si, autour d'une notion donnée, on voulait réunir toutes les séries génériques qui ont quelque rapport avec elle, de proche en proche, on ferait le tour complet du lexique, chose impossible. Il faut bien s'arrêter quelque part et toutes les frontières sont bonnes pourvu qu'elles soient naturelles (c'est-à-dire correspondent à un trait pertinent). D'autre part, il n'est pas absolument nécessaire d'avoir des champs génériques complets (d'ailleurs on ne peut jamais être sûr d'avoir épuisé une série ouverte par définition). Le principal est de tenir les mots les plus usuels de la série, et quand on fait le tour d'une dizaine d'articles de deux ou trois dictionnaires, on a toutes les chances de les tenir. Selon toute probabilité, les mots qui vous auront échappé seront des mots rares, synonymes d'un mot plus usuel auquel ils ne s'opposeront que par quelques connotations, ou parasynonymes et ne s'en distinguant que par un trait pertinent d'importance secondaire. Donc, si, avec les éléments dont vous disposez, vous avez bien structuré votre champ générique, vous y replacerez sans peine un élément nouveau lorsqu'il vous tombera sous la main. Certains dictionnaires offrent des articles classés et commentés. Ne vous y fiez pas trop, faites plutôt votre classement personnel.

Première étape : préparez une série de fiches (une par lettre) et relevez vos matériaux par ordre alphabétique. Soit l'ensemble lexical suivant : *agréable*, *aimable*, *amusant*, *attirant*, *attrayant*, *asticoter*, *attrape*, *amuseur*, *amusette*, *amusement*, *s'amuser*, *agrément*, *aise*, *à l'aise*, *être à l'aise*, *aller*, *agréer*, *attirer*, *attachant*, *aimer*, *adorer*, *affectionner*, *(être) amateur de*, *s'accommoder de*, *s'ar-*

ranger de, avoir assez de, allègre, allégresse, animé, animation, alacrité, ardeur, attrait, appât, être aux anges, badin, baladin, blagueur, beau, bon, bon vivant, bouffon, boute en train, badiner, badinage, (être, se trouver) bien, botter, bien-être, bon mot, boutade, bonheur, batifoler, blague, blaguer, béat, béatitude, bonne humeur, boire du petit lait, captiver, captivant, charme, charmer, charmant, comique, curieux, curiosité, clown, clownesque, clownerie, charrier, chiner, calembour, calembredaine, canular, charge, comédie, content, (se) contenter, contentement, concupiscence, chanter, convenir, faire cas de, chic, charmeur, être au septième ciel, (se) divertir, divertissement, drôle, drôlerie, délectation, (se) délecter, délectable, délices, délicieux, distraction, (se) distraire, dire, désirer, désir, désirable, dérider, dilater le cœur, engageant, enchanter, enchanteur, enchantement, espièglerie, espiègle, ébats, épicurien, épicurisme, euphorie, euphorique, euphorisant, exciter, excitant, excitation, estimer, s'enticher de, avoir envie de, enjoué, enjouement, enthousiasme, enthousiaste, (s')enthousiasmer, enthousiasmant, enthousiasmé, entrain, en train, exulter, exultation, épanoui, égayer, élégance, enivrant, ensorceler, ensorceleur, folâtre, folâtrer, folichon, fête, farceur, farce, fumiste, facétie, facétieux, félicité, faire plaisir, fasciner, fascination, fascinant, flatter, friand de, faire avec, se féliciter, se frotter les mains, en forme, fringant, frétillant, gai, gentil, goguenard, gracieux, grâce, gaillard, gaillardise, galéjer, galéjade, se gausser, gaudriole, gouailler, -eur, -erie, gaieté, goûter, avoir du goût pour, guilleret, goguette, griser, grisant, histrion, hédonisme, heureux, hilare, hilarité, intéressant, (s')intéresser à, impertinent, illuminer, intérêt, ivresse, ivre de joie, joli, joyeux, joie (mettre en —), jouissance, jovial, jovialité, joyeux drille, joyeux luron, jubilation, jubiler, jouir, loustic, lascivité, lascif, libido, libidineux, luxure, luxurieux, liesse, moqueur, se moquer, moquerie, mot pour rire, mutin, merveilleux, merveille, s'émerveiller, marrant, se marrer, niche, piquant, pimpant, pince sans rire, pitre, plaisantin, (se) plaire (à), plaisir (prendre—), plaisant, plaisance, plaisanter, plaisanterie, pitrerie, passe-temps, porté sur, se passionner pour, quolibet, récréatif, récréation, (se) récréer, rigolo, rigolade, rigoler, railler, railleur, rire, risible, rigolard, ridiculiser, régal, régalant, régaler, régalatoire, réjouir, réjoui, réjouissant, réjouissance, revenir, ravir, ravi, ravissant, riant, rieur, rayonner, séduire, séduisant, séduction, séducteur, spirituel, sympathique, saillie, satire, (se) satisfaire, satisfaction, satisfait, sensuel, sensualité, sourire, souriant, taquin, taqui-

ner, taquinerie, tourner en ridicule, tour, turlupin, turlupinade, triompher, triomphant, transporté (de joie), voluptueux, volupté.

Nous voici donc à la tête d'un ensemble d'environ 300 mots.

Deuxième étape : classez-les par parties du discours. C'est absolument indispensable pour constituer des champs génériques, qui sont des ensembles de mots commutables entre eux dans certains contextes. Or on ne peut faire commuter un substantif qu'avec un substantif, un verbe avec un verbe. On pourra toujours, par la suite, regrouper au moyen de grilles et de champs actanciels les mots de même sémème et de diverses parties du discours.

Troisième étape : inventez des contextes pertinents, des phrases à terminer, des questions auxquelles répondre au moyen de certains mots ci-dessus, partie du discours par partie du discours. Il s'agit d'un premier débroussaillage destiné à obtenir des listes génériques assez longues qu'on affinera par la suite. Supposons un sujet nommé Jean qui a bien de la chance : son salaire est augmenté, il emménage dans la maison de ses rêves, il découvre de sa fenêtre toute la chaîne du Mont-Blanc, il fait de grandes promenades en montagne, il a une femme charmante et déguste l'excellente cuisine qu'elle lui prépare, il écoute la musique de la discothèque qu'il a lui-même constituée, etc.

A l'annonce de tels événements, faisant de telles actions, sentant, voyant, goûtant, entendant de telles choses, comment va-t-il réagir ?

Nous appellerons « objet » l'événement, l'action, la chose, bref, tout ce qui peut provoquer l'état affectif de notre sujet Jean. Donc, devant de tels « objets », comment est-il normal qu'il réagisse ? Qu'éprouve-t-il ?

1) **Répondons par un verbe**

A. Intransitif : *il jubile, jouit, boit du petit lait, se plaît, rayonne, se délecte, s'épanouit, exulte, s'illumine, est au septième ciel, aux anges, se régale, se réjouit, se frotte les mains, triomphe, le roi n'est pas son cousin.* (Il est évident que bien d'autres verbes seraient possibles : il se peut qu'il pleure, s'il est déprimé ; mais alors, on attendrait une notation concessive du type « malgré tel ou tel objet agréable, il pleure ». « il saute de joie » pourrait répondre à « comment réagit-il ? » mais pas à « qu'éprouve-t-il ? ». De même pour « il plaisante », qui d'ailleurs, étant donné les objets énumérés qui n'ont rien de risible, ne pourrait être qu'une conséquence indirecte : « mis en joie par sa nouvelle situation, il plaisante ».) Dans le cas d'un objet comique, nous aurions : *il rit, il sourit, il s'amuse, se divertit, se marre.*

B. Transitif ayant pour sujet Jean : Cet objet (sa femme, sa maison, sa promotion, ses promenades, etc.), *il l'aime*, *l'adore*, *l'affectionne*, *en est amateur*, *s'y complaît*, *y prend plaisir*, *en fait cas*, *le goûte*, *l'estime*, *en est friand*, *a du goût pour lui*, *y est porté*, *en jouit*, *s'y intéresse*, *s'en délecte*, *s'en régale* ; *l'estime*, *s'en enthousiasme*, *s'en enivre*, *s'en entiche*, *s'en félicite*, *s'en réjouit* (et, à ce propos, vous éliminerez de la liste : *il le désire*, *il en a envie*, qui supposent un objet virtuel, non possédé). *Il s'en accommode*, *il s'en arrange*, *il a assez*, *il fait assez avec cela*, *il s'en contente*, *il s'en satisfait*, conviennent moins bien étant donné les exemples choisis. (Jean serait bien difficile !) Ils conviendraient pour des situations plus médiocres. Si l'objet en question avait quelque chose de ridicule (imaginez une situation) on pourrait avoir : *il s'en égaie*, *s'en amuse*, *s'en divertit*.

C. Transitif, direct ou indirect ayant pour sujet grammatical l'objet du plaisir et pour objet grammatical le sujet du plaisir : Jean. Réponse à la question : « *cet objet, qu'est-ce qu'il lui fait* ? »
Il l'attire, *le captive*, *le charme*, *le contente*, *le régale*, *le réjouit*, *le séduit*, *le satisfait*, *l'excite*, *l'enchante*, *le botte*, *l'égaie*, *l'enivre*, *l'enthousiasme*, *l'ensorcelle*, *le fascine*, *le flatte*, *le grise*, *le met en joie*, *lui agrée*, *lui plaît*, *lui va*, *lui complaît*, *lui convient*, *lui dit*, *lui chante*, *lui dilate le cœur*, *lui sourit*.
Si l'objet a quelque chose de comique, *il l'amuse*, *le fait rire*, *le déride*, *le fait marrer*, *le divertit*, *le récrée*, *le distrait*, *l'égaie*.

2) Répondons par un adjectif
A. « Devant cet objet, comment Jean se sent-il ? » *heureux*, *joyeux*, *content*, *satisfait*, *en forme*, *à l'aise*, *épanoui*, *euphorique*, *béat*, *réjoui*, *triomphant*, *gai*, *pimpant*, *guilleret*, *frétillant*, *de bonne humeur*, *allègre*, *animé*, *excité*, *enthousiasmé*, *enivré*, *transporté*, *ivre de joie*, *en train*, *grisé*, *charmé*, *enchanté*, *ravi*, *fasciné*, *ensorcelé* (*souriant* ne répond sans doute pas à la question, disant plutôt comment les autres le voient que comment il se sent lui-même). Si l'objet avait quelque chose de comique, Jean pourrait se sentir *goguenard*, *gouailleur*, *gaillard*, *hilare*...

B. « Cet objet, comment le trouve-t-il ? » *agréable*, *aimable*, *bon*, *beau*, *chic*, *délicieux*, *délectable*, *charmant*, *enchanteur*, *euphorisant*, *élégant*, *gracieux*, *intéressant*, *joli*, *gai*, *joyeux*, *gentil*, *merveilleux*, *régalant*, *régalatoire*, *réjouissant*, *riant*, *sympathique*, *séduisant*, *attirant*, *attrayant*, *captivant*, *désirable*, *engageant*, *excitant*, *enthousias-*

mant, enivrant, ensorcelant, fascinant, grisant, spirituel, amusant, comique, divertissant, drôle, distrayant, marrant, clownesque, piquant, plaisant, récréatif, rigolo, rigolard, risible.

C. « Si Jean éprouve souvent et facilement ce genre d'états, cela révèle chez lui un caractère » *heureux, enjoué, gai, enthousiaste, sensuel.*

3) A. Qu'est-ce qu'il éprouve, Jean, devant cet objet ? *du plaisir, de la joie, du bonheur, de la satisfaction, du contentement, du bien-être, de la bonne humeur, de l'agrément* ? (difficile ! C'est plutôt l'objet qui en a de *l'agrément* et il l'y trouve), *de l'alacrité, de l'allégresse, de l'animation, de l'ardeur, de la délectation, de l'excitation, de l'enchantement, de l'euphorie, de l'enthousiasme, de l'exultation, de l'ivresse, de la félicité, du ravissement, de la volupté, un sentiment de triomphe, de la gaieté, de l'amusement, de l'hilarité, de l'intérêt.*

B. Les traits dominants de son caractère sont donc *la sensualité, l'enthousiasme, la gaieté, l'enjouement, la goguenardise.*

C. Qu'est-ce qu'il a donc, cet objet, pour produire sur lui un tel effet ? *du charme, de l'agrément, de l'attrait, des appas, de la beauté, de la bonté, de la grâce, de la séduction, une vraie fascination, du chic ; de l'élégance, de la gaieté, de la drôlerie, du comique.*

D. Cet objet, c'est donc *une merveille, un délice, un régal, une curiosité, une beauté, une perfection.*

Si maintenant notre sujet, Jean, ne se contente pas de prendre le plaisir quand il passe, mais le recherche par certains moyens éprouvés, qu'est-ce qu'il fait ? *il s'amuse, se divertit, se distrait, se récrée, fait la fête, la noce, est en goguette*, etc.

Qu'est-ce qu'il recherche donc ? *Les plaisirs, les fêtes, les divertissements, les distractions.*

Cela prouve que c'est un *bon vivant, un épicurien, un hédoniste, un joyeux luron, un joyeux drille* ; **que son caractère est** *sensuel, lascif, voluptueux, luxurieux, libidineux* **et que ses principaux traits sont** *la sensualité, la luxure.*

S'il cherche surtout ce genre de plaisir qui consiste à rire et à faire rire les autres, que fait-il ? *Il badine, plaisante, blague, charrie, gouaille, galèje, bouffonne, fait de l'esprit.*

Il cultive donc *le badinage, la plaisanterie, les bons mots, les boutades, les blagues, les calembours, les calembredaines, les clowneries,* *la comédie, la farce, la facétie, la galéjade, la gaudriole, le mot pour rire, les pitreries, les saillies, les turlupinades.*

C'est donc un *amuseur, un badin, un blagueur, un bouffon, un boute-en-train, un comique, un clown, un farceur, un pitre, un plaisantin, un turlupin.* **Et si c'est aux dépens d'un autre qu'il cherche à rire et à faire rire ? Comment agit-il ? Qu'est-ce qu'il lui fait ?** *Il se moque de lui, l'asticote, le chine, le raille, le taquine, (se) rit de lui, se gausse de lui, le ridiculise, le tourne en ridicule.*

Il l'accable de *moqueries, de taquineries, de niches, de tours, de railleries, de quolibets.*

C'est donc un *taquin, un railleur, un pince sans rire, un farceur, un impertinent, un espiègle, un loustic.*

Tout cela révèle chez lui un caractère *moqueur, rieur, taquin, spirituel, facétieux, mutin, espiègle, impertinent* **dont les principaux traits sont** *l'esprit, l'impertinence, l'espièglerie.*

Ce premier tri permet de repérer un certain nombre de traits pertinents qui structurent dans ses grandes lignes le champ en question : Mots non causatifs exprimant le plaisir du point de vue de celui qui l'éprouve, et mots causatifs l'exprimant du point de vue de l'objet qui le provoque ; mots mettant en jeu cette catégorie de plaisir bien particulière qu'est le rire ; mots exprimant un plaisir spontané et mots exprimant un plaisir volontairement cherché ; mots exprimant un état plus ou moins passager et mots exprimant des traits de caractère durables.

Quatrième étape : recherchez la structure des listes génériques ainsi obtenues ; demandez-vous si l'un des items de la liste choisie peut être considéré comme un archilexème ; votre hypothèse se vérifiera par la suite lorsque vous le comparerez aux divers mots de la liste, en essayant d'inventer des contextes pertinents et de les y introduire (même méthode que précédemment, mais en plus fin). Soit la liste des adjectifs exprimant comment le sujet se sent (p. 176, 2, A). On repérera facilement que les uns s'opposent aux autres par des différences d'intensité (certains conviennent plus particulièrement à l'expression d'un plaisir physique ; que certains tendent à exiger l'expression de la cause (*ravi de...*), d'autres à l'exclure (**à l'aise de...*), alors que d'autres admettent les deux possibilités (*heureux / heureux de*) ; que certains, étant ponctuels, ne peuvent qualifier des mots comme *caractère*, *tempérament*, alors que d'autres, se prêtant à l'expression de la durée, le peuvent. On arrive ainsi à l'établissement de sous-listes relativement courtes de parasynonymes.

Cinquième étape : choisir arbitrairement des couples de ces parasynonymes ; examiner leurs distributions, les situations et les types de discours dans lesquels ils sont employés et formuler des conclusions en utilisant les notions de marque et de neutralisation. Exemple : **d'après le corpus d'exemples suivant, étudiez les deux mots** *plaisir* **et** *joie*. **Cherchez les cas où ils peuvent se substituer l'un à l'autre sans différence de sens considérable ; ceux où ils ne peuvent pas se substituer l'un à l'autre à cause de leur environnement syntaxique** (neutralisation par variation libre, ou par distribution complémentaire) **et les cas où ils ne peuvent se substituer l'un à l'autre sous peine de changer profondément le sens de la phrase ou d'arriver à une absurdité** (opposition pertinente) :

1. Un enfant qui fait *plaisir* à voir
2. Je vous souhaite bien du *plaisir* !
3. Une bouffée de tabac qu'il laisse échapper par petits nuages en économe qui veut faire durer son *plaisir* (Th. Gautier).
4. Au *plaisir* de vous revoir !
5. Quel *plaisir* a-t-il eu depuis qu'il est au monde ?
   En est-il un plus pauvre en la machine ronde ? (La Fontaine)
6. Vous dites cela pour me faire *plaisir* ! Vous n'en pensez pas un mot !
7. *Plaisir* léger, insignifiant doux, fort, intense, extrême, innocent, permis, défendu, dangereux, trompeurs, morbides, hors-nature, malin
8. Le *plaisir* d'exister de posséder, de commander, d'étonner, de plaire, de souffrir
9. Le *plaisir* du devoir accompli
10. Les *plaisirs* de la table, de la chasse, du jeu, de l'amour, des sens, de l'esprit.
11. Une vie de *plaisir*, un homme de *plaisir*, une partie de *plaisir*, un rendez-vous de *plaisir*. S'amollir dans *les plaisirs*. Le tourbillon *des plaisirs*.
12. Pendant que des mortels la multitude vile
    Sous le fouet du *plaisir*, ce bourreau sans merci
    Va cueillir des remords dans la fête servile
    Ma douleur, donne-moi la main, viens par ici (Baudelaire)
13. Allons, vive l'amour que l'ivresse accompagne !
    Que tes baisers brûlants sentent le vin d'Espagne !
    Que l'esprit du vertige et des bruyants repas
    A l'ange du *plaisir* nous porte dans ses bras (Musset)

14. *Plaisir* d'amour ne dure qu'un moment...
15. « Dis-moi ce que tu sens, dis-le moi ! As-tu du *plaisir* ?... Tu n'en as pas ? Ça ne fait rien, la nuit est longue » (S. de Beauvoir)
16. Où il y a de la gêne, il n'y a pas de *plaisir*.
17. Si Peau d'Ane m'était conté, j'y prendrais un *plaisir* extrême. (La Fontaine)
18. J'aurais un *plaisir* extrême à lui jouer quelque tour. (Molière)
19. Si nous n'avions point de défauts, nous ne prendrions pas tant de *plaisir* à en remarquer dans les autres. (La Rochefoucauld)
20. Je me ferai un *plaisir* de vous recevoir et de mettre ma bibliothèque à votre disposition.
21. Un hobereau qui chasse moins pour le *plaisir* que pour le profit. (Buffon)
22. ... Ne faisant plus de médecine que pour son *plaisir* personnel, qui d'ailleurs était grand... (Barbey d'Aurevilly)
23. Pouvez-vous m'accompagner ? Avec *plaisir* !
24. Fais-moi le *plaisir* de te taire !
25. La fête, au reste ne fut pas ruineuse. Pour trente sous qu'il m'en coûta tout au plus, il y eut pour plus de cent écus de contentement : tant il est vrai que le *plaisir* ne se mesure pas sur la dépense et que la *joie* est plus amie des liards que des louis. (Rousseau)
26. Voir le dernier Romain à son dernier soupir, Moi seule en être cause et mourir de *plaisir* ! (Corneille)
27. Jean-Paul redoutait les « parties » avec Lulu et son amie dans les lieux de *plaisir*, cabarets artistiques, restaurants de nuit, où l'on compose de la *joie* avec du champagne. (Mauriac)
28. La *joie* éclate sur son visage ; une *joie* communicative ; épancher, dissimuler sa *joie* ; une éruption de *joie*.
29. Frémir, tressaillir, bondir, sauter, danser de *joie*.
30. Cris, chants, pleurs de *joie*.
31. L'hymne à la *joie* de la *IX*^{e} *Symphonie* de Beethoven.
32. Certitude. Certitude. Sentiment. *Joie*. Paix. Dieu de Jésus-Christ. *Joie*, *joie*, *joie*, pleurs de *joie*. (Pascal, *Mémorial*)
33. *joie* calme, douce, sereine, intérieure, profonde, cachée, secrète, inexprimable, indicible, durable, passagère.
34. *joie* amère, mauvaise, féroce, cruelle, insolente.
35. Coeur plein, gonflé de *joie*.
36. Me voici, à la *joie* de mon coeur, toute seule dans ma chambre, à vous écrire paisiblement. (Sévigné)
37. Ceux qui sèment dans les larmes moissonneront dans la *joie*. (Bible de Sacy)
38. A ces mots, le corbeau ne se sent pas de *joie*. (La Fontaine)
39. Enfants, ma seule *joie* en mes longs déplaisirs. (Racine)

40. Je suis presque sa seule *joie* sur la terre. S'il venait à me perdre, je ne sais vraiment pas comment il supporterait ce malheur. (Musset)
41. La *joie* de créer, la *joie* de vivre, les *joies* de la gloire, de la considération, de l'amour, des sens.
42. Il se faisait une *joie* de ce voyage, il a été déçu.
43. J'y cours avec *joie*, et je ne pouvais recevoir une commission plus agréable... Je suis ambassadrice de *joie* ! (Molière)

Corrigé : n° 1 2 3 4 6 16 17 19 21 22 24 27 (lieux de *plaisir*) : locutions plus ou moins lexicalisées, comportant le mot *plaisir*, auxquelles on ne peut rien changer. Neutralisation de l'ordre de la distribution complémentaire.

N° 7 : *plaisir* et *joie* également possibles avec *léger, insignifiant, doux, fort, intense, extrême, malin.* N° 33 avec *doux, caché, secret, inexprimable, indicible, durable, passager.*

N° 8, 9, 10 (*plaisirs de l'esprit*), 18, 23, 25 (désir évident d'éviter une répétition), 41 : *joie* et *plaisir* également possibles sans grande différence de sens (variation libre). Toutefois, on remarque que, dans la plupart des cas, *joie* a une plus forte intensité que *plaisir*. La neutralisation n'est donc pas absolument complète. C'est particulièrement net dans les ex. 20 et 42 : *se faire une joie de...* est caractérisé par l'intensité et la sincérité ; *se faire un plaisir de...* est une simple formule de politesse, faible et éventuellement insincère.

N° 10 : Il n'est pas impossible, mais paradoxal, de parler des *joies de la table, de la chasse, du jeu, des sens*. En effet, comme les ex. 11, 12, 13 le montrent bien (et nous entrons là dans le domaine des oppositions pertinentes), *le plaisir* et, plus encore, *les plaisirs*, sont du domaine de la fête, de la sensualité, de la débauche. Les adjectifs *innocent, permis, défendu, trompeur, morbide, hors-nature* peuvent s'appliquer à *plaisir*, mais pas à *joie*. La *joie* est donc étrangère aux catégories du permis et du défendu ; quoiqu'elle puisse être, comme le plaisir, *maligne (7), amère, mauvaise, cruelle, insolente (34)*, elle est tenue pour conforme à un certain ordre naturel ; il est exclu qu'elle puisse, par l'engrenage infernal de l'accoutumance et de besoins toujours croissants, devenir comme le *plaisir* un « bourreau sans merci » (12). Les *plaisirs* de l'amour et les *joies* de l'amour (10, 14, 15) s'opposent en ce que les uns procèdent de la rencontre de deux épidermes, les autres de celle de deux personnalités. *Le plaisir de souffrir* (8) est signe de masochisme, alors que la *joie de souffrir* pourrait être celle de l'héroïsme et du martyre. A l'exemple 26, *plaisir*, moins attendu que *joie* a quelque chose de sadique. A l'exemple 5, il s'agit probablement *des plaisirs* que le bûcheron n'a jamais pu se payer, car il n'est pas pensable qu'une vie d'homme, même très pauvre, ne comporte aucune expérience *du plaisir* ni de la *joie*.

N° 28, 29, 30 conviennent pour *joie*, pas pour *plaisir*. La *joie*, plus que le *plaisir* a tendance à s'extérioriser violemment. C'est pourquoi au n° 33, les adjectifs *calme, serein, intérieur*, conviennent mieux à *joie* qu'à *plaisir* pour lequel leur emploi serait pléonastique.

37 : réussite après l'effort, redressement d'une destinée accablée (*moissonneront dans le plaisir* signifierait « confortablement »)

38 : voir son talent enfin reconnu ! L'aboutissement de tous ses espoirs ! Une nouvelle vie qui s'ouvre ! — 39 : aux yeux de Josabeth, ces enfants sont tout l'espoir du relèvement d'Israël opprimé par Athalie — 40 : il s'agit d'une fille qui parle de son père dont elle est la raison de vivre — 43 : Nicole, dans *Le Bourgeois gentilhomme*, court annoncer à Lucile qu'elles vont pouvoir l'une et l'autre épouser celui qu'elles aiment : deux destinées qui tournent bien — 32 : Pascal est le sujet d'une expérience mystique qui comble toutes ses aspirations — 35, 36, le mot *cœur*, exprimant la personnalité profonde va mieux avec *joie* qu'avec *plaisir*. Dans tous les exemples ci-dessus, il s'agit d'expériences non sensuelles mais profondes et importantes, liées à la réalisation d'une personnalité, à l'accomplissement heureux d'une destinée. Un *hymne à la joie* (31) est de l'ordre du coeur, un *hymne au plaisir* serait de l'ordre des sens. En résumé, l'opposition entre *plaisir* et *joie* est neutralisée ou ne se manifeste que par une variation d'intensité dans une bonne moitié des cas. Dans les autres cas, les oppositions pertinentes peuvent être résumées dans le tableau ci-dessous (Grille de Galisson, p. 130) :

ÉTAT AFFECTIF POSITIF

	soumis à une appréciation morale	satisfaction des sens	satisfaction du cœur	s'extériorisant violemment
plaisir	+	+	–	–
joie	–	–	+	+

Quoique *plaisir* soit sans doute plus fréquent que joie et entre davantage dans des locutions lexicalisées, on ne peut cependant pas dire qu'il soit non marqué en ce qu'il aurait un sème de moins que *joie*.

C'est pourquoi nous avons renoncé à l'utiliser comme archilexème et nous nous contentons d'un archisémème : « état affectif positif ».

Sixième étape : choisissez dans chaque série générique l'archilexème, ou du moins le mot qui vous paraîtra le plus usuel. Établissez avec l'ensemble lexical ainsi réuni une grille onomasiologique en vous inspirant de celle de la p. 132.

Septième étape : Avec le vocabulaire du plaisir spontané, établissez une grille sémantico-grammaticale comme celle de la p. 130.

Huitième étape : ici se situent tout naturellement des exercices de **retournements de phrase** du type : Jean aime sa maison = sa maison lui plaît = il est enchanté de sa maison, etc., comme dans l'exercice 11.

Neuvième étape : beaucoup de mots qui ont trouvé place dans ce champ sont **polysémiques** : ex. : *agrément*. Ils peuvent être traités à la manière des exercices 12 et 13.

Dixième étape : Certains mots qui ont trouvé place dans ce champ ont **changé de sens** au cours de leur histoire : ex. : *divertissement*. Ils pourront être traités comme *magnanime* à l'exercice 15. On se servira utilement à cet effet des dictionnaires de la langue classique et du Littré.

17. Relevez dans la presse, la publicité, ou à l'aide des dictionnaires spécialisés un ensemble de néologismes. A propos de chacun, posezvous les questions suivantes : comment dire la même chose en d'autres termes ? Faut-il un mot ou une périphrase ? Le néologisme a-t-il l'avantage de la brièveté, de la spécificité ? Sa formation est-elle claire et, si c'est un dérivé ou un composé, conforme aux règles de dérivation et de composition du français ? Est-il agréable à l'oreille, ou, autrement dit, s'intègre-t-il facilement dans le système phonologique du français ? Quelles sont ses connotations par rapport à celles des autres mots ou locutions possibles ?

Exemples : néologismes par développement d'un sens nouveau sur un mot ancien ; *fourchette* (calcul des probabilités) ; *couverture* (langue administrative, militaire) ; *sanctuaire* (militaire) ; *craquer* (perdre sa force) ; *créneau* (pour garer sa voiture) ; *croulant* (vieux), etc.

Néologismes par dérivation à partir d'un mot usuel : *agresser, aoûtien, créatif, incollable, inconditionnel, décélérer, décentraliser*, etc.

Néologismes par abréviation d'un mot savant : *accus, anar, amphi, hasch, hebdo, imper, inox*, etc.

Par lexicalisation d'un sigle et dérivation à partir de là : *HLM, Igame, Igamie, IPES, ipésien, CGT, cégétiste* etc.

Par emprunt à une langue vivante étrangère : *self (service) ; hold-up, after-shave, aggiornamento, apartheid, Hi Fi, hippie, hobby, lobby, jean, blue-jean, job, jet, jumbo-jet, kidnapping, karting, label, leader, leadership, living (-room), lock-out et lock-outer*, etc.

Néologismes par dérivation ou composition savantes : *acculturation, alphabétisation, activisme, affabuler, -ateur, -ation ; africansier, adaptabilité, adjectival, -ite, -iser, -isation, agrammatical, alittérature, antiroman, apesanteur, aérogare, aérospatial, aéro-glisseur, aéro-train, aérosol, altiport, héliport, immuno-dépresseur, hospitalo-universitaire, historico-politique, hydrocution, hypo-allergique, hypo-calorique, super-marché, hyper-marché, hyper-acidité*. Pourquoi est-il impossible de dire des choses telles que **j'ai une grande neuro-fatigue* ou **je me suis acheté une néo-cuisinière* ?

(Bons résultats en troisième et en première des exercices sur les néologismes.)

18. Constituer un champ actanciel autour de la structure A1 *donne* A2 à A3 : 1) On cherchera les parasynonymes de *donner* ; 2) on nommera par leurs noms spécifiques A1, A2 et A3 ; 3) on nominalisera les verbes ; 4) on qualifiera les noms ainsi obtenus ; 5) on qualifiera A1 selon sa manière d'accomplir les actions exprimées par les verbes ou leurs nominalisations. Cet exercice doit permettre de trouver et de classer de façon cohérente la liste non exhaustive des mots suivants : *acheter, acheteur, bail, bailleur, bénéficiaire, bon marché, cadeau, cher, commerçant, commerce, don, donateur, donation, généreux, générosité, gratuit, gratis, honnête, honnêteté, intègre, intégrité, malhonnête, malhonnêteté, marchand, marchander, marchandage, marché, présent, prix, propriétaire, transfert de propriété, vendre, vendeur...*

Constituer un champ actanciel autour du nom *maison* : 1) on cherchera des verbes dont il peut être sujet ; 2) des verbes dont il peut être objet ; 3) des adjectifs dont il peut être le support ; 4) des compléments introduits par *de* : on peut proposer par ex. 1) *se trouver, être située, abriter, se composer de...* — 2) *bâtir, habiter, louer...* — 3) *belle, solide, grande, petite, rustique...* — 3) *d'habitation, de plaisance, de campagne, de rapport, de jeu...*

19. Faire des définitions linguistiques par traits pertinents à partir d'ensembles lexicaux composés d'abord de deux éléments, puis de trois puis de quatre, et, au fur et à mesure que le champ générique grandit, chercher de quels sèmes supplémentaires on a besoin. **Ex. :** *couteau* et *couperet* genre ; « instrument pour couper » ; différences spécifiques : « en appuyant » « en frappant ». Ajoutons *scie* : deux sèmes supplémentaires nécessaires : « à dents » (alors que ce sème n'est pas pertinent pour couteau : il y a des couteaux dentelés et des lisses), et « par un mouvement de va-et-vient ». Ajoutons *canif* : « à manche et lame articulés et repliables », ce qui invite à enrichir les autres définitions du sème : « à manche et lame fixes ». Ici, changement de genre : on peut utiliser *couteau*, et pas seulement l'archisémème, *surin* : genre : *couteau* ; différence spécifique, « utilisé comme arme » ; connotations : « argot », « vieilli ».

Continuez vous-même avec *bistouri, scalpel, poignard, épée, hache*.. **Même exercice avec** *saucisse* et *saucisson*. Enrichir progressivement le champ de *boudin, andouille, andouillette, crépinette, cervelas, chorizo, merguez, salami, mortadelle*. **Donnez-en d'abord une définition linguistique, puis une définition encyclopédique, après une petite enquête auprès de votre charcutier**.

(Bons résultats en troisième de tous les exercices sur les définitions.)

20. Même exercice avec l'ensemble : *lampe, lanterne, phare, lampadaire, lustre, applique, girandole, chandelier*, etc., **mais en posant la question à l'envers** : *Jean lit à la lumière d'une ampoule placée en haut d'une tige verticale et surmontée d'un abat-jour*. Comment cela s'appelle-t-il ? Et si la tige était suspendue au plafond ? Et s'il y avait plusieurs ampoules ? Et si le support était court et posé sur un meuble ? Et s'il était fixé au mur ? etc.

21. Lire à haute voix des définitions de dictionnaires et faire deviner à quel mot elles correspondent. Si l'on se trompe c'est que ou bien la personne interrogée ignore le mot en question, ou bien elle a négligé un élément de la définition, ou bien la définition est vicieuse : ex. *Le Robert* : « Qui a une opinion trop avantageuse de soi-même » ; *DFC* : « Qui a une opinion trop avantageuse de sa valeur, de ses capacités » : On répondra sans doute *orgueilleux*, ou *vaniteux*. Or le défini est *présomptueux*. La définition ne correspond pas exactement au corpus d'exemples : *un candidat présomptueux ; une entreprise présomptueuse ; « Jeune présomptueux ! »* (de don Gormas à Rodrigue qui le provoque en duel dans *Le Cid*) ; « *La jeunesse est présomptueuse, elle se promet tout d'elle-même... elle croit pouvoir tout* » (Fénelon). Il faudrait ajouter « et qui, par conséquent, entreprend inconsidérément ce qu'il ne peut réaliser ». Définition hypospécifique.

22. Étudiez les définitions des mots croisés. Étant donné qu'elles sont des devinettes, elles sont forcément vicieuses. On y trouve donc l'exemple de tout ce qu'il ne faut pas faire dans une définition linguistique normale. Exemples : 1) « Fleuve » : *Arno* ; « Etendue d'eau » : *mer*. Il y a le genre, mais pas de différence spécifique. Définition incomplète. 2) « Vient aux oreilles » : *otalgie* : pas de genre, seulement la différence spécifique (assaisonnée d'un jeu de mots). Définition incomplète. 3) « Cela vous vient on ne sait comment » : *lubie*. Genre très pauvre (cela, il, elle, le, la), autant dire non-exprimé, ce qui ramène au cas n° 2. 4) « Si on le provoque, il ne tarde pas à éclater » : *rire* : utilise des locutions où entre le mot en question, mais n'analyse pas la notion. 5) « Il a plein pouvoir » : *talisman*. Repose sur un jeu de mots. 6) « Au travail, c'est très fatigant » : *ardeur*. Définition accidentelle. 7) « C'est ça, le progrès » : *essor* ; « cache-sexe » : *sarong* : synonyme inattendu. 8) « Elle apprend l'art d'être une bonne maîtresse » : *normalienne*. On ne sait pas dans quel sens prendre l'un des éléments de la définition : ambiguïté voulue.

23. Cherchez dans plusieurs dictionnaires la définition d'un mot unique. Critiquez l'ensemble de définitions en vous fondant sur les critères du chapitre V. Choisissez la meilleure en justifiant votre choix.

24. Examinez des cas de définitions circulaires ; cherchez si cette circularité est une maladresse ou une nécessité. Cherchez dans différents dictionnaires les mots *conscience, psychique, mental, âme, esprit, intelligence, pensée, affectif, affectivité, plaisir, douleur, plaire, agréable*. **Voyez quels sont les mots qui reviennent toujours les uns à propos des autres et cherchez quels sont les moins marqués et les plus propres à être utilisés en métalangue.**

25. Faites des **traductions** courtes, précises, pesées, fignolées. C'est l'exercice lexical de synthèse par excellence. Au-delà de cet ultime et merveilleux exercice, il n'y a plus que la rédaction libre qui ne peut plus être corrigée qu'individuellement et ne peut donc être considérée comme un exercice de langue. C'est un exercice de composition et de réflexion qui suppose une langue déjà maîtrisée.

INDEX DES TERMES LINGUISTIQUES

AUTRES OUVRAGES DU MÊME AUTEUR

Un vocabulaire picard d'autrefois : Le parler d'Etelfay (Somme) – Étude lexicologique et glossaire étymologique – Publications de la Société de Dialectologie Picarde, 1 vol. XXXIX-329 p., Arras, Archives du Pas-de-Calais, 1969.

Nouveau dictionnaire étymologique du français, Paris, Tchou, 1971, 1 vol. 828 p., réédité par Le Robert en 1979 sous le titre de *Dictionnaire étymologique du français*.

Le vocabulaire psychologique dans les Chroniques de Froissart, T. I, Paris, Klincksieck, 1976, 238 p. ; T. II, Publications du Centres d'Études Picardes de l'Université de Picardie, Amiens, 1987.

Précis de morphologie historique du français, Paris, Nathan, 1979, nouvelle édition revue et corrigée, 1983.

Structures sémantiques du lexique français, Paris, Nathan, 144 p. 1986.

Histoire de la langue française, en collaboration avec C. Marchello-Nizia, Paris, Nathan, 1989, 387 p., nouvelle édition revue et mise à jour, 1992.

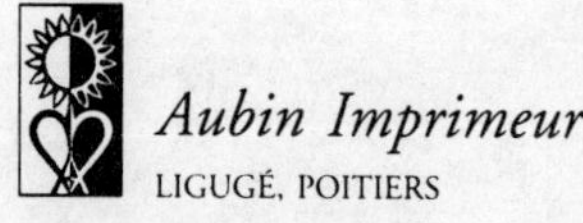

COMPOSITION - IMPRESSION - FINITION

Achevé d'imprimer en novembre 1995
N° d'édition 10031112 - (III) - (4,5) - OSBV 80 - C 2000 / N° d'impression L 50716
Dépôt légal novembre 1995 / Imprimé en France